VARIÉTÉS PHILOSOPHIQUES

LIBRAIRIE FÉLIX ALCAN

OUVRAGES PRINCIPAUX DE L'AUTEUR :

Nouvelles recherches sur l'Esthétique et la Morale, 1900, 1 vol. in-8° de la *Bibliothèque de philosophie contemporaine*. . . . 5 fr.

Aperçus de Taxinomie générale, 1899, 1 vol. in-8° de la *Bibliothèque de philosophie contemporaine*. . . . . 5 fr.

L'Idée et le Fait en biologie, 1896, in-8° de 88 pages. . 1 fr. 50

Le Merveilleux scientifique, 1894, in-8°. . . . . 6 fr.

Genèse naturelle des formes animales, 1888 . . . . . 1 fr. 25

Les Origines animales de l'Homme éclairées par la physiologie et l'anatomie comparatives, avec de nombreuses figures dans le texte, 1871, 1 vol. in-8°. . . . . 3 fr. 50

La Philosophie physiologique et médicale à l'Académie de médecine, 1868, 1 vol. in-8°. . . . . 2 fr.

Essais de physiologie philosophique, 1866, 1 vol. in-8° . . 8 fr.

Cours théorique de Braidisme ou Hypnotisme nerveux (sous le pseudonyme de Philips), 1860, 1 vol. in-8°. . . . . 2 fr. 50

Electrodynamisme vital (sous le pseudonyme de Philips), 1855, 1 vol. in-8°. . . . . 7 fr.

VARIÉTÉS PHILOSOPHIQUES

PAR

J. P. DURAND (DE GROS)

Ed anch'io.... !

DEUXIÈME ÉDITION REVUE ET AUGMENTÉE

PARIS
ANCIENNE LIBRAIRIE GERMER-BAILLIÈRE ET Cie
FÉLIX ALCAN, ÉDITEUR
108, BOULEVARD SAINT-GERMAIN, 108.

1900
Tous droits réservés.

PRÉFACE
DE LA DEUXIÈME ÉDITION

Ceci est une réédition, sous un nouveau titre et avec certaines additions, d'un volume intitulé *Ontologie et Psychologie physiologique*, qui parut en 1871.

Quel est l'objet de ce travail ? — Creuser la question métaphysique afin de donner aux sciences particulières — principalement à la Physiologie et à la Médecine, à la Psychologie et à la Morale, et enfin et par dessus tout à la Sociologie — leur indispensable fondement, un fondement sans lequel elles ne peuvent élever que des constructions provisoires et précaires, des châteaux de cartes.

Ce livre n'est pas une exposition systématique déroulant régulièrement ses propositions du commencement à la fin en un enchaînement logique continu. C'est une collection de petits traités distincts et indépendants qui tous, à la vérité, envisagent plus ou moins le même sujet, mais chacun d'un point de vue à lui propre. Ainsi, le plus souvent ce sont les mêmes questions qui reviennent dans tous ces divers essais ; toutefois, elles y sont considérées sous un aspect particulier à chacun d'eux, d'où il résulte qu'ils ne se répètent point avec monotonie et se complètent mutuellement.

Malgré tout, cette forme morcelée de l'ouvrage ne manquera pas de lui attirer les reproches que le même fait a valus à ma récente publication, *Nouvelles recherches sur l'Esthétique et la Morale*. Pourtant une telle critique sera aussi mal fondée que si elle s'adressait à une galerie de tableaux pour manque d'unité d'ensemble. De même qu'ici chaque toile est un tout séparé et doit être jugée isolément et en elle-même sans aucun égard à celles qui l'accompagnent et à l'ordre factice de leur association, pareillement le jugement à porter sur ce livre ne doit s'appliquer qu'à ses différents morceaux pris individuellement.

Il faut s'attendre encore à ce que l'ouvrage soit blâmé pour un autre tort plus ou moins réel : le tort de présenter l'exposé doctrinal, non pas avec l'impersonnalité et l'impassibilité froide d'un traité classique, mais plutôt comme un assaut dirigé contre des adversaires de doctrine.

Je confesse humblement mon humeur combattive, toutefois en faisant observer que je ne m'attaque qu'à l'erreur ou à ce qui m'apparaît tel. Ce qui peut encore me servir d'excuse, c'est que, pour défendre les vérités présumées dont j'épouse la cause, ma plume, lourde et paresseuse, ne retrouve un peu de vivacité et de vigueur qu'en s'échauffant au feu de la polémique. D'ailleurs il m'est avis que pour cultiver le vrai avec fruit il faut extirper le faux et nettoyer à fond le sol de ce chiendent.

Certains critiques, suivant leur coutume, jugeront

répréhensible que je me sois acharné à déboulonner la statue de plusieurs de nos gloires scientifiques et philosophiques. Il faudrait, à ce qu'ils assurent, respecter « les situations acquises ». C'est ce que me disait autrefois le bon D' Lélut, et c'est ce que beaucoup d'autres m'ont répété depuis. Je ne saurais admettre un tel principe. Je m'obstine à croire que plus est entouré d'éclat le pseudo-savant et le pseudo-philosophe, plus la science et la philosophie ont à y perdre, et plus il est du devoir de la critique de détrôner ces usurpateurs de la renommée.

Il est effrayant de voir avec quelle facilité des faux prophètes qui ont semé autour d'eux à pleines mains l'erreur et toute sorte d'ivraie ont réussi à s'imposer à l'admiration publique au point de se faire honorer et adorer comme des oracles de vérité ! J'avoue que je nourris « des haines vigoureuses » contre ces glorieux imposteurs.

L'auteur doit encore se préoccuper de l'accueil que fera le lecteur à son dessein de s'attaquer, lui chétif, à des problèmes de l'ordre le plus abstrait et le plus abstrus, qui ont défié jusqu'ici la sagacité de tous les penseurs en renom dans l'histoire de la philosophie. L'entreprise paraîtra évidemment plus que téméraire.

Si je n'écoutais que mon souci de gloire personnelle, je ne prendrais peut-être pas la peine de faire revenir le lecteur de cette prévention, qui est capable de l'arrêter sur le seuil de mon livre et de le détourner d'y pénétrer ; car, tous ceux qui me connaissent le savent, la vanité est le moindre de mes défauts. Mais il s'agit de bien autre chose. Il s'agit d'idées neuves que j'estime fécondes et salutaires, et dont en bon père je fais tous mes efforts, depuis nombre d'années, pour assurer l'avenir. Ces idées, je désire, et je désire ardemment qu'on les étudie, qu'on les connaisse, qu'on les apprécie. J'ai frémi à la pensée qu'elles seraient ensevelies avec moi, ou qu'elles ne me survivraient que pour être gâtées et déshonorées par des plagiaires aussi maladroits que malhonnêtes.

C'est à la seule fin de décider le très petit public compétent à me lire avec attention et impartialité que j'ai eu la pensée de mettre ici sous ses yeux un choix de jugements que quelques critiques intègres et incontestablement autorisés ont portés sur mes travaux. Ces témoignages isolés, mais qui ont certainement du poids, feront ressortir l'odieux de l'œuvre d'étouffement accomplie jadis contre moi par les grands maîtres de l'opinion, dispensateurs souverains de la renommée. Il m'a fallu enterrer mes contemporains pour trouver dans la jeune génération des juges moins hostiles, et pour obtenir une réparation relative.

Toutefois, pour ne pas m'exposer à être injuste à mon tour, je puis admettre que le déni de justice dont je fus si longtemps victime n'est pas seulement imputable à une malveillance jalouse ; sans doute la myopie intellectuelle y a eu sa bonne part. Il est en effet minime, ridiculement restreint, le nombre des esprits capables de s'ouvrir d'emblée à la démonstration de vérités nouvelles, principalement quand ces nouveautés sont en grande avance sur leur époque et qu'elles n'ont pas eu la chance de se présenter sous les auspices de quelque haute autorité officielle au prestige olympien.

Le groupe de témoignages réunis ci-après n'a pas seulement pour but de disposer favorablement le lecteur envers l'auteur et de le porter à lire son livre avec confiance. C'est en outre comme un monument de ma reconnaissance élevé aux hommes intelligents, courageux et généreux qui ont voulu sauver mon œuvre et mon nom de l'oubli éternel où de plus puissants s'efforçaient de les noyer.

*
* *

Louis PEISSE, membre de l'Académie de Médecine et membre de l'Institut, dans un compte rendu de mon livre *Electro-dynanisme vital*, sous le pseudonyme de *Philips* (Paris, 1855), s'exprimait ainsi : « L'ouvrage et » l'auteur sont également et hautement respectables » au point de vue de la science et à celui de la mora- » lité. » (*Gazette médicale de Paris* du 23 février 1856.)

Le même ouvrage fut encore très favorablement et très savamment apprécié par BUCHEZ, dans un Rapport à la Société médico-psychologique (séance du 24 décembre 1860), et par M. ALAUX, dans un article de la *Revue contemporaine*, numéro du 15 avril 1863.

Le Dr CERISE présenta mes *Essais de Physiologie philosophique* (Paris, 1866) à l'Académie de Médecine dans les termes suivants :

« Il est impossible de donner une idée exacte de ce
» livre en restant dans les limites d'une simple présen-
» tation ; je me bornerai à dire que les problèmes géné-
» raux de la physiologie, ceux qui la constituent dans
» son intégrité comme science d'application à la méde-
» cine, à la morale et à la psychologie, y sont nette-
» ment posés, clairement discutés, et en partie brave-
» ment résolus. Je connais peu d'ouvrages consacrés à
» un si imposant sujet, qui témoignent d'une aussi
» ferme intelligence... Je recommande ce remarquable
» travail, fortement médité, élégamment écrit, à l'ac-
» cueil de l'Académie. » (Séance du 12 juin 1866.)

Le même livre fut présenté comme il suit à l'Académie des sciences morales par le Dr LÉLUT :

« Le livre se compose d'essais très savants, très ap-
» profondis... Le livre de M. Durand (de Gros) est l'œu-
» vre remarquable d'un homme de talent très versé
» dans toutes les questions de physiologie psychologi-
» que, très capable lui-même d'en soulever de nouvelles
» et de les résoudre. » (Séance du 13 juillet 1867.)

L'ouvrage fut bien adressé à l'Académie des sciences,
mais Claude Bernard en empêcha la présentation. Mon
ennemi étant mort, ainsi que la plupart de ses acolytes,
j'eus un jour l'idée de me porter candidat pour le prix
Lallemand, que l'Académie avait à décerner en 1892,
et, *volens nolens*, elle me l'attribua pour moitié. Voici
un extrait du très médiocre Rapport fait à ce sujet par
BROWN-SÉQUARD :

« M. Durand (de Gros) est un penseur et un écrivain
» de grand mérite qui, depuis plus de trente ans, tra-
» vaille à perfectionner quelques-unes des théories gé-
» nérales relatives aux fonctions du système nerveux...
» Il a trouvé des arguments nouveaux à l'appui de la
» notion que le centre cérébro-spinal est un composé
» de centres distincts formant une chaîne dans la
» moelle épinière et le cerveau. Dans son livre sur les
» *Origines animales de l'homme*, l'auteur rapporte des
» exemples nouveaux pour établir que le polyzoïsme
» des Articulés et des Vertébrés inférieurs se retrouve
» chez les animaux supérieurs et chez l'homme.

» Pour préciser le mode d'adaptation des différents
» centres et des organes qu'ils animent à leurs fonc-
» tions particulières, l'auteur a poursuivi dans l'Anato-
» mie comparative, et même dans la Paléontologie, les
» modifications des membres et montré leurs transfor-
» mations graduelles liées au passage des animaux de
» la vie aquatique à la vie terrestre.

» Dans son ouvrage sur la *Physiologie philosophique*
» l'auteur a rapporté, en 1865, des faits qui l'ont con-
» duit, longtemps avant Helmholtz (1869), à la théorie
» trichromatique du nerf optique[1]. »

Le Dr J.-M. Guardia, bibliothécaire de l'Académie
de Médecine, me consacra, dans la *Gazette médicale de
Paris* du 6 février 1869, un article apologétique où il

---

1. Ces faits avaient été déjà longuement exposés dans mon *Électrody-
namisme Vital* (1 vol. in-8°, Paris, 1855, pp. 155 et sqq.). Voir encore sur
ce sujet ma brochure *L'Idée et le Fait en biologie* (Paris, 1890), au chapitre intitulé : *Les origines de la théorie trichromatique du nerf optique*.

prenait ma défense — hélas ! trop chaudement — contre un pamphlet venimeux du Dr Chauffard, présenté sous couleur d'un Rapport à l'Académie sur un mémoire de moi. L'article du Dr Guardia préludait par cette citation d'Horace (Ep. I. 9) : *Fortem crede bonumque*.

Dans cette philippique, j'étais traité si bien, et mon censeur si mal, que l'Académie n'y tint pas : elle prononça *illico* et *ab irato* la révocation de son trop peu soumis et respectueux bibliothécaire. Ce malheureux événement me causa un grand chagrin.

M. Edmond Perrier, professeur de zoologie au Muséum d'Histoire naturelle, parla longuement de mes travaux dans la séance du 4 mars 1895 de l'Académie des sciences. Il avait pris la parole à la suite de la présentation de mon livre *Le Merveilleux scientifique*, faite par M. Marey, à qui je dois une reconnaissance exceptionnelle pour son appui généreux, non moins que précieux, dans mon struggle contre la conspiration du silence. Voici quelques extraits du discours de M. Perrier :

« Puisque le nom de M. Durand (de Gros) est pro-
» noncé devant l'Académie, je suis heureux de rendre
» à ce penseur distingué un hommage que je n'ai pu lui
» rendre lors de la publication de mon livre *Les colo-*
» *nies animales et la formation des organismes*, n'ayant
» connu que trop tard ses publications. M. Durand (de
» Gros) est l'un des premiers qui aient cherché à établir
» cette proposition : *Les vertébrés ne sont pas des animaux*
» *simples, mais bien des animaux composés résultant de*

» *l'association d'un certain nombre d'individualités dont
» les vertèbres, qui se répètent régulièrement d'une extré-
» mité à l'autre du corps, sont les indications les plus nettes*
» (Bulletin de la Société d'Anthropologie, 1867). Au mo-
» ment où elle fut énoncée, cette proposition était le con-
» tre-pied formel de ce qu'enseignaient en France les
» naturalistes les plus éminents ; elle se présentait
» sous une forme imprévue qui s'opposait à ce qu'elle
» fût bien comprise et soulevait l'incrédulité…. Lors-
» qu'on suit en détail le développement de cette idée
» fondamentale, on arrive, quant au mode de constitu-
» tion du corps des vertébrés, précisément aux con-
» clusions de M. Durand (de Gros), et la méthode em-
» ployée donne ce qu'on ne trouve ni dans la doctrine
» de Darwin ni dans celle de Hæckel, une explication
» absolument scientifique du processus de complica-
» tion graduelle qui a présidé à l'évolution des organes…

» En fait, tout l'effort de l'Embryogénie et de l'Anato-
» mie comparée (voir surtout les recherches de Semper,
» Balfour, Dohrn, Houssay, etc.) s'est porté, dans ces
» dernières années, vers la démonstration de ce grand
» fait, que les Vertébrés ne sont que le couronnement
» d'une série organique dont les Vers annelés étaient
» les premiers termes. Tout ce qui a été fait dans cette
» direction nous ramène à la proposition de M. Durand
» (de Gros). M. Durand (de Gros) peut donc être consi-
» déré comme un précurseur des doctrines qui tendent
» à s'établir aujourd'hui, et il n'est que juste de lui at-
» tribuer la part d'honneur qui lui revient dans le mou-
» vement qui s'opère en faveur d'idées qui lui sont

» chères, qu'il a pu croire mortes, et à la renaissance
» desquelles il lui aura été donné d'assister. »

La Revue Anthropologique (*Anthropological Review*) de Londres, numéro d'avril 1869, p. 197 :

« *Polyzoïsme*, tel est le titre d'une communication
» des plus intéressantes de M. Durand (de Gros). Si
» l'auteur de ce travail réussit à établir sa théorie, nul
» doute qu'elle ne produise dans la science une révolu-
» tion d'une importance immense, car elle renverse
» ce qui, depuis longtemps, était passé à peu près à
» l'état de dogme[1]. »

Le Dr Auguste Forel, le célèbre aliéniste et naturaliste suisse, professeur à l'Université de Zurich, m'a
rendu le témoignage suivant dans un grand article de
l'*Année psychologique* de MM. Beaunis et Binet pour
1895, p. 22 :

« Qu'il me soit permis de faire réparation à qui de
» droit, c'est un saint devoir de la science. J'ai été jus-
» qu'à ces derniers jours dans l'ignorance à peu près
» complète des travaux admirables de M. Durand (de
» Gros).... Avec le courage et la perspicacité du génie,
» M. Durand a vu clair là où tout le monde voyait trou-
» ble, et cela déjà en grande partie en 1855, dans son
» *Electrodynamisme vital*, quoique ce livre d'un jeune

---

1. « Polyzoism » is the title of a most interesting paper by M. Durand (de Gros). If the author of the contribution can establish his theory it will undoubtedly be a revolution in science of immense importance; for it would reverse what has been considered almost as a dogma for a long period.

» homme de vingt-cinq ans renferme encore diverses
» opinions mal mûres.... M. Durand a subi le sort de
» trop de génies provinciaux. Paris a étouffé ses œu-
» vres par le silence, quoique plus d'un l'ait copié sans
» le citer... Notre digression nous ramène en plein à
» notre sujet en dévoilant un fait fondamental de psy-
» chologie comparée dont la priorité de découverte re-
» vient à M. Durand... En ce sens, je ne fais que con-
» firmer l'opinion qui, émise par M. Durand (de Gros),
» dans son *Electrodynamisme vital*, en 1855, avant que
» Darwin eût parlé, était un trait de génie..... En ré-
» sumé, je constate que les idées de Wundt, qui admet
» une causalité continue dans la série psychique, sont
» absolument insoutenables, et je me rallie, avec quel-
» ques réserves de détail, aux conceptions de Leibniz,
» de Durand (de Gros), etc., c'est-à-dire à un monisme
» qui est à la fois un pampsychisme, un panatomisme
» et un panthéisme, et qui est aussi peu « matéria-
» liste » que « spiritualiste ». »

M. G. DE LAPOUGE, dans son livre *Les Sélections sociales*[1], s'exprime ainsi à propos de mes travaux d'anthropologie :

« Parmi les élèves de Broca, les adeptes de l'anthro-
» pologie métrique, le découragement avait saisi quel-
» ques-uns des meilleurs...seul Durand (de Gros) avait
» soupçonné la cause de ces contradictions apparentes,
» mais il avait reçu l'accueil de Cassandre. » (P. 29.)

Ailleurs l'auteur fait la constatation qui suit :

---

1. 1 vol. in-8°. Paris, 1896, Librairie Thorin et fils.

« La différence morphologique des ruraux et des ur-
» bains paraît avoir été signalée pour la première fois
» par Durand (de Gros) en 1868, au cours de ses reten-
» tissantes polémiques avec Broca sur l'influence des
» milieux. C'est ce qui résulte d'un passage du petit li-
» vre qui résume ces discussions (DURAND, *De l'influence*
» *des milieux sur les caractères de race chez l'homme et chez*
» *les animaux*, Paris, 1868)... Durand, très malmené
» par la Société d'Anthropologie, revient à la charge
» l'année suivante dans son mémoire intitulé : *Une ex-*
» *cursion anthropologique dans l'Aveyron* (Bulletin de la
» Société d'Anthropologie, 1869, p. 193). A l'appui de
» ses théories, et en particulier de celle de « l'influence
» dolichocéphalisante du milieu urbain », il apporte des
» chiffres. Le tableau qui les résume est le premier do-
» cument publié sur l'Anthropo-Sociologie. » (P. 391.)

« Ce tableau », poursuit l'auteur, « ne prouve pas la
» différence des populations silicicoles et calcicoles, un
» point qui tenait fort à cœur à Durand (de Gros), mais
» celle des urbains et des ruraux, des lettrés et des il-
» lettrés, s'y lit de la manière la plus claire.

» Durand venait de faire une grande découverte. Elle
» lui profita aussi peu que celle de l'hypnotisme[1]. Char-
» cot s'est taillé une célébrité dans les dépouilles de
» Durand; le reste de ses découvertes ne fut utilisé par

---

1. Je n'ai point inventé l'hypnotisme, mais je l'ai, le premier, importé d'Angleterre sur le continent vers la fin de l'année 1852 ; et en 1855, dans mon livre *Electro-dynamisme Vital*, puis, en 1860, dans mon *Cours de Braidisme ou Hypnotisme nerveux*, j'en ai exposé une théorie absolument originale, qui a été généralement adoptée dans ces derniers temps, bien que toutefois on n'ait pas eu toujours la loyauté de m'en faire honneur.

» personne en ce qui concernait l'anthropologie, l'a-
» natomie comparée, la mécanique biologique. Pour la
» théorie de la différence morphologique des classes,
» elle devait faire un stage de vingt ans avant d'être
» acceptée. C'est ainsi que fut perdu pour la science un
» des plus puissants cerveaux de ce siècle, et que tom-
» bèrent dans l'oubli une foule d'observations remar-
» quables dont on constate aujourd'hui toute l'impor-
» tance. » (P. 394.)

De Broca : « M. Durand (de Gros), par une étude plus
» complète de la disposition de l'humérus chez les ver-
» tébrés inférieurs, et de son adaptation aux divers
» genres de vie, a apporté à la doctrine transformiste
» l'appui de faits très précis et enchaînés avec beau-
» coup de sagacité. » (*Revue d'Anthropologie*, 2ᵉ série,
t. IV.)

Du Dʳ Manouvrier, sur le même sujet : « La correspon-
» dance homotypique des membres est principale-
» ment masquée par ce fait que la flexion de l'articu-
» lation du genou se fait d'avant en arrière, tandis
» que celle du coude se fait d'arrière en avant. Char-
» les Martins tenta d'expliquer cette opposition des
» deux membres locomoteurs par le double effet d'une
» torsion humérale et d'une demi-révolution du cubi-
» tus. Mais c'est dans le beau mémoire de Durand
» (de Gros), *Création et Transformation* (Bulletin de la
» Société d'Anthropologie), qu'il faut suivre l'histoire
» de cette transformation. » (*Dictionnaire des sciences
anthropologiques*, article Membres.)

L'éminent zoologiste italien Carlo Emery, professeur à l'Université de Bologne, a donné une longue analyse de mes travaux dans l'*Anatomischer Anzeiger* (XIII. Band, Nr. 1 und 2, 1807). J'en extrais ces deux courts passages :

« Je signale ici un chercheur devenu vieux, mais en-
» core vivant et vigoureux, dont les écrits sont, hélas,
» peu connus dans la France, sa patrie, et le sont cer-
» tainement à peine en Allemagne, quoique l'on y
» trouve, en ce qui concerne la compréhension des
» organismes supérieurs, des considérations qui, bien
» qu'imprimées depuis de longues années, paraissent
» aujourd'hui toutes fraîches et comme neuves. Elles
» sont dignes, après un oubli immérité, d'être portées
» à la connaissance générale. Puissent-elles provoquer
» à l'avenir, dans le domaine de l'Anatomie, des ré-
» flexions et des recherches ! Le mérite de Durand est
» d'abord d'avoir, et cela depuis plus de quarante ans,
» conçu l'idée de l'organe primaire et d'avoir ouvert
» ainsi de nouvelles voies à l'anatomie et à la physiologie
» générales. J'ai cru utile de faire connaître ses idées
» dans des cercles scientifiques plus étendus, et j'ai
» essayé d'en donner ici l'essentiel [1]. »

---

1. Ich gedenke hier eines alt gewordenen, aber noch lebenden und rüstigen Forschers, dessen Schriften in seinem Vaterland Frankreich leider wenig, in Deutschland gewiss kaum bekannt sind, obschon sie bezüglich der Auffassung hœherer Organismen Anschauungen enthalten, welche, trotzdem viele Jahre verflossen sind, seitdem sie gedruckt wurden, noch heute ganz frisch und wie neu erscheinen ; sie sind es wert, nach unverdienter Vergessenheit endlich zu allgemeiner Kenntniss zu gelangen. Sie mœgen auf anatomischem Gebiet zu weiterem Forschen und Denken anregen !... Durand's Verdienst ist es, zuerst, und zwar vor mehr als 40 Jahren, den Begriff des Primærorgans ausgedacht

M. D. Parodi, dans la *Revue Philosophique* de février 1897 :

« Les travaux de M. Durand (de Gros) sont nombreux
» et variés : ils ont porté tour à tour sur la philologie
» et sur l'anthropologie, sur l'évolution des formes
» vivantes et sur la physiologie du système nerveux.
» Le transformisme lui doit une théorie des plus sédui-
» santes et peut-être un criterium précis enfin de l'ordre
» de succession des espèces animales. En zoologie, il a
» émis une des hypothèses les plus hardies et les plus
» grandioses du siècle et que les savants de nos jours
» adoptent de plus en plus, celle de la multiplicité des
» vivants élémentaires dans tout vivant organisé.
» L'hypnotisme, à la fois sous sa forme expérimentale
» et sous sa forme théorique, est presque entièrement
» dérivé de lui. Des rapports du physique et du moral,
» c'est-à-dire de la vie même, il a tenté une explication
» originale, qui reste peut-être son idée maîtresse...

« De toutes les qualifications auxquelles il peut pré-
» tendre, c'est à celle de philosophe que M. Durand
» semble tenir le plus, et à bon droit, ses recherches
» techniques elles-mêmes s'orientant toujours vers
» cette fin commune : montrer, dans l'union de la
» métaphysique et de la science, le nécessaire et légi-
» time instrument de la connaissance ; établir l'origi-
» nalité, la réalité substantielle, l'infinie puissance de
» la force psychique, ou âme ; retrouver, dans la théorie

---

und dadurch der allgemeinen Anatomie und Physiologie neue Wege eröffnet zu haben. Ich hielt es für lohnend, seine Ideen in weiteren wissenschaftlichen Kreisen bekannt zu machen, und habe hier das Wesentlichste davon wiederzugeben versucht.

» de l'âme et de la vie, par une sorte de leibnizianisme
» renouvelé, l'explication de l'univers entier, comme le
» secret de la nature et la clef de la science... »

Mon livre intitulé *Aperçus de Taxinomie générale*, que j'ai publié en 1899, a fait l'objet de nombreux articles critiques dans les revues spéciales. En voici quelques extraits :

La REVUE SCIENTIFIQUE (n° du 11 février 1899, p. 179) s'exprime ainsi : « ... M. Durand (de Gros) s'est oc-
» cupé toute sa vie de biologie : là est l'unité de son
» œuvre. C'est encore à la biologie que se rapporte
» principalement le livre qu'il vient de publier sous ce
» titre : *Aperçus de Taxinomie Générale*. Il y déploie les
» qualités habituelles de son esprit inventif et initia-
» teur. Dans un sujet qu'on pouvait croire épuisé, il a
» révélé une lacune énorme et il a indiqué les moyens
» de la combler. On peut dire sans exagération qu'il a
» fondé la science générale des classifications : il a fait
» pour la méthode taxinomique l'équivalent de ce
» qu'Aristote a fait pour la méthode déductive. Son
» livre sera l'*Organum* de la Taxinomie. »

M. Fr. PAULHAN commence ainsi une longue analyse du même livre dans la *Revue Philosophique*, numéro d'avril 1899 :

« Voici un beau livre de logique scientifique sur
» la science générale des Classifications. L'auteur y
» aborde une question à peu près intacte encore, et il
» a su nous donner une synthèse bien liée d'opinions.

» La portée de sa théorie est grande, l'exposition est
» claire et bien ordonnée, les idées abondantes, les
» raisonnements rigoureux, la pensée forte, compré-
» hensive et logique. Il n'en faut pas tant pour faire
» une œuvre de haute valeur. »

M. Georges LECHALAS termine ainsi un compte rendu du même livre, qu'il a publié dans la *Revue des Questions scientifiques*, numéro du 20 juillet 1899 :

« Nous serions très heureux que, dans un nouveau
» travail, consacré spécialement à la classification des
» sciences, M. Durand (de Gros) voulût bien mettre le
» côté critique au second plan et s'appliquer à établir,
» selon ses principes, cette classification rationnelle
» des sciences qu'on cherche encore et que ses médi-
» tations sur les principes généraux de la taxinomie,
» soutenues d'une culture scientifique de premier ordre,
» le rendent plus apte que tout autre à établir enfin
» sur des bases vraiment philosophiques.... Puisse
» ce résumé bien sec avoir fait entrevoir la haute
» portée de l'œuvre de M. Durand (de Gros). Nous
» avons déjà dit combien nous serions heureux qu'il
» fît l'application complète de ses théories taxinomi-
» ques au moins à la classification des sciences : ce
» vœu est la meilleure expression de l'intérêt qui nous
» paraît devoir s'attacher à l'ouvrage que nous venons
» d'étudier et que l'un de nos philosophes les plus
» distingués, M. Boirac, n'hésite pas à qualifier d'*Or-
» ganum* de la taxinomie. »

M. BOUTROUX, présentant l'ouvrage à l'Académie des

sciences morales et politiques, a prononcé ces paroles :
« J'ai l'honneur de présenter à l'Académie, au nom de
» l'auteur, M. Durand (de Gros), un ouvrage intitulé :
» *Aperçus de Taxinomie générale*. Il serait superflu de
» dire l'intérêt qui s'attache à une publication de ce
» savant, à la fois biologiste et métaphysicien... La
» caractéristique de ce libre esprit, c'est l'alliance
» constante de l'observation du naturaliste et de la
» réflexion du philosophe... »

M. Gasc-Desfossés, dans les *Annales de philosophie
chrétienne* : « L'immense mérite de M. Durand (de Gros)
» est, selon moi, d'avoir montré, avec une netteté et
» une sagacité auxquelles nous ne sommes guère habi-
» tués en pareille matière, les caractères distinctifs
» des diverses catégories taxinomiques, et conséquem-
» ment des divers ordres taxinomiques correspon-
» dants. »

M. Lucien Arréat, dans *The Monist* de Chicago (numéro d'avril 1899) : « Au cours de cette pénétrante ana-
» lyse, illustrée de tableaux dans lesquels l'argu-
» mentation revêt une forme concrète, M. Durand (de
» Gros) discute l'œuvre des classificateurs qui l'ont pré-
» cédé, et signale dans leurs productions mainte erreur
» saillante. Telle est, par exemple, l'erreur qu'il dé-
» nonce depuis quarante ans avec sa grande autorité
» de physiologiste, erreur qui consiste, comme il l'éta-
» blit, à consacrer à l'histologie la dénomination d'ana-
» tomie générale par la raison que la cellule appartient

» à tous les tissus. Cela équivaudrait, dit-il, à identifier
» la pathologie générale avec la pathologie des maladies
» occupant le corps tout entier, et à confondre la chi-
» mie générale avec la chimie des corps simples... [1]. »

Le professeur Bernard BOSANQUET, d'Oxford, a consacré au même ouvrage une étude très approfondie, dans la revue anglaise *The Mind*, numéro d'octobre 1899. Il conclut ainsi :

« L'ouvrage de M. Durand est plein d'idées sugges-
» tives et remarquablement clair [2]. »

Le professeur VAILATI, mathématicien philosophe renommé, a publié de son côté un long et très remarquable compte rendu du même livre dans la *Rivista di Scienze Biologiche*, numéro de janvier-février 1900. Il commence ainsi :

« Ce n'est pas seulement une exposition des princi-
» pales règles nécessaires ou utiles à suivre pour de
» bonnes classifications, que l'auteur s'est proposé
» d'offrir dans son intéressant travail bourré d'idées
» originales et d'observations suggestives... Le sujet

---

1. In the course of his acute analysis, illustrated by diagrammatic tables, in which the reasoning takes a concrete form, M. Durand (de Gros) discusses the work of prior classificators, and signalises in their productions many salient errors ; such, for example, is the error which he has pilloried for forty years now, with all his great authority of a physiologist, the error which, as he states it, consists in reserving for histology the title of general anatomy on the ground that the cell is found in all tissues. This would be equivalent, he says, to identifying general pathology with the special science of diseases the seat of which is the whole body ; or general chemistry with the science of the « simple bodies ».

2. M. Durand's work is full of suggestions and remarkably lucid.

» rentre dans cette catégorie de questions qui sont regar-
» dées comme appartenant à la logique, celle-ci étant
» prise dans son sens le plus général, c'est-à-dire comme
» l'étude des méthodes scientifiques et des procédés de
» recherche et de démonstration. Pour traiter cette
» branche de la logique d'une manière complète et
» fructueuse il faut posséder une culture scientifique
» s'étendant au delà des bornes de l'horizon mental
» dans lequel se renferment ordinairement les spécia-
» listes de chaque ordre particulier de recherches. Il
» est en outre nécessaire d'avoir une connaissance
» approfondie de l'histoire de ces différentes sciences
» et des phases de leur évolution. Il faut savoir aussi à
» quels divers points de vue se sont placés ceux qui ont
» cultivé ces connaissances pour élaborer et ordonner
» le matériel de faits et de conceptions formant la base
» de chacune d'elles.

» Que ces deux conditions se trouvent réunies, et à un
» degré éminent, chez Durand (de Gros) est un fait qui,
» en supposant que le lecteur ne le connût pas déjà
» par ailleurs, lui serait surabondamment démontré
» par le seul examen de ce volume et la façon vraiment
» magistrale dont l'auteur traite son sujet[1]. »

1. Non è solo un'esposizione delle principali norme, necessarie o utile a seguire nel construrre delle buone classificazioni, che l'A. si è proposto di offrire in questo suo interessante lavoro, denso di idee originali e di osservazioni suggestive. Il soggetto rientra in quella categoria di questioni che sono considerate come di pertinenza di la « logica », intesa questa nel suo senso più generale, come lo studio dei metodi scientifici e del processi di ricerca e di dimostrazione, ed ha ciò di comune cogli altri soggetti di cui la logica si occupa, o si dovrebbe occupare, di esigere, per la sua trattazione completa e proficua, una cultura scienti-

Ma dernière publication, *Nouvelles recherches sur l'Esthétique et la Morale*, a été présentée à l'Académie des sciences morales (séance du 17 mars 1900) par M. BOUTROUX ; son Rapport se termine par ces mots :

« Tel est le livre d'un honnête homme, cherchant la
» vérité avec science et avec conscience, combinant,
» suivant une méthode remarquable, l'analyse du
» savant avec le sens des réalités métaphysiques et
» morales, exposant avec franchise et sans ménage-
» ments les résultats de sa libre réflexion, toujours
» guidée par l'inspiration la plus droite, la plus géné-
» reuse et la plus élevée. »

La REVUE DE MÉTAPHYSIQUE ET DE MORALE (numéro de novembre 1899) sur le même livre :

« C'est une véritable philosophie, une conception
» totale de la nature, de la connaissance et de la
» vie que constituent dans leur ensemble les écrits de
» M. Durand (de Gros). Mais au système une pièce essen-
» tielle manquait encore, que nous apporte ce dernier
» livre : l'étude des phénomènes actifs, esthétiques et

---

fica che si estenda al di là dei limiti entro ai quali è racchiuso d'ordinario l'orizzonte mentale degli specialisti di ciascun singolo ramo di indagine, e di richiedere inoltre anche una conoscenza non superficiale delle vicende storiche e delle varie fasi di sviluppo delle scienze stesse e dei successivi punti di vista ai quali i loro cultori si sono collocati nell'elaborare e nell'ordinare il materiale di fatti e di concetti che sta a base di ciascuna di esse.

Che nel Durand (de Gros) si trovino riunite, e in grado eminente, ambedue le suddette condizioni è cosa che, dato anche non fosse già nota al lettore per altra parte, gli risulterebbe provata ad esuberanza dal solo esame di questo volume e del modo veramente magistrale col quale l'A. procede in esso alla trattazione del suo soggetto.

» moraux. On y trouvera les qualités des autres ouvra-
» ges de l'auteur, qui lui assurent une place des plus
» larges dans l'histoire de la philosophie du siècle : l'ori-
» ginalité et la vigueur spéculative, la netteté, la sim-
» plicité, la précision incomparable de la méthode, tout
» ce qui, après lui avoir fait découvrir, il y a un demi-
» siècle, toute une branche de la psychologie patho-
» logique, l'amenait, l'année dernière encore, à cons-
» tituer en une théorie presqu'entièrement neuve la
» logique de la classification. »

M. Théodore Ruyssen conclut ainsi un long article sur le même livre, dans *Le Relèvement social* du 1ᵉʳ avril 1900 :

« Nous arriverions à citer encore. Mais nous crain-
» drions de laisser croire aux lecteurs de ce journal
» qu'ils ont trouvé dans ce compte rendu l'essence du
» livre si suggestif et, par endroits, si éloquent de
» M. Durand. C'est l'ouvrage tout entier qu'il faut
» lire, relire et faire lire. »

Le Dʳ Paul Farez, licencié en philosophie, fit, au mois de janvier dernier, au siège de la Société d'hypnologie et de psychologie de Paris, une conférence sur ce thème : *L'hypnotisme et la psychologie dans l'œuvre de Durand (de Gros)*. Un résumé de cette conférence a paru en italien dans la *Rivista di studi psichici* de M. César Baudi de Vesme. Voici la traduction d'un passage de ce discours :

« Jusqu'à ce jour, Durand (de Gros) n'a pas cessé de

» produire des œuvres scientifiques relatives aux sujets
» les plus divers : anthropologie, anatomie comparée,
» paléontologie, linguistique, économie politique, agri-
» culture, histoire des religions, biologie, psychologie,
» métaphysique ; et tout cela a été traité avec une sur-
» prenante compréhension encyclopédique. Il n'y a
» que quelques semaines, il publiait encore un livre
» sur l'esthétique et la morale. Durand (de Gros) est
» surtout, et cela dans toutes les branches auxquelles
» s'est appliquée son activité, un précurseur et un ini-
» tiateur. »

M. F. PILLON a rendu compte de plusieurs de mes écrits dans son *Année philosophique*, et aussi dans le *Grand Dictionnaire* de Larousse, notamment aux mots CARACTÈRE, ANCÊTRE, PHILOSOPHIE. De plus, il m'a consacré une longue et bienveillante notice biographique dans le 2ᵉ *Supplément* du même *Dictionnaire*.

.*.

Je termine cette préface par un appel chaleureux à tous ceux qui ont quelque souci de notre crise sociale ; à tous ceux qui souhaitent que l'ordre nouveau, en gestation dans le sein de la société, vienne au jour vivant et viable et non point mort-né ; et par des couches naturelles, et non par un avortement auquel pourrait bien ne pas survivre la mère !

Toutes les croyances dont vit notre société, croyances religieuses, croyances morales, croyances touchant les droits de l'homme, et autres, ne sont au fond que des préjugés, autrement dit des opinions traditionnelles et toutes faites, c'est-à-dire faites sans preuve et sans réflexion.

Tout empiriques qu'elles sont, ces croyances ont néanmoins assuré l'existence sociale tant qu'elles n'ont pas été ruinées dans l'esprit des masses.

Aujourd'hui le rationalisme scientifique vient les réduire toutes à néant en les atteignant, non plus seulement, comme la philosophie du XVIII° siècle, dans quelques consciences d'intellectuels, mais cette fois dans la conscience populaire tout entière, grâce à la vulgarisation de l'instruction et à la puissance de la presse périodique.

On peut dire sans exagération que notre charpente sociale est vermoulue déjà aux trois quarts par les termites de la critique positiviste, et qu'il faut s'attendre à ce que d'un moment à l'autre l'édifice s'écrase.

Notre socialisme français s'évertue d'ailleurs à précipiter cet effondrement. Ce parti, fait des souffrances des prolétaires et de leurs aspirations ardentes mais confuses vers un régime social plus favorable, encore indéterminé, n'a que des idées de renversement ; il est dépourvu de toute doctrine positive et organique ; il ne possède aucun plan précis et pratique de reconstruction. Des politiciens ambitieux et creux le guident et l'égarent, moins jaloux de le servir que de s'en servir (j'admets d'honorables exceptions). L'étude aride des problèmes sociaux n'est pas de leur goût; ils la dédaignent. Visant avant tout — et ils ne s'en cachent pas — à s'emparer des pouvoirs publics, ils font dégénérer la question sociale en une question purement politique, dans laquelle les véritables intéressés, ce ne sont plus leurs clients, mais eux-mêmes.

« D'un cœur léger », ils poussent à une destruction de fond en comble de *ce qui est*, c'est-à-dire d'un mécanisme incomparablement compliqué, et ne semblent s'inquiéter aucunement de préparer *ce qui sera*, c'est-à-dire un mécanisme d'une complexité plus grande encore, puisqu'il doit être plus parfait ! Et ils paraissent ne pas se douter que, le vieux système mis à bas du matin au soir par un coup de force révolutionnaire, c'est le lendemain au plus tard que le système nouveau devrait être inauguré de toutes pièces, pour qu'il ne fût pas coupé court à la vie de la nation, pour qu'il fût pourvu sur le champ aux premiers besoins de son existence !

Et ce n'est pas seulement l'organisation sociale future qu'ils oublient de préparer, c'est aussi l'homme futur appelé à y vivre, à y fonctionner. Leur esprit ne s'ouvre même pas jusqu'à comprendre que l'indigène de la société « capitaliste », c'est-à-dire individualiste et antagonistique, s'étant moulé ataviquement, dans une suite innombrable de générations, sur cette vieille forme sociale, il faut nécessairement lui donner un pli tout autre, le modifier, le transformer par l'éducation pour le rendre capable de s'adapter tant soit peu à la société nouvelle, à un régime d'association et de solidarité, de concorde et d'harmonie ! Et non seulement ils ne se mettent pas en peine de transformer intellectuellement et moralement le vieil homme, afin d'approprier le mieux possible cet organe faussé à l'organisme nouveau, ils ne témoignent que froideur aux gens de bonne volonté qui, en dehors d'eux, se donnent cette ingrate mission. Les voit-on s'affilier aux « ligues » d'assainissement moral de la nation, constituées pour combattre les progrès de l'alcoolisme, de la pornographie et de la prostitution, de la passion du jeu, et de ce goût féroce, legs de la décadence romaine, pour les spectacles sanglants du cirque, que les Espagnols s'appliquent à nous inoculer, et non sans succès, comme pour nous faire partager leur abaissement lamentable ? Eh bien ! non, les « leaders » de notre socialisme, non seulement ne s'associent pas à ces œuvres régénératrices, mais ils les regardent même d'assez mauvais œil ; ils s'y montrent indifférents, quand ils ne s'y montrent pas positivement hostiles [1].

. . . .

1. Je me fais un devoir et un plaisir de reconnaître que le socialisme belge, que j'ai étudié de près, est animé d'un tout autre esprit et suit une toute autre méthode. J'ai pour ses œuvres et ses hommes respect, sympathie et admiration.

Je crois devoir, à ce propos, citer ici les deux passages suivants d'un article signé SORGUE, qu'on lit dans *Le Soir*, journal de Paris, du 7 juin 1900. C'est une étude sur le socialisme belge :

« Nos camarades Belges possèdent plusieurs journaux à fort tirage. Les principaux sont : le *Vooruit*, de Gand ; le *Werker*, d'Anvers, et le *Peuple*, de Bruxelles. Dans ces journaux, qui sont sous le contrôle direct du parti, on met en pratique, en tout et pour tout, les doctrines socialistes. Vous ne trouverez jamais dans leurs colonnes des réclames en faveur des entreprises capitalistes, la plupart des pièges à gogos ; pas davantage n'annoncent-elles les spectacles pornographiques des Scalas et des Moulins-Rouges, ces maisons de prostitution marronne.....

» Parmi les intellectuels qui s'occupent le plus activement et spécialement de la propagande moralisante, il faut citer Émile Vandervelde. Le prestigieux orateur socialiste s'est donné pour mission supérieure d'inculquer dans les masses cette grande vérité : *Ceux-là seuls seront dignes de*

Pour jeter le pont indispensable sur l'abîme qui s'ouvre entre le monde ancien et le monde de l'avenir, pour que le progrès humain ne s'arrête pas court, pour qu'au lieu de continuer sa marche en avant, il n'éprouve pas un recul profond dans les ténèbres et dans la servitude, ce qu'il faut, ainsi que je ne cesse de le crier depuis un demi-siècle — *clamans in deserto* —, c'est de remplacer par des solutions scientifiques les croyances qui nous avaient régis jusqu'ici, et qui tombent maintenant en poussière.

Ces solutions scientifiques des problèmes fondamentaux et primordiaux, destinées à être notre arche de salut, je les cherche depuis de nombreuses années, et je me permets de croire que mes recherches n'ont pas été tout à fait stériles.

gouverner le monde, qui auront appris à se gouverner eux-mêmes. Emile Vandervelde, qui a fondé la *Ligue anti-alcoolique*, et qui a tant contribué à la prohibition de l'alcool dans les cafés des coopératives, a prononcé, à maintes reprises, de virulents réquisitoires contre l'alcoolisme, le jeu, les orgies du carnaval, et les sports cruels. Rappelons à ce propos que le nouveau député de Bruxelles, lorsqu'il était l'élu des Carlorégiens (Charleroi), avait le courage de flétrir, en réunion publique, la déplorable passion de ses électeurs pour les combats de coqs. Et dire que certains de nos députés socialistes du Midi se font, eux, les champions de la hideuse tauromachie ! »

Paroles de bon augure ! elles montrent que le sens moral s'éveille dans le socialisme français.

Finissons par un court extrait d'un article du *Relèvement Social* du 1er juin 1900 sur la loi *Heinze* (projet de loi contre la pornographie en discussion au parlement allemand et violemment combattu, nous dit-on, par le parti socialiste), qui fait voir que les socialistes allemands n'ont pas moins besoin que les nôtres d'aller à l'école des Belges :

« Qui veut obtenir un grand succès n'a rien de mieux à faire que de flatter les passions ignobles de l'homme : la férocité, l'envie et l'incontinence. Le roman populaire est fait avec ces trois bas ingrédients. Les socialistes allemands avaient été fortement accusés de flatter le goût populaire pour la force brutale : les voilà qui se mettent à la tête d'une ligue contre les mœurs ! C'est complet. »

Que les philosophes daignent enfin me lire sans prévention aveuglante, oubliant mon grand tort aux yeux d'un public imbécile : le tort de n'être le titulaire d'aucune chaire, de n'émarger sous aucune forme et à aucun degré quelconque au budget de l'Instruction publique (non plus d'ailleurs qu'à aucun autre budget ministériel); de n'être enfin qu'un amateur dans la partie, et, pour comble, qu'un simple paysan aveyronnais !

Ce que je demande, c'est qu'on juge l'ouvrier à l'œuvre, et pas autrement. Sur ce terrain-là, j'attends tranquillement mes compétiteurs.

Arsac (Aveyron), juin 1900.

VARIÉTÉS PHILOSOPHIQUES

LA MÉTAPHYSIQUE

DANS LES SCIENCES NATURELLES ET MÉDICALES

A PROPOS D'UN RAPPORT ACADÉMIQUE DU DOCTEUR PIDOUX [1].

I

> L'insurrection à laquelle l'esprit humain est en proie est la lutte contre l'ascendant des idées générales et d'une philosophie qui soit la régulatrice des sciences particulières.
> E. LITTRÉ (*A. Comte et la Philosophie Positive*, p. 560).

1. Le Positivisme a beau mettre la Métaphysique à la porte de la science, elle y rentre par toutes les fenêtres. C'est qu'il en est de la métaphysique comme de la prose : le savant en fait sans le savoir et même malgré soi ; il ne lui est loisible de s'en abstenir, il n'a d'autre choix qu'entre la bonne et la mauvaise. Appliquons-nous donc à faire de la bonne et saine métaphysique scientifique ; c'est elle qui ordonne l'économie de toute science spéciale, qui définit son objet et son but, qui lui trace son programme, qui

[1]. Rapport sur le concours de 1868 pour le prix Civrieux, décerné par l'Académie Impériale de Médecine.

précise et affermit ses notions fondamentales ; c'est elle, en un mot, qui lui apporte la méthode, autrement dit l'ordre et la lumière, l'unité et la vie. Et d'ailleurs, je le répète, bannir de la culture scientifique cette métaphysique positive pouvant seule faire couler une sève abondante et riche dans toutes les branches du savoir, c'est livrer l'arbre à l'envahissement du galimatias philosophique, gui parasite qui l'infeste, le dessèche et l'étouffe.

Et ceci est si vrai que le Positivisme lui-même, lui qui demande la suppression radicale, pure et simple, de la métaphysique, métaphysique à son tour et à force. Il métaphysique en psychologie et en morale, et plus encore en physiologie et en médecine ; et certes au très grand préjudice de ces études, dont il trouble et fausse le langage, dont il obscurcit et dénature les principes en leur imposant ses formules dogmatiques, un vrai grimoire plus inintelligible, plus irrationnel et plus puéril que celui des scolastiques eux-mêmes, sans en avoir les profondeurs. J'étais seul jusqu'à ce jour à dénoncer cette dangereuse invasion de la métaphysique positiviste, et je n'avais guère réussi à me faire écouter. Le célèbre Virchow, qui n'est pas précisément un métaphysicien de la vieille roche, vient à son tour dévoiler à notre physiologie française la nouvelle lèpre philosophique dont elle se laisse dévorer ; espérons pour elle que la voix retentissante du physiologiste de Berlin sera entendue [1].

Sans se dire disciples d'Auguste Comte, et même en répudiant cette qualification, la plupart de nos physiologistes et médecins penseurs tiennent pour avéré que la méta-

---

[1]. Voir, dans la *Gazette Hebdomadaire* du 21 août 1868, la verte riposte de M. Virchow à M. Robin, où les doctrines positivistes sont appréciées à leur juste valeur. Voir encore une charge à fond contre le positivisme par un autre savant très positif, M. Huxley, dans la *Revue des cours scientifiques*, numéro du 30 octobre 1869.

physique a fait son temps, qu'elle n'a rien à démêler avec
la science, et que le seul service qu'elle ait à lui rendre est
de s'en tenir soigneusement à l'écart. J'ai été surpris cependant de trouver une pareille profession de foi sous la plume
du rédacteur en chef des *Archives générales de Médecine*,
dans un remarquable article sur un débat récent entre
MM. Robin et Virchow [1]. L'influence du dogmatisme
positiviste s'étend ainsi au loin, bien au delà du cercle des
adeptes, et jusque sur les meilleurs esprits. Il en est résulté
que le titre de métaphysicien est devenu, parmi nos savants,
presque comme une flétrissure, comme une sorte de brevet d'incapacité ou même d'ineptie scientifique, ce qui met
assez mal à son aise pour traiter les questions d'ordre métaphysique. C'est ce qui fait qu'avant de discuter l'œuvre
de M. Pidoux j'ai cru devoir prendre mes précautions ; j'ai
jugé indispensable de commencer par soumettre à l'appréciation réfléchie des hommes de science qui me feront l'honneur de me lire, les divers motifs sur lesquels le Saint-Office
positiviste se fonde pour mettre toute spéculation métaphysique à l'index.

2. Il est un reproche banal qu'on fait communément à la
métaphysique, c'est d'être abstraite, c'est de raisonner sur
des abstractions ; et, pour le commun des esprits, qui dit
abstraction dit illusion. Hâtons-nous d'ajouter à la décharge
du positivisme que ce préjugé vulgaire ne lui est pas imputable. Il professe au contraire, et très justement selon
moi, que l'abstrait est l'essence même de la science, et que
plus est abstrait l'objet d'une science, plus elle est digne
de ce nom, plus elle est élevée en importance et en dignité
dans la hiérarchie des connaissances humaines. Nous né-

---

1. Voir les *Archives générales de Médecine*, numéro de novembre 1868,
p. 513.

gligerons donc de répondre à cette accusation sans portée pour nous occuper uniquement de celles qui ont été formulées par Auguste Comte et son école.

On a entendu par *métaphysique*, depuis Aristote, la science des principes premiers et des causes générales. Si telle est la métaphysique — et l'on ne peut donner un autre sens à ce mot sans sortir des conventions du langage —, pour la déclarer sans objet il faut nier qu'il existe des principes premiers et des causes générales, ou, tout au moins, qu'ils soient accessibles à la connaissance. Et c'est en effet ce que les écrivains positivistes n'hésitent pas à nier dans les termes les plus formels. Mais en cela ils ne se mettent pas seulement contre la vérité ; en outre, ils se mettent en contradiction flagrante avec eux-mêmes, c'est-à-dire avec les propositions dont ils font le fondement de toute leur doctrine.

En effet, quelle est la grande thèse philosophique d'Auguste Comte ? C'est que les sciences se superposent dans un ordre hiérarchique de généralité croissante ; et il admet une généralité suprême couronnant ce système de catégories scientifiques et mettant le sceau à son unité. Citons à ce sujet son disciple et interprète le plus autorisé :

« La philosophie positive », a écrit M. Littré, « n'est qu'*une induction générale faite avec les sciences particulières* » ; et il ajoute : « Elle a la même solidité de certitude et la même vertu de développement. » (*A. Comte et la Philosophie Positive*, par E. Littré, 2ᵉ édit., p. 549.)

Le même écrivain dit ailleurs : « La philosophie positive n'étant que le prolongement des sciences jusqu'*au point où elles trouvent leur unité*, etc. » (Ouvrage cité, p. 671.)

Et encore : « La philosophie positive est l'ensemble du savoir humain disposé suivant un certain ordre qui permet d'en saisir *les connexions et l'unité*, et d'en tirer *les direc-*

tions générales pour la partie et pour le tout. » (*Ibid.*, p. 43.)

A ces citations, qui pourraient suffire, ajoutons encore celle-ci : « La *méthode universelle* », c'est toujours M. Littré qui parle, « c'est là en effet *le but vers lequel marchent les sciences*, instinctivement d'abord, comme leur histoire le prouve, et sans aucune notion claire de l'avenir qui les attend ; mais dorénavant, comme leur histoire le prouve aussi, avec un sentiment croissant de *leur universalité.* » (Préface au *Manuel de Physiologie* de J. Mueller, édition Jourdan-Littré.)

C'en est assez, je pense, pour attester que, dans la pensée du principal disciple d'Auguste Comte, et actuellement le chef de son école, il existe logiquement une science ou méthode universelle, une « science spéciale des généralités » (suivant une autre expression très heureuse d'A. Comte lui-même) que le mouvement scientifique serait en voie de réaliser. Mais cette science universelle et finale, ou primordiale, suivant le point de vue[1], a forcément son objet propre, un objet adéquat ; c'est-à-dire qu'il y a dans les choses quelque chose d'universel, de premier, de suprême, à quoi une telle connaissance se rapporte et qui en constitue l'objet. Mais en quoi donc cette science de l'universel, du primordial et du final, ainsi définie et ainsi proclamée et prônée par M. Littré, diffère-t-elle donc de la « science des premiers principes », de la métaphysique, qu'il condamne et réprouve comme une conception illusoire contraire à l'esprit de la science et à la raison ? Sans doute, en rien ; cela est évident. Cependant la métaphysique a été condamnée, un peu légèrement peut-être, mais enfin la condamnation a eu lieu ; elle a

1. Voir mes *Aperçus de Taxinomie générale*, 1 vol. in-8°. Paris, 1899, § 87.

été formelle, publique, solennelle, et les sentences du positivisme sont sans appel. Autrement, qu'adviendrait-il de son autorité ? que deviendrait l'infaillibilité de l'oracle ? Donc la sentence prononcée sera maintenue en face et en dépit des déclarations de principes qui précèdent ; et quand cette malheureuse métaphysique viendra crier à l'injustice et à l'usurpation, protestant que la soi-disant philosophie positive l'a mise en déchéance pour s'emparer de son héritage, cette philosophie positive, sans se déconcerter, lui adressera cette fin de non-recevoir, froide et moqueuse, par la plume de M. Littré : « *Une loi générale des êtres, c'est l'équivalent de la pierre philosophale.* » (*La Philosophie Positive*, 1re année, p. 21.)

Il faut à la philosophie positiviste, à peine de ne pas être, il lui faut, dis-je, des principes généraux universels, et elle les affirme ; mais, d'autre part, il lui faut aussi, pour se débarrasser de la métaphysique, que de tels principes ne soient pas, et elle les nie. Voilà donc la métaphysique déboutée : quelques sophismes pompeux, quelques contradictions hardies qui en imposent, et la voix de la plaignante est étouffée.

3. Je n'entreprendrai pas, Dieu m'en garde ! de relever une à une toutes les contradictions de la doctrine positiviste sur le point qui nous occupe ; il me sera permis cependant de m'étonner — si quelque chose peut encore m'étonner — que ce soit précisément dans le matérialisme que se rencontre une sorte d'aversion, de parti pris haineux, contre la doctrine de l'unité de loi dans les choses. « Il n'y a que de la matière », dit solennellement M. Littré, à la page 21 de sa *Philosophie Positive* (1re année), et nous venons de voir qu'une loi générale des êtres est à ses yeux une idée creuse à laquelle il ne dissimule pas son mé-

pris. Que les spiritualistes se déclarassent contre ce principe, passe encore, ils seraient conséquents avec leurs prémisses, puisqu'ils professent une dualité irréductible de substances, l'esprit et la matière ; mais proclamer qu'il n'est qu'une seule essence, qu'une seule étoffe pour toutes choses, et après cela rejeter comme absurde l'idée d'un caractère général, d'une loi universelle commune à tous les êtres, tous de matière, de la même matière formés... ô bizarrerie des bizarreries !

Un autre reproche, qui n'est du reste qu'un corollaire de celui que nous venons d'examiner et de peser, c'est que la métaphysique prétend étudier les êtres en général, ou, autrement dit, l'être en soi, l'être pur, l'être considéré abstraction faite des formes spéciales propres aux différentes espèces d'êtres. Ce reproche se résume dans un mot, *ontologie*! mot devenu un stigmate aux yeux de tous ceux qui se piquent de science positive, au même titre que celui de métaphysique. Et pourtant, j'en appelle au bon sens des hommes de science : s'il est naturel, s'il est logique de considérer les plantes en général — je prends cet exemple parmi tant d'autres —, de considérer la plante en soi, c'est-à-dire abstraction faite des caractères propres aux diverses espèces de plantes, et de fonder sur cette considération abstraite une science que nous nommons la botanique organique ou générale ; et si pareillement il est légitime et utile de faire une autre science, appelée zoologie organique ou générale, de l'étude des animaux considérés en général, de l'étude de l'animalité prise en soi ; et enfin si, en troisième lieu, tous les savants sont d'accord, et les Positivistes en tête, pour réunir les animaux et les végétaux dans la conception d'une généralité supérieure qui les dégage de leurs caractères différentiels respectifs de végétalité et d'animalité pour nous les offrir sous la forme commune et pure d'êtres vivants, devenant l'objet d'une science nouvelle, la biologie ; je le demande à ces savants : pourquoi serait-il irrationnel, antiscientifique ; pourquoi, ainsi qu'on l'assure, serait-il absurde de pousser au delà cette série de généralisation croissante ? Et, de même que la Biologie se superpose à la Botanique et à la Zoologie et les englobe, pourquoi, au-dessus de la science des *êtres vivants*, ne s'élèverait-il pas une science embrassant indistinctement les êtres vivants et les autres êtres, une science des *êtres en général*, une Ontologie ?

Le Positivisme est trop grand seigneur pour daigner répondre à mes interpellations, que je renouvelle néanmoins avec persévérance depuis des années, et qui l'ont toujours trouvé sourd et muet ; mais c'est aux savants que ces observations s'adressent, à ces savants sans prétention philosophique qui ont trouvé commode d'accepter de confiance les solutions de cette école de scientifique apparence, et qui deviennent ainsi les dupes et complices inconscients de ses aberrations.

**

4. Encore une accusation qui n'est qu'une variante des précédentes, et que chacun répète sur la foi d'Auguste Comte et de ses disciples : « La métaphysique cherche *l'absolu.* » Or c'est là, dit-on, une entreprise insensée, car l'absolu n'existe pas, il n'est pas du moins à notre portée, et la science, la science positive, s'entend, ne peut et ne doit avoir affaire qu'au *relatif.*

Ceux qui, sur cette question de l'Absolu, se font, ainsi que sur tant d'autres, les crédules échos de l'école positiviste, ont évidemment négligé de se rendre aucun compte de leur jugement. Bref, qu'ils me permettent de le leur déclarer avec toute la franchise qu'on doit à des amis : en se prononçant contre l'absolu, point ils ne savent ce qu'ils disent. Qu'est-ce donc que l'Absolu? se le sont-ils demandé? se sont-ils demandé davantage ce qu'on doit entendre par le Relatif? Où donc commence le premier? où donc le second finit-il, d'après eux? *Deux quantités égales à une troisième sont égales entre elles* : est-ce là l'énonciation d'un principe relatif, ou d'un principe absolu? Si relatif, relatif à quoi? à telle ou telle espèce de quantité? à des longueurs, ou à des largeurs? à des quantités d'hommes, ou à des quantités de grains de sable? Non, il s'agit de la quantité en soi, de la quantité pure, de la quantité *absolue*. Mais l'axiome mathématique qui vient d'être énoncé sera-t-il donc, à cause de cela, une billevesée métaphysique? Oui, forcément, si l'exclusion du domaine scientifique prononcée contre l'Absolu est une condamnation méritée. Oui, les vérités mathématiques, les vérités de méthode, les vérités de logique sont essentiellement des vérités d'ordre absolu, des vérités métaphysiques, et il faudra réhabiliter la métaphysique ou répudier ces vérités [1].

---

1. Nous trouvons dans le journal *la Science Sociale* une excellente réfutation de la doctrine des positivistes sur l'Absolu. Cette défense de la saine philosophie est due à la plume aussi spirituelle que judicieuse et savante de M. le colonel Ch. Richard qui, dans cette joute, a pour adversaire M. le docteur Alfred Naquet, ancien agrégé de la Faculté de médecine de Paris. Voici quelques passages de ce travail :

« Qu'est-ce que l'absolu ?

» Depuis Thalès jusqu'à mon ami Ch. Renouvier, il n'y a jamais eu qu'une manière de le comprendre, ce qui tend bien à prouver qu'il n'y en a pas deux.

» L'absolu est ce qui est de soi, immuable, éternel, c'est-à-dire sans changement, sans condition de temps ni de lieux.

» Il est évident tout d'abord que des attributs de cet ordre ne sauraient convenir à des choses réalisées. Et, en effet, toute chose réalisée dépend nécessairement d'une cause c'est-à-dire n'est pas de soi ; est susceptible

5. Ce que le Positivisme accuse encore, et très hautement, dans la métaphysique, c'est l'emploi du procédé scientifique connu sous le nom de méthode *a priori* ou

d'altération, c'est-à-dire n'est ni immuable ni éternelle, et de plus a sa place marquée dans l'espace et dans le temps.

» L'absolu ne peut donc être, s'il existe, qu'une représentation de rapports, une loi, une vérité.

» La question est maintenant de savoir s'il existe en effet.

» Je dis qu'il existe d'une manière certaine, indéniable.

» Pour le prouver, je choisis un exemple dans l'ordre mathématique, qui a le privilège de fournir des démonstrations d'une nature plus claire et par suite plus faciles à saisir.

» Abandonnons pour le moment ce bon carré de l'hypoténuse, dont j'ai quelquefois abusé, je le confesse, et adressons-nous à un théorème beaucoup plus simple.

» La question étant purement philosophique, il n'est évidemment pas nécessaire de nous lancer dans les régions peu commodes du calcul infinitésimal.

» Considérons un modeste cercle, dont tout le monde connaît à peu près la figure.

» D'abord puis-je tracer un cercle ? En aucune manière. Mais je puis le concevoir et en tracer l'image grossière sur une surface plane tout aussi grossière.

» Ceci fait, je tire, dans ce simulacre de cercle, un simulacre de ligne droite, ne passant pas par le centre, qui d'ailleurs est je ne sais où, et je veux trouver la relation qui existe entre cette ligne appelée corde et le diamètre.

» Je joins, dans ce but, les deux extrémités de ma ligne au centre, et je forme ainsi un triangle, dont deux côtés sont des rayons du cercle et le troisième la corde dont il s'agit.

» Dans tout triangle un côté quelconque étant plus petit que la somme des deux autres, il en résulte que ma corde est plus petite que la somme de deux rayons ou un diamètre.

» D'où je conclus, en terme général, que, dans un cercle quelconque une corde quelconque est plus petite que le diamètre.

» Et je dis que voilà une vérité absolue. En effet, cette vérité est de soi, car bien évidemment personne, ni Jupiter, ni Jéhova, ne l'a créée et mise au monde. Elle est immuable, car elle n'est passible d'aucune altération. Elle est éternelle, car elle n'a pas eu de commencement et n'aura jamais de fin, dans aucun lieu assignable de l'espace.

» Elle a donc tous les caractères de l'absolu ; ce qu'il fallait démontrer. » (*La Science Sociale*, numéro du 1ᵉʳ mai 1869.)

méthode de déduction, et que, dans le langage qui lui est propre, il qualifie de *subjective*. Il reconnaît cependant que cette méthode a été employée avec succès dans les mathématiques ; mais, en dehors de ces sciences, suivant lui, elle ne peut recevoir aucune application légitime. « Un et un font deux », dit M. Littré ; et il ajoute : « Cet axiome (!) mathématique a prospéré, suffisant à produire par une déduction enchaînée l'arithmétique, l'algèbre et tout le calcul. » (*La Philosophie Positive*, 1re année, p. 15.)

Pourquoi le Positivisme, par une exception unique, lève-t-il son interdit contre la « méthode subjective » en faveur des mathématiques ? C'est que les faits sont là pour l'y contraindre. Il est en effet bien évident que, n'était l'insurmontable difficulté de cet irrécusable témoignage, c'est-à-dire n'était le fait patent de la construction purement rationnelle des mathématiques, et si cette création de la méthode subjective était encore une œuvre à réaliser, il est, dis-je, bien évident que le positivisme ne manquerait pas de déclarer une telle entreprise *antipositive*, *antiscientifique*, et, pour tout dire en un mot, *métaphysique*.

« De toutes les sciences », écrit M. Littré, « la plus simple est la mathématique, et c'est pour cela qu'une déduction prolongée y est possible et définitive. » (*La Philosophie Positive*, 1re année, p. 15.) Il y aura lieu d'examiner tout à l'heure si, même au point de vue des prémisses positivistes, il est admissible que la mathématique soit de toutes les sciences la plus simple ; demandons d'abord les raisons qui font attribuer à la science *la plus simple* le privilège exclusif de la méthode déductive. Or ces raisons n'existent pas ; non, c'est parce que les mathématiques seules ont fourni jusqu'à ce jour un exemple incontestable de l'efficacité de cette méthode, qu'une telle méthode est déclarée uniquement applicable à la science des quantités.

Pourquoi donc ne serait-elle pas applicable à des sciences moins abstraites, moins simples? L'algèbre, jusqu'à Viète et Descartes, était regardée comme uniquement applicable aux questions arithmétiques ; ces deux grands mathématiciens firent voir qu'elle peut s'appliquer aussi à une science moins abstraite, moins simple que celle du nombre, à la science de l'étendue. C'est donc arbitrairement qu'à priori l'on restreint l'emploi de la méthode déductive aux mathématiques à l'exclusion des sciences plus concrètes.

Maintenant, est-on mieux fondé d'ailleurs à prétendre que la géométrie, l'arithmétique et l'algèbre occupent le sommet de l'échelle de la généralité ou simplicité croissante dans la série scientifique? Non, car il y a quelque chose de plus abstrait que « la Mathématique », j'en appelle du Positivisme au Positivisme lui-même. N'enseigne-t-il pas, en effet, qu'une « Méthode universelle » est appelée à couronner la pyramide du savoir humain, à relier entre elles toutes les branches de la connaissance et à les dominer?

Ou la « Méthode universelle » n'est pas universelle, ou elle est supérieure aux mathématiques elles-mêmes, c'est-à-dire plus abstraite, plus générale, plus simple encore. Et ne sait-on pas d'ailleurs que la Logique, oubliée par A. Comte dans sa classification des sciences, et aussi la Grammaire générale, encore à un plus haut degré, les surpassent déjà sous ce rapport?

*
* *

6. Sur quelque question qu'on ait à examiner les jugements de la doctrine positiviste, on se trouve engagé dans une complication de contradictions inextricable, au point que l'analyse ne sait comment se retourner dans ce fouillis, par quel bout commencer sa tâche et dans quel ordre la

poursuivre, pour ne pas produire elle-même une œuvre tout aussi confuse que cette confusion qu'elle entreprend de débrouiller. A l'égard du point dont il s'agit en ce moment, nous nous voyons en présence de quatre ou cinq propositions antagonistes qui se contrarient et s'enchevêtrent de la façon la plus désespérante ; c'est un vrai nœud gordien à délier.

Nous rappellerons au lecteur qu'entre les dogmes du Positivisme, l'un des premiers et principaux est celui de *l'antécédence historique des sciences plus générales, plus abstraites, plus simples, par rapport aux sciences moins générales, moins abstraites, moins simples.* « La partie abstraite naît avant la partie concrète », dit A. Comte dans ses *Leçons de Philosophie Positive.* Ainsi, la mathématique, par exemple, qui serait la science la plus simple, au dire de la doctrine, serait aussi de toutes la première née.

Il y aurait une foule d'objections de fait à opposer à cette thèse ; on pourrait lui objecter, par exemple, que, dans les trois sciences mathématiques, l'algèbre, la plus générale, la plus abstraite et la plus simple, a été précisément constituée la dernière, et bien longtemps après les deux autres ; mais nous laisserons ce sujet hors de cause. Ayant posé ce principe dans les termes les plus absolus, dans des termes qui n'admettent ni exception, ni contestation, ni doute, le Positivisme est fort gêné par un tel précédent quand ensuite il lui prend fantaisie de poser deux ou trois autres principes qui vont droit à l'encontre du premier, sans préjudice de leurs conflits mutuels.

Un de ces autres principes, c'est que la philosophie positive a pour mission de constituer la « méthode universelle », la plus générale des sciences, comme cela résulte du terme lui-même. Mais comment l'ordre de naissance de cette généralité scientifique suprême, qui n'est pas encore née, qui est « le but vers lequel tendent toutes les sciences spéciales » (E. Littré), c'est-à-dire qui naîtra par conséquent la dernière, peut-il se concilier avec l'autre vérité non moins positive de *l'antécédence historique de la généralité par rapport à la spécialité?*

Et, d'autre part, ne semble-t-il pas évident que la « méthode universelle », pour ne pas arriver trop tard et se trouver inutile, doit se constituer avant la consommation entière des sciences spéciales, puisque sa fonction (quelle autre fonction pourrait-elle avoir?) est de les diriger, d'éclairer leur marche, c'est-à-dire de les amener à leur constitution pleine et définitive?

Et si, pour se produire en son temps, c'est-à-dire pour remplir son rôle logique, « la méthode universelle », ou science abstraite suprême, est forcément tenue de se constituer avant la constitution des sciences spéciales ou (relativement) concrètes, n'est-il pas clair que ce suprême produit scientifique ne peut sortir que de la spéculation subjective, ainsi qu'il en fut de la mathématique elle-même?

N'oublions pas de répéter ici que ce que le positivisme nous promet sous l'appellation, juste du reste, de *méthode universelle*, ne peut logiquement être autre chose en réalité que ce que la philosophie avait poursuivi jusque-là sous le nom démonétisé de *métaphysique.*

．·．

7. Il est encore un crime imaginaire à la charge de la métaphysique ; il s'agit ici d'une imputation bien étrange, car sur ce point les sciences les plus positives, les sciences naturelles entre autres, sont solidaires de la science des principes, et condamner celle-ci sur un tel chef, c'est frapper les autres au cœur. Que devient en effet la science

si la recherche des causes, des origines et des fins, lui est interdite? C'est la suppression de sa raison d'être, c'est la suppression de la science elle-même.

Et pourtant la philosophie positiviste n'hésite pas à infliger le stigmate métaphysique à toute préoccupation de causalité et de finalité, et cette proscription est poussée au delà de tout ce qu'on pouvait attendre des égarements où l'esprit de système peut jeter des esprits formés aux habitudes scientifiques. *La matière et ses propriétés*, le savant n'a pas à considérer autre chose : ainsi le veut le Positivisme.

On me fera peut-être observer que l'analyse de certaines *propriétés* amène à les réduire à des propriétés plus simples et plus générales, qui deviennent alors des causes à l'égard des premières, et qu'ainsi la philosophie positive, qui sans doute ne songe pas à interdire ce procédé scientifique, n'exclut point en réalité la recherche des causes d'une manière aussi absolue que j'ai semblé le dire. La philosophie positive, dira-t-on encore, condamne la poursuite des causes premières et des fins dernières, c'est-à-dire des causes et des fins absolues; mais c'est lui faire injure de prétendre qu'elle interdit également l'investigation des causes et des fins prochaines dans le domaine des faits relatifs...

Non, répondrai-je, ce n'est pas une injure; mon imputation n'a rien de calomnieux. Les ouvrages les plus accrédités de l'école sont là pour me donner raison : le Positivisme, au lieu de voir dans la *propriété* le fait à expliquer, le problème à résoudre, la prend et la tient pour l'explication, pour la solution mêmes.

On s'est ri beaucoup des *quiddités* de la scolastique, de ces qualités occultes qui, telles qu'un *deus ex machina*, servaient à rendre compte de toute chose sans nécessiter aucune recherche, aucune étude. S'agissait-il, je suppose, de pénétrer la nature de la pierre, de savoir quels éléments la constituent, et comment du concours de ces éléments résultent les propriétés chimiques et physiques qu'elle manifeste ou recèle? on ne se mettait pas en peine de laborieuses analyses, un mot, un mot magique en tenait tout lieu : ce qui constitue la pierre ce qu'elle est, disaient les graves docteurs, c'est la *pétrosité*; et l'on n'en demandait pas davantage. Cette rare philosophie scientifique a été portée sur la scène par Molière (*Quare opium facit dormire? — Quia*, etc.), et l'on n'aurait jamais cru qu'elle pût en descendre pour rentrer dans le domaine du sérieux ; c'est pourtant ce qui est arrivé, et c'est au Positivisme que nous devons la restauration de cette merveilleuse scolastique dans toute sa beauté.

Les auteurs positivistes (voir, entre autres ouvrages, le *Dictionnaire de Médecine* de MM. Littré et Robin) soutiennent que tous les modes d'être de la matière restés jusqu'ici réfractaires à l'analyse, et à ce titre désignés provisoirement comme propriétés premières, sont en réalité irréductibles, et qu'on fait acte de métaphysicien en cherchant à les expliquer, c'est-à-dire à les décomposer, à les ramener à quelque fait plus général et plus simple. On a beau faire remarquer à ces philosophes que telle propriété longtemps regardée comme première, comme inexplicable, comme insoluble, a pourtant été expliquée un jour, a été résolue et ramenée à un principe supérieur, d'où il appert qu'il est téméraire et irrationnel de préjuger et de poser en principe l'irréductibilité absolue des propriétés non encore réduites ; on a beau leur représenter que, par exemple, il fut un temps où la science, constatant les deux faits, en apparence si contraires, de l'ascension de certains corps et de la descente de certains autres dans les milieux gazeux ou liquides, et n'étant pas encore en état de ramener ces deux effets opposés à une même cause, à une explication commune, eût dû, pour être fidèle au précepte positiviste, transformer ces deux sortes d'effets en deux propriétés premières de la matière, ce qui, évidemment pour la science présente, eût été une grossière erreur. On a beau dire tout cela et bien d'autres choses encore, rien n'y fait : le Positivisme s'entête à défendre *mordicus* l'inviolable impénétrabilité de ses propriétés. Malheur à quiconque touche à ce mystère ! il est anathématisé comme hérétique de la science, il reçoit le titre flétrissant de *métaphysicien*.

*
* *

8. Qu'on n'aille pas croire que j'exagère ; ce que j'avance, je n'ai que l'embarras du choix de mes preuves pour l'établir. Citons une page de M. Littré empruntée à une des notes dont il a enrichi son édition du *Manuel de Physiologie* de J. Mueller :

« En physique » déclare l'éminent positiviste, « *par l'influence des idées métaphysiques* qui régnaient alors, on admet des fluides hypothétiques : le fluide électrique, le fluide magnétique, le fluide calorique, le fluide lumineux, qui étaient chargés de représenter les phénomènes électriques, magnétiques, caloriques, lumineux, offerts par les corps. Mais qu'étaient de pareils fluides ? Et comment en prouver l'existence, *puisque leur caractère est de n'en avoir aucun, c'est-à-dire d'être impondérables, intangibles et invisibles ?...* Naturellement la biologie, postérieure dans son développement, a hérité de cette manière de philosopher ; et elle aussi a voulu avoir un fluide impondérable, son fluide nerveux. Il est grand temps de se délivrer de cette conception non seulement inutile, mais encore nuisible, et de considérer *l'état réel des choses*, c'est-à-dire les tissus et les PROPRIÉTÉS. » (*Manuel de Physiologie* de J. Mueller, édition Littré ; Paris, 1851, t. I, p. 23.)

Il faut ajouter que l'éther, pas plus que les fluides spéciaux — desquels d'ailleurs je n'entends pas autrement me porter garant —, ne trouve grâce devant la philosophie positiviste ; et en effet, « son caractère n'est-il pas de n'en avoir aucun, c'est-à-dire d'être impondérable, intangible et invisible [1] » ?

Mais, direz-vous, la critique philosophique des savants positivistes ne s'en tient pas là ; sans doute, s'ils suppriment les conceptions de l'éther et des impondérables spéciaux, ils ont aussi leur façon de voir, leur hypothèse, pour se rendre compte du mécanisme des phénomènes d'attraction, de caléfaction et de lumination, ainsi que du transport des actions nerveuses du centre à la périphérie, de la périphérie au centre. Les physiciens, les physiologistes de l'école positiviste sont gens de trop de savoir et de sens pour ne point se dire que, si de tels phénomènes ont lieu, ils ont lieu par l'effet d'un certain processus qu'il importerait de découvrir ; que, dans tous les cas, l'existence de ce processus est certaine, et que ce qui est certain aussi, c'est qu'un tel processus ne peut pas être contraire à la nature des choses et à la nature de la raison, contraire à

---

[1] « Le domaine dans lequel s'accomplit ce mouvement de la lumière se trouve entièrement en dehors de la portée de nos sens. Les ondulations de la lumière ont besoin d'un médium pour se former et se propager ; mais nous ne pouvons ni voir, ni toucher, ni goûter, ni sentir ce médium. Quoiqu'il semble être en dehors de toute investigation possible, l'existence en a été cependant démontrée.

»...... Il est donc au moins aussi certain que l'espace est rempli d'un médium au moyen duquel soleil et étoiles répandent leurs rayonnements, qu'il est certain que l'espace est traversé par cette force, la gravitation, qui retient dans ses limites, non seulement notre système planétaire, mais l'infini de l'Univers. » JOHN TYNDALL (*Revue des Cours scientifiques*, t. III, p. 227).

l'évidence mathématique, par exemple... Eh bien! non, on se trompe; le positivisme est bien autrement radical que cela! Pour lui, ce qui ne peut se voir, se toucher ou se peser n'existe pas; et admettre qu'une réalité puisse être en dehors de ces caractères est pour lui le comble de la folie métaphysique: sa logique en est révoltée.

Newton, à la vérité, a écrit ce qui suit dans une lettre à Bentley: « La supposition qu'un corps puisse agir à distance sur un autre à travers le vide, sans aucun intermédiaire qui propage leur action réciproque de l'un à l'autre, me paraît tellement absurde que je n'imagine pas que quelqu'un jouissant d'une faculté ordinaire de méditer sur les choses physiques puisse l'admettre [1]. » Mais le découvreur de la loi de la gravitation universelle était évidemment un métaphysicien, et le Positivisme n'aura aucun égard à son avertissement; il affirme donc bravement que si le soleil attire, éclaire et échauffe la terre à une distance de cent cinquante-deux millions de kilomètres, cela s'opère sans aucune nécessité d'intermédiaire, sans que rien se passe dans l'intervalle qui sépare les deux globes, et uniquement en vertu des *propriétés* d'attraction, de lumination et de caléfaction inhérentes au soleil! Et de même de l'innervation: l'impression excitatrice passe du bout externe du nerf à son bout central en vertu de la propriété du nerf, et voilà tout; en demander davantage, c'est montrer le bout de l'oreille métaphysique.

Si l'air, toujours en repos, n'eût jamais soufflé sur nos têtes, et qu'un Torricelli ne nous eût pas appris encore à

---

1. « That gravity should be innate, inherent and essential to matter, so that one body may act upon another at a distance through a *vacuum*, without the mediation of any thing else, by and through which its action and force may be conveyed from one to another, is to me so great an absurdity that I believe no man who has in philosophical matters a competent faculty of thinking, can ever fall into it. » (3e lettre de Newton à Bentley, dans *Bentley's works*, Londres, 1838, t. III, p. 212.)

peser ce fluide, l'hypothèse de l'air, l'hypothèse d'un véhicule quelconque portant le son à travers le vide apparent, eût été également déclarée « inutile et nuisible », et *métaphysique* au premier chef ; et, en présence du bronze tonnant et grondant au loin dans les espaces, le Positivisme n'eût vu en tout ceci qu'une propriété du métal sonore, la *propriété de sonorité*, et sa curiosité scientifique se fût tenue pour pleinement satisfaite.

Mais je crains qu'on me suspecte de charger le tableau ; qu'on me permette donc de m'abriter derrière une autre citation authentique. Le passage suivant est extrait du même *Dictionnaire de Médecine* (11e édition), ci-dessus mentionné :

« CALORIQUE, s. m., etc. Cause inconnue de la sensation de chaleur. Selon les uns, c'est un fluide impondérable ; selon les autres, c'est un mouvement vibratoire qui agite les molécules de tous les corps, dont la vitesse est accélérée suivant les circonstances, et qui se communique à distance par l'intermédiaire de l'éther, etc. ; suivant d'autres, enfin [c'est évidemment d'eux-mêmes et de leurs adhérents que les auteurs veulent parler], qui n'admettent ni fluides ni éther non démontrés [c'est-à-dire non touchés, non pesés], le calorique est *une propriété de la matière, qui se fait sentir à distance* comme la gravitation. »

Or, hasarderons-nous encore, comment cette *propriété* procède-t-elle pour réussir à *se faire sentir à distance* ? (Je passe ici, bien entendu, sur l'incorrection logique dont la formule est entachée.) — Raisons de métaphysicien que tout cela, me répliquera-t-on : « La science n'a à considérer que la matière et ses propriétés. »

*
* *

9. Figurez-vous un instant cette lumineuse philosophie

introduite dans la médecine — et certes elle ne réussit que trop en ce moment à s'y faufiler —, et on peut rayer l'*étiologie* du vocabulaire. Le choléra est infectieux et contagieux (ou du moins supposons-le tel), et l'on s'efforce de découvrir les voies et les formes de cette infection et de cette contagion. Se propage-t-il par l'air ou par l'eau ? par les migrations d'un parasite animé ? par le transport d'un microphyte ou de ses sporules ? ou autrement encore ? voilà ce que les médecins se demandent. Et ces étiologistes qui, j'en suis sûr, ne se doutent pas que, ce faisant, ils font besogne de métaphysiciens ! Qu'ils le sachent donc, l'infection et la contagion du choléra s'expliquent suffisamment par son *infectiosité* et sa *contagiosité*, ou propriétés d'être infectieux et contagieux, tout comme l'action lumineuse du soleil ou d'une lampe s'explique par la *luminosité*, etc., etc., etc.

Et les physiciens, qui ont employé leur temps à la métaphysique recherche des causes de la combustion ! Il est vrai que cette recherche conduisit Stahl au phlogistique, ce qui n'était pas précisément une bonne trouvaille ; mais Lavoisier, suivant ses traces, fait une découverte admirable. Cependant si le grand chimiste eût pu deviner le positivisme et se fût suffisamment imprégné des précieux enseignements de cette philosophie, il eût sans doute fait mieux encore : il se serait borné à regarder brûler une bûche de bois dans l'âtre et à observer attentivement, et à minutieusement noter toutes les particularités du phénomène. Mais il n'eût eu garde de songer à interroger l'essence, la cause et l'origine de ce phénomène, pour en arriver à savoir que la combustion a pour origine, pour cause et pour essence une combinaison d'oxygène avec le corps brûlé. — Comment donc se fût-il expliqué alors la combustion ? direz-vous. — D'une façon bien simple : par la *combustibilité*.

Pour quelle raison la combustibilité ne serait-elle pas une propriété irréductible de la bûche de bois et de la houille au même titre que la luminosité et la caloricité sont propriétés irréductibles de la matière solaire ? que la contractilité et la nervosité sont propriétés irréductibles de la matière musculaire ou de la matière nerveuse ? etc.

Par cette création de la propriété mystère, de la propriété entité et cause efficiente et insondable, le Positivisme combine ensemble et s'approprie les deux chimères dont il fait son grand grief contre la théologie et la métaphysique : pour dernière raison des choses, il nous offre le miracle et des êtres de raison réalisés [1].

Il va sans dire que cette philosophie conduit les positi-

---

[1]. La doctrine positiviste des « propriétés irréductibles de la matière » ne diffère de la doctrine scolastique des « qualités et facultés occultes » que par la substitution du mot *propriété* aux mots *qualité* et *faculté*. Au fond, la vieille doctrine et la nouvelle n'en font qu'une. Voici ce que dit Leibniz de la première :

« ..... Autrement », dit-il, « je ne vois pas comment on pourrait s'empêcher de retomber dans la philosophie, ou fanatique, telle que la philosophie mosaïque de Fludd, qui sauve tous les phénomènes en les attribuant à Dieu immédiatement et par miracle ; ou barbare, comme celle de certains philosophes et médecins du temps passé....., qui sauvaient les apparences en forgeant tout exprès des qualités occultes ou facultés..., comme si les montres de poche marquaient l'heure par une certaine *faculté horodéictique*, sans avoir besoin de roues ; ou comme si les moulins brisaient le grain par une *faculté fractive*, sans avoir besoin de rien qui ressemblât aux meules. » (*Œuvres philosophiques* de LEIBNIZ, édit. Erdmann, Berlin, 1840, p. 201.)

N'est-ce donc pas cette *philosophie barbare*, si bien qualifiée par Leibniz, que MM. Littré et Ch. Robin s'efforcent de restaurer parmi nous ? Toute propriété a son mécanisme, toute loi a son procédé, son *modus agendi* ; dès lors, à celui qui demande l'explication d'un fait, c'est-à-dire le mécanisme de la loi qui le régit, répondre que ce fait s'explique par cette même loi, par cette propriété, c'est répondre par la question elle-même, et tel est le tort constant du positivisme, telle est l'erreur prodigieuse qu'il a érigée en système.

vistes à combattre de toutes leurs forces les deux plus brillantes et plus fécondes entreprises de la physique et de la physiologie contemporaines : la réduction de toutes les prétendues propriétés de la *matière vivante* (contractilité musculaire, irritabilité, etc., etc.) à des propriétés de l'ordre inorganique ; et la réduction de la physique et de la chimie entières aux pures lois de la mécanique. Voilà les grandes et riches inspirations de la science moderne, là est son progrès, là est son avenir, là est sa gloire ; et c'est le Positivisme qui fait tous ses efforts pour la détourner de cette salutaire et lumineuse voie !

M. Littré a écrit : «... Réduire toutes les forces de la nature à une force unique est une hypothèse qui, plus compliquée que la précédente, est encore, s'il est possible, plus vide et plus inutile [1]. » (*A. Comte et la Phil. Pos.*, 2ᵉ éd., p. 78.)

Le *Dictionnaire de Médecine* de MM. E. Littré et Ch. Robin et tous les autres écrits de ces deux auteurs débordent de reproches amers pour ceux qui mettent en doute l'*insolubilité* et l'*inexplicabilité* des *propriétés vitales* ; et nous devons ainsi à la Philosophie positive un vitalisme nouveau. Fondé sur les profondeurs insondables et les vertus mystiques du mot propriété, ce vitalisme se présente avec une auréole de surnaturel qui fait pâlir tout le merveilleux de l'Animisme et du Duodynamisme.

*
* *

10. En lançant ses foudres contre toute tentative qui,

---

[1]. « Tous les phénomènes physiques, quelle que soit leur nature, semblent n'être au fond que les manifestations d'un seul et même agent primordial... on ne saurait plus méconnaître cette conclusion générale de toutes les découvertes modernes, quoiqu'il soit impossible encore d'en formuler nettement les lois et les particularités conditionnelles. » (Extrait d'une leçon de M. DE SÉNARMONT, cité par M. E. Saigey, dans la *Physique moderne*, p. 215.)

au mépris de ce fantôme de la *propriété*, dont il se sert pour arrêter la marche de l'esprit humain, aurait pour but de remonter aux origines et aux causes, ce nouvel obscurantisme ne va-t-il pas jusqu'à interdire à la science l'exploration des sources de la vie sur notre globe et des formes diverses qu'elle y a successivement revêtues ? — Oui, certes. — Et pourquoi n'étendrait-il pas la même condamnation aux études géologiques, qui s'enquièrent d'où vient l'écorce terrestre, d'où viennent ses roches, leur composition et leur disposition, d'où viennent montagnes et vallées ? Tant y a qu'un distingué disciple de M. Littré, un savant d'avenir ayant le goût et l'intelligence des grandes vérités, M. le docteur E. Dally, ne craignons pas de le nommer, a senti sa conscience de positiviste en proie à d'anxieux scrupules au moment où une inclination bien naturelle chez un naturaliste philosophe l'entraînait vers les problèmes de la paléontologie. Ce savant confrère a eu, en effet, l'heureuse pensée de traduire dans notre langue l'ouvrage célèbre de Huxley sur *La place de l'Homme dans la nature*; or, dans une remarquable introduction écrite pour ce livre, le traducteur se montre tout d'abord en grand souci d'obtenir de son chef d'école le pardon de sa témérité. Il s'efforce d'interpréter en sa faveur les textes canoniques de la doctrine et de leur extorquer un témoignage d'orthodoxie. Vains efforts; il est bel et bien hérétique, et nous espérons qu'il le sera de plus en plus. Le maître n'a-t-il pas prononcé formellement que « les questions qui s'occupent de l'origine des choses sont hors du domaine de la connaissance humaine » ? Et n'a-t-il pas établi ce dogme sur une preuve triomphante, en ajoutant : « L'origine des choses, nous n'y avons pas été ! » (Paroles de M. Littré. Voir *A. Comte et la Philosophie Positive*, op. cit., p. 107.)

Or je ne vois pas bien comment le traducteur, introducteur et éditeur responsable de l'ouvrage de Huxley sur l'origine des animaux et de l'homme pourra établir devant M. Littré que lui, Eugène Dally, était là, actuellement présent, à cette origine [1].

* * * * * * * * * * * *
. .

11. Résumons-nous et disons que la dialectique positiviste laisse intacte cette métaphysique qu'elle voulait accabler de ses coups ; elle voulait l'abattre, et en réalité elle l'exalte sous des noms nouveaux, et jusque dans ses égarements les plus scolastiques. Au fond, ce n'est qu'au

---

1. « Dans ces derniers temps, écrit M. le Dr Eugène Dally, la seule école philosophique qui, de nos jours, se soit présentée avec un système complet embrassant tout le savoir humain, a tracé, il est vrai, une ligne profonde de séparation entre ce qu'il est donné à l'homme de connaître et qui fait l'objet des sciences, et ce qui échappe à sa connaissance. Les causes premières et finales, les origines et les destinées, rentrent dans cette dernière catégorie, à ce point que la question de l'unité ou de la pluralité des hommes en tant qu'espèces naturelles a été rejetée comme non scientifique par les disciples du Positivisme. A plus forte raison le problème fondamental des commencements est-il déclaré *à priori* insoluble comme non vérifiable.... « Toutes les questions absolues, a écrit récemment M. Littré (*A. Comte et la Phil. Posit.*, 1863, p. 107) c'est-à-» dire les questions qui s'occupent de l'origine et de la fin des choses, sont » hors du domaine de la connaissance humaine et par conséquent ne peu-» vent plus diriger les esprits dans la recherche, les hommes dans la con-» duite, et les sociétés dans le développement. *L'origine des choses*, NOUS » N'Y AVONS PAS ÉTÉ ; *la fin des choses*, NOUS N'Y SOMMES PAS ; nous n'a-» vons DONC aucun moyen de connaître ni cette origine ni cette fin. »
Et après avoir cité ces décisions *ex cathedra*, qui ont le mérite incontestable d'être parfaitement catégoriques, de ne pas prêter à la moindre équivoque, M. E. Dally s'évertue plusieurs pages durant (*De la place de l'Homme dans la nature*, par Th. H. Huxley, traduit, annoté et précédé d'une introduction par le docteur E. Dally, Paris, 1868, p. 4 et suiv.) à interpréter les paroles *du Maître*, de façon à leur faire dire quelque chose d'un peu moins déraisonnable que ce qu'elles disent si clairement. Ces paroles suffiraient à elles seules à le prouver, le Positivisme est une véritable Béotie philosophique. Que M. Dally se hâte d'en sortir tout à fait ; des intelligences comme la sienne sont dépaysées en de tels lieux,

vieux mot qu'elle fait la guerre, mais elle est pour l'idée tout entière, et elle s'en est faite le champion ; j'en atteste les autorités que j'ai déjà citées, j'en atteste encore ces paroles de M. Littré :

« L'insurrection à laquelle l'esprit moderne est en proie est la lutte contre l'ascendant des idées générales et d'une philosophie qui soit la régulatrice des idées et des sciences particulières. Il se parque obstinément dans les compartiments des connaissances spéciales, et l'on doit voir en cet état sa maladie la plus manifeste et la plus grave. Il s'agit de la fin du règne des spécialités et de l'avènement du règne de la généralité. C'est la dernière bataille entre la science positive, mais fragmentaire, et la philosophie coordinatrice et positive. » (*A. Comte et la Phil. Posit.*, 2ᵉ éd., p. 560.)

II

> La théorie du Sujet est le complément indispensable de la théorie de l'Objet.
> E. Littré (*A. Comte et la Philosophie Positive*, p. 677).

12. Il est regrettable, et pour ma part je le regrette profondément, que des intelligences d'élite qui, demeurées libres de l'esprit de secte, pouvaient contribuer éminemment à l'édification d'une vraie philosophie scientifique, aient eu le malheur de s'enkyster, qu'on me passe l'expression, dans le système incomplet et à beaucoup d'égards faux d'Auguste Comte.

Épousant à la lettre les doctrines de ce penseur, qui ne fut pas sans génie du reste, ses disciples se sont rendus incapables d'en saisir l'esprit. Vouant à leur maître un

culte pieux, mais tel que la vérité, l'impersonnelle vérité,
en est seule digne, ils ont conservé avec un soin égal et ses
créations lumineuses et ses erreurs ; et leur vie se passe,
leurs facultés s'épuisent, à la tâche ingrate de concilier
ensemble cette lumière et ces ténèbres. En cela, du reste,
ils n'ont fait que suivre l'erre commune des écoles : au lieu
de voir dans les productions de leur fondateur une moisson
d'idées qui demande à passer sous le fléau et par le crible
de la critique, elles laissent le grain dormir dans la paille
et le froment mêlé à l'ivraie ; c'est-à-dire que, dépositaires
trop fidèles d'un trésor à faire fructifier, elles le condamnent à une stérilité malfaisante par cette inintelligente
fidélité [1].

Oui, certainement, les théories d'A. Comte portent le
germe d'une philosophie nouvelle et vraie, de cette philosophie appelée à faire l'ordre dans le chaos actuel de nos
connaissances et de nos croyances, à mettre toutes les
sciences d'accord, à les compléter et à les constituer en
une systématique unité, et, ainsi organisées et leur puissance portée au centuple, à les conduire un jour à la conquête des sublimes et lointaines vérités si ardemment
convoitées par l'âme humaine... Mais ce germe reste étouffé

---

[1]. Je commettrais une grave omission si je manquais de déclarer que
cette critique ne s'adresse point aux Positivistes de l'école anglaise
des Stuart Mill, des Herbert Spencer, des Bain, etc., pour les travaux
desquels je suis pénétré d'estime et de sympathie. Mais aussi ceux-là ne
jurent point *in verba magistri*, ils ne s'enferment point dans leur majesté
de grands prêtres, ils ne se bornent pas à dogmatiser et à régenter ; non,
mais ils observent et réfléchissent par eux-mêmes ; ils ne redoutent point,
ainsi que M. Littré, « l'action dissolvante de la critique », et ne dédaignent pas d'entrer en discussion avec d'humbles contradicteurs. Ce nom
de positivisme, porté en France par une secte passionnée, intolérante et
obscurantiste, est devenu, de l'autre côté du détroit, le drapeau honorable et honoré d'une phalange d'esprits progressifs, intelligents et libres,
travaillant avec indépendance et dévouement, et quelquefois avec succès,
à la construction d'une philosophie vraiment philosophique et qu'on
puisse appeler *positive* sans antiphrase.

parmi une foule de mauvaises herbes qu'on cultive précieusement, loin de les arracher. Et cependant il n'est pas difficile de les reconnaître ; nous l'avons suffisamment fait voir plus haut, entre ces erreurs parasites et les vérités voisines éclatent la disparate la plus choquante, l'incompatibilité la plus criante. Aussi bien en est-il du disciple trop zélé comme du trop zélé ami :

Mieux vaudrait un sage ennemi.

.·.

13. Une faute a entaché la conception positiviste dès sa naissance et en a faussé l'entier développement ; cette faute originelle, c'est d'avoir confondu la Métaphysique elle-même avec les informes et ridicules essais de trop nombreux métaphysiciens. Un fait frappa d'abord A. Comte, et si fortement sans doute qu'il ne put jamais l'envisager sainement et s'en faire une opinion juste. Ce fait, c'est le contraste qui présentement distingue et sépare, on dirait par un abîme, la spéculation métaphysique de la spéculation scientifique proprement dite. Ce contraste éclate en deux points capitaux : la méthode et les résultats. Ici, l'analyse opère sur des vérités fondamentales certaines et en tire des vérités nouvelles non moins certaines, que vérifie l'utilité de leurs applications jointe à d'autres contrôles encore. Là, on spécule, non sur des principes acquis et confirmés, mais sur des principes créés à plaisir, sur des axiomes de pure fantaisie, et que néanmoins on tient pour avérés et incontestables ; et l'on arrive ainsi à produire, non plus un enchaînement, un dévidement de vérités lumineuses et fructueuses, mais un amas de fallacieuses fictions et de mots vides.

Cette fausse et funeste méthode ne se rencontrant plus de nos jours que dans l'exploration des principes premiers de chaque science particulière ou de la connaissance en général, c'est-à-dire dans la métaphysique, spéciale ou générale, la métaphysique et cette méthode ne firent plus qu'un pour A. Comte ; elles s'identifièrent entièrement dans son esprit, et c'est cette méprise qui a perdu son système. Et cependant nul plus que ce philosophe ne semblait prémuni contre un tel danger, car aucun autre n'avait exploré les origines du savoir humain aussi avant ; aucun n'en savait et n'en comprenait mieux l'histoire. Comment donc se fait-il qu'il ait pris la métaphysique pour bouc émissaire de la méthode conjecturale, alors qu'il constatait et nous enseignait à chaque pas que cette vicieuse méthode avait été le propre de toutes les sciences à leur début, c'est-à-dire des sciences aujourd'hui les plus *positives*, les plus solidement constituées, telles que la Physique et la Chimie, pour ne citer que ces deux exemples ?

Certes, tout autorise à penser que si, au lieu de venir à une époque où la Physique avait déjà rejeté ce lange souillé de son enfance, A. Comte eût été dans le cas de l'observer au berceau, en voyant cette science couverte de la gourme scolastique, il eût aussi bien signalé la méthode « métaphysique » sous le nom de « méthode *physique* », et enveloppé avec elle, dans un commun dégoût et un commun rejet, et les physiciens et toute recherche des relations dynamiques des corps.

Il est surprenant, je le répète, que l'inventeur de la prétendue philosophie positive, éclairé par l'histoire du développement scientifique, n'ait pas su discerner dans la métaphysique deux choses si distinctes et entre lesquelles il n'existe aucun lien nécessaire : 1° les vices du procédé spéculatif mis en œuvre ; 2° le domaine et le but de la spéculation. Mais il ne sera peut-être pas sans quelque intérêt de remonter à la cause de cet égarement. Je crois l'apercevoir dans la perfide influence que les mots exercent sur les idées.

Il est à présumer qu'Auguste Comte, en condamnant la Métaphysique, n'eut d'abord en vue, dans le choix de cette appellation, que de caractériser la méthode conjecturale par le nom de la seule science qui ne l'eût point encore répudiée. Or ce n'est jamais sans danger que l'on détourne un symbole de sa signification consacrée. L'identité du signe créera une sorte de solidarité fatale entre l'idée ancienne et la nouvelle ; en voulant évoquer l'une, on laissera l'autre étendre son ombre sur celle-ci, et elles arriveront à se confondre plus ou moins dans la pensée ; la vieille idée reparaîtra obstinément sous la nouvelle, et notre esprit aura devant lui une image mixte et confuse, source inépuisable de faux jugements.

Cette illusion des mots occupe une large place dans l'histoire des opinions et des discussions, où elle a semé les malentendus et les discordes ; A. Comte ne sut pas s'en préserver. Oui, sans doute, il n'en voulait primitivement qu'à ce fol abus de la logique qui consiste à imaginer, à se figurer ce qu'on ignore, pour s'épargner la peine de le découvrir, et à tirer ensuite de ces prémisses imaginaires des conséquences à perte de vue. Mais, à cette méthode insensée ayant appliqué la qualification de métaphysique, il glissa sans s'en douter sur la pente de l'équivoque ; et ce mot qui, dans une telle acception, restreinte et détournée, devait stigmatiser uniquement un certain procédé scientifique condamnable, finit par étendre le sceau de sa flétrissure sur toute sa signification ancienne, c'est-à-dire sur le principe même de la recherche des lois générales.

Engagé dans cette voie, Comte en arrivait forcément, en niant l'objet de la métaphysique, à nier l'objet de toute philosophie, et partant à se nier lui-même, lui, le créateur d'un nouveau et ambitieux système philosophique. En effet, quelle raison d'être, quel rôle, quelle place restent à la Philosophie, suppression faite de la considération des principes universels, c'est-à-dire vidée de tout son contenu ?

Et pourtant, comme malgré tout il fallait à Comte une philosophie, pour se sortir d'affaire il imagina ce stratagème : maintenir, d'une part, pour ne pas se déjuger, la proscription édictée contre toutes les questions fondamentales et essentielles de la philosophie ; d'autre part, ces mêmes questions proscrites, les faire rentrer subrepticement, en cachette, et les introduire tant bien que mal dans sa propre théorie en les déguisant sous un masque, en les défigurant.

Il avait proscrit formellement la recherche des commencements et des causes sous le nom de métaphysique, et il n'en voulut point démordre ; mais en même temps il recommanda non moins expressément cette même recherche sous les noms de philosophie positive et de méthode universelle. De là les contradictions et conflits sans fin qui éclatent dans le sein de la doctrine entre sa partie critique et sa partie organique, l'une étant un perpétuel démenti jeté à l'autre. Et il en résulte que tout ce qu'il y a de vrai et de fécond dans l'œuvre d'Auguste Comte se trouve par là dénaturé, faussé et neutralisé.

Ah ! si M. Littré se fût appliqué à ramener la conception positiviste dans la voie salutaire ! il eût mérité certes infiniment plus, et de la science, qu'il eût agrandie, et de son maître, dont le jardin, où croissent aujourd'hui et foisonnent la ronce du sophisme et le chardon du pédantesque dogmatisme, eût offert à la vue réjouie un plantureux potager et un parterre rayonnant de fleurs...

14. Je vois venir une objection et avant d'aller plus loin je vais y répondre.

On me fera sans doute remarquer que le plus grave tort imputable à la métaphysique n'est pas de s'être assise sur des principes fictifs, mais celui d'être dans l'impossibilité de faire mieux, c'est-à-dire d'être dans l'impossibilité de puiser ses principes à une source autre que l'hypothèse creuse et la fiction. Et l'on ajoutera que ce qui distingue essentiellement cette prétendue science des véritables sciences, des sciences positives, telles que la Physique et la Chimie, ce n'est point que celles-ci ont cessé d'employer la méthode d'imagination, la méthode « subjective », tandis que la métaphysique n'est pas encore émancipée du subjectivisme ; non, dira-t-on, cette différence est autre : elle consiste en ce que la physique et la chimie se sont échappées de ce labyrinthe par la porte de la méthode d'expérience, et que cette porte et toute autre porte en sont fermées à jamais à la Métaphysique. Comment, en effet, la métaphysique pourrait-elle procéder par voie d'observation et de contrôle expérimental ? Impossible. Donc la métaphysique n'a le choix qu'entre la continuation à perpétuité du régime de la spéculation subjective, c'est-à-dire chimérique, et l'abandon de ses prétentions, son abdication, en un mot. Ainsi parleront nos contradicteurs.

Nous l'avons déjà fait observer, et le positivisme le reconnaît du reste, il est une science assurément très certaine, très positive, la Mathématique, qui pour cela n'en est pas moins fondée sur la méthode subjective ; nous sommes dès lors en droit de demander pourquoi la métaphysique ne pourrait pas être à la fois et « subjective » et positive. Je n'entends pas revenir sur ce point pour développer un argument que j'ai déjà produit plus haut ; mais je désire entrer à ce propos dans quelques explications au sujet de cette méthode dite subjective, *a priori*, etc., que les dénonciations du Positivisme ont mise en si grand discrédit parmi nos savants.

Déclarons-le d'abord, la méthode dont le type par excellence nous est offert dans les mathématiques n'est point purement subjective, qu'on ne s'y trompe point ; elle ne part pas d'une donnée *a priori* pure, tant s'en faut. Et ajoutons que, d'un autre côté, la méthode d'observation proprement dite est loin, à son tour, de n'employer que les voies de l'expérience. La vérité est que les deux méthodes ne présentent nullement la radicale différence qu'un commun préjugé met entre elles.

Je ne veux pas réveiller ici la vieille querelle de l'idéalisme et du sensualisme et ressusciter la question des idées innées ; je dirai simplement que les deux thèses ne me paraissent pas inconciliables. Avec les uns, je crois que la substance et la forme de toutes nos idées appartiennent uniquement au sujet, à l'être qui pense, et, ajouterai-je, il en est de même des sensations. Aux autres, je concéderai volontiers que les idées, quoique propriété inhérente de notre intelligence, y sont dans un état latent, un état potentiel, dont les excitations du dehors, les excitations objectives, sont primitivement nécessaires pour les tirer. Ainsi, il ne me paraît pas admissible que la notion de la figure géométrique en général, que la notion du nombre pur, que la notion de la quantité abstraite, eussent jamais été conçues par notre esprit si l'observation du monde réel ne lui en eût pas fourni l'occasion, c'est-à-dire si nous n'eussions jamais été en présence des objets de la matière, si nous n'eussions jamais eu affaire à des figures, à des quantités et à des nombres concrets.

Bref, une analyse que chacun peut faire de ses propres pensées nous apprend que nos conceptions les plus abstraites ne sont pas autre chose qu'une généralisation, prochaine ou éloignée, de caractères présents dans les faits réels et directement observés.

Et, ce point établi, il est tout aussi vrai de dire que la science expérimentale ne fait usage de l'observation que pour en tirer des généralisations, des conceptions, des abstractions, c'est-à-dire des notions subjectives, car de telles notions ne sont pas plus données immédiatement par l'expérience que la notion du carré de l'hypoténuse ou du binome de Newton. Un grand expérimentaliste, physiologiste célèbre, le plus célèbre de notre temps, l'a déclaré : « Ce ne sont pas les faits, qui constituent la science, mais les explications qu'on donne des faits et les idées que nous y attachons. » Cl. Bernard (*Revue des Cours scientifiques* du 4 février 1865).

Une pomme tombe, voilà un fait réel, voilà une notion expérimentale ; mais cette notion d'un fait individuel, restreinte à son objet propre, c'est-à-dire à ce fait individuel, est nulle et sans valeur aucune pour la science. Elle ne devient scientifiquement utile que lorsque le génie de la conception a fait sortir de son objet réel un objet idéal et transformé cette vérité étroite fournie par l'observation en une vérité universelle obtenue par la raison.

Donc, au fond, toute méthode vraie est à la fois objective et subjective, expérimentale et rationnelle. Sans doute, celle des mathématiques a un caractère propre, celui de l'évidence et de la certitude absolue ; mais un tel avantage n'est pas pour elle une prérogative de nature, il ne lui est pas précisément essentiel ; elle doit d'en jouir actuellement seule à la grande simplicité relative de son objet, c'est-à-dire à la haute généralité des rapports sur lesquels elle opère, et d'autre part à la grande complexité relative des sciences dites expérimentales, jointe à leur état d'élaboration encore très inachevée. Cependant ne commence-t-on pas à voir poindre le jour où la Chimie et la Physique arriveront à leur tour à cette perfection suprême, à cette limpidité entière des mathématiques, par la solution complète et sans résidu de toutes les propriétés des corps en lois d'une Dynamique Pure ?

*
* *

15. La Métaphysique se propose la connaissance des causes fondamentales et des principes universels : par son objet et son but, cette étude offre donc le caractère scientifique au degré le plus éminent ; et, si jusqu'ici elle a échoué dans ses efforts pour se constituer positivement, il faut l'attribuer au nombre insuffisant des notions spéciales acquises au sein desquelles les hautes généralisations ont à subir leur incubation pour éclore quand l'heure est venue. Mais les sciences particulières sont prêtes, à l'heure présente, pour la Métaphysique : elles sont en état de lui fournir les matériaux nécessaires pour se constituer, et en même temps cette constitution est pour elles une condition rigoureuse de leur achèvement et de tout grand progrès ultérieur.

Est-il donc si malaisé d'apercevoir l'entrave contre laquelle se débattent en ce moment toutes nos sciences d'observation, dans l'impatient désir de s'élancer et de prendre leur vol ? Ne voit-on pas que cet obstacle, contre lequel s'épuisent les plus énergiques efforts, c'est l'obscurité des termes qui sont à la base de tout langage scientifique, c'est-à-dire l'incohérence et l'incertitude des notions fondamentales de la science ?

Dernièrement, les éminents pathologistes de notre Académie de Médecine se battaient les flancs en vain pour tirer au clair la question de savoir si un certain état convulsif produit expérimentalement sur des animaux méritait ou ne méritait pas la dénomination d'épilepsie. Ces savants ne se doutaient pas à quel point ils perdaient leur temps et leur peine ; ils ne se doutaient pas qu'ils étaient engagés dans une impasse, que leur controverse était sans issue. Alors je me permis de leur faire remarquer qu'avant de chercher à déterminer si tel ou tel état morbide est ou n'est pas épileptique, il serait à propos de s'entendre au préalable sur le sens du mot épilepsie, d'en arrêter exactement la définition, chose qui restait pleinement à faire ; car le débat avait mis en évidence que ce même terme avait une signification particulière pour chacun de ceux qui l'employaient, *tot capita, tot sensus* ; c'est-à-dire que chacun avait son épilepsie à soi, qui n'était point du tout l'épilepsie de ses confrères. Je saisis encore cette occasion pour exposer que le grand terme pathologique lui-même, le mot *maladie*, est également plongé dans le vague le plus nébuleux, et que partant *la Pathologie*, c'était bien le cas de le dire, *ne sait pas le premier mot de ce qu'elle enseigne*[1].

---

1. J'écrivis à ce sujet la note suivante, qui parut dans la *Gazette Médicale de Paris* du 16 janvier 1869 :

« Un enseignement d'une importance extrême me paraît découler de la discussion qui a eu lieu mardi dernier à l'Académie de Médecine, au sujet de la communication expérimentale de M. Brown-Séquard sur l'épilepsie. Serait-il donc possible que la savante compagnie, et le public nombreux pressé autour d'elle, eussent laissé passer inaperçue la révélation qui est sortie des explications échangées entre le célèbre expérimentateur et ses distingués collègues MM. Chauffard et Gubler ?

» La disposition convulsive que M. Brown-Séquard fait naître chez le cochon d'Inde en lui blessant la moelle épinière est-elle de l'épilepsie ? *Oui*, disent les uns ; *non*, assurent les autres. Mais une vérité certaine se dégage des raisons alléguées de part et d'autre : c'est que la question ne peut se résoudre qu'en logomachie. En effet, il était bien évidemment impossible de décider si les faits exposés appartiennent à l'épilepsie, alors qu'on n'avait pu décider préalablement ce qu'est l'épilepsie. Et cette

Et si cette science est si arriérée, et si les discussions qui s'efforcent de l'éclairer ne font qu'ajouter à ses ténèbres,

impuissance tenait d'ailleurs à une autre impuissance plus radicale. L'impossibilité de dire si les cobayes de M. Brown-Séquard sont épileptiques résulte de l'impossibilité de dire ce que c'est qu'être épileptique ; et cette dernière impossibilité avait elle-même sa source dans l'impossibilité de se rendre un compte exact de la signification du mot *maladie*.

» M. Chauffard conteste que l'état convulsif provoqué sur les sujets de l'expérience puisse être assimilé à l'épilepsie ; car, fait-il observer, l'épilepsie est une *entité morbide* susceptible de revêtir des formes symptomatiques diverses et pouvant être présente là même où les convulsions sont entièrement absentes. Ainsi, pour M. Chauffard, les convulsions ne sont en aucune façon un caractère essentiel, nécessaire de l'épilepsie ; pour lui, je le répète, l'épilepsie est une « entité morbide » entraînant à sa suite des formes symptomatiques diverses, mais n'étant liée nécessairement à aucune d'elles ; et, selon ce savant, l'unité de cette « entité morbide » spécifique est alors dans l'identité de son étiologie et de sa loi d'évolution.

» Quant au point de fait d'observation pathologique, M. Gubler ne peut que partager l'opinion de M. Chauffard ; mais il oppose les considérations suivantes aux conséquences théoriques formulées par son interlocuteur. Ce qui, pour M. Gubler, est épilepsie, c'est tout état morbide intime, toute « entité morbide », comme dirait M. Chauffard, s'accompagnant de l'accès convulsif dit épileptique, ou grand mal, quelle que soit d'ailleurs la *lésion primitive* — affection morale, infection diathésique ou autre, irritation vermineuse, compressions par des tubercules, lésions traumatiques, etc. — qui constitue cette « entité morbide ». Et le fait est que toutes ces choses portent également le nom d'épilepsie, et M. Chauffard n'a eu garde de le contester.

» Les deux contradicteurs ont dit, certes, des choses excellentes et qui dénotent de la justesse d'esprit et de la sagacité ; mais, en se rendant loyalement à leurs objections réciproques, ils ont cru en même temps pouvoir conserver leurs positions respectives. Ces messieurs n'ont donc pas compris, quelque pénétration dont ils aient fait preuve, que, par l'effet de leurs concessions mutuelles, l'épilepsie se trouve supprimée à la fois, et comme syndrome et comme entité morbide ; et non seulement comme espèce nosologique naturelle, mais même comme une simple expression pathologique ayant une valeur déterminée quelconque ?

» Et, en effet, si le syndrome convulsif du haut mal n'est pas un caractère essentiel et distinctif de l'épilepsie ; si l'épilepsie peut exister là où ce syndrome n'existe pas (ce qui est affirmé par M. Chauffard et n'est point nié par M. Gubler), la chose à qui appartient légitimement le nom d'*épilepsie* est autre que ce syndrome contingent ; alors, cette chose est donc la lésion primitive, l'état pathologique intime, c'est donc « l'entité morbide » se manifestant soit par des convulsions, soit par tel ou tel

bien aveugle qui ne le voit pas, la cause en est dans l'état d'indétermination où elle laisse croupir ses notions premières.

J'avais écrit dans le temps[1] que la physiologie était encore dans sa période barbare, et cette appréciation n'avait éveillé que des sourires. Aujourd'hui le même jugement est porté par le plus autorisé représentant de la physiologie expérimentale : « En physiologie », dit M. Cl. Bernard, « nous en sommes aujourd'hui au temps où en était l'Alchimie avant la fondation de la Chimie. » (*Rapport sur la Physiologie Générale en France*, § 206, p. 119.) Que maintenant M. Cl. Bernard interroge les infirmités de sa science, et son esprit sûr et sagace reconnaîtra que le mal dont il se plaint est le même que celui dont la pathologie souffre si profondément ; il le reconnaîtra dans l'ignorance, l'ignorance crasse des physiologistes sur la signification des termes les plus essentiels et les plus usuels de leur langage. Le progrès de la Science des Maladies est enrayé par le défaut d'une notion précise de la *maladie* ; et, à son tour,

---

autre symptôme, ainsi que M. Chauffard le soutient.

» Fort bien ; mais, à son tour, M. Gubler fait observer que cette unité spécifique de l'épilepsie ne saurait être fondée sur l'identité de la lésion primitive, de l'état pathologique générateur, sur l'identité de « l'entité morbide » enfin, puisque cette identité est une chimère, puisque « l'entité morbide » de l'épilepsie n'est pas identique à elle-même, mais est diverse ; n'est pas une, mais multiple et variable.

» Bref, l'identité de l'épilepsie n'a pour elle ni l'identité du syndrome ni l'identité de « l'entité morbide ». Permettez-moi d'employer ici une locution triviale qui peint trop bien cette situation : *l'épilepsie se trouve assise par terre entre deux selles*. La discussion n'ayant laissé debout aucun caractère fixe et constant auquel elle puisse accrocher son identité défaillante, cette distinction nosologique s'évanouit et n'est plus !

» Par ces motifs, je croirais qu'il convient, aussi longtemps que la pathologie n'aura pas fixé la signification de son langage, de s'abstenir de rechercher si les cochons d'Inde de M. Brown-Séquard sont ou ne sont pas épileptiques ; l'entreprise serait, en vérité, par trop prématurée. »

1. Voir mes *Essais de physiologie philosophique* et *La philosophie physiologique et médicale à l'Académie de médecine de Paris*.

si la Science des Organes et des Fonctions n'est encore, suivant l'expression du savant maître, qu'une alchimie physiologique, c'est parce qu'elle ignore, a omis jusqu'à ce jour de se demander, et a dédaigné d'apprendre, ce qu'on doit entendre au juste par ces mots d'*organe* et de *fonction*.

Et les obstacles cachés qui gênent la marche de l'Histoire Naturelle et retardent sa constitution définitive, que sont-ils encore ? C'est toujours la même cause, le même vice fondamental. Ecoutez plutôt cette plainte d'un des premiers naturalistes de l'époque :

« Dans les systèmes de Zoologie et de Botanique », dit M. Agassiz, « l'emploi des termes embranchements, classes, ordres, familles, est tellement universel qu'on devrait en supposer le sens et la portée bien déterminés et généralement compris de la même manière. Il s'en faut pourtant de beaucoup qu'il en soit ainsi. Tout au contraire, il n'y a pas à vrai dire en Histoire Naturelle de sujet à l'égard duquel l'incertitude soit plus grande et le défaut de précision plus absolu. Je n'ai pu trouver nulle part une définition nette du caractère même des divisions les plus compréhensives. Quant aux opinions ayant cours sur les genres et les espèces, elles sont tout à fait contradictoires. » (*Revue des Cours Scient.* du 6 février 1869, p. 146.)

16. Ainsi on s'évertue à bâtir nos sciences d'observation sur un amas de notions mal définies, incohérentes et confuses, comme sur un tas de pierres roulantes. Aussi rien ne peut y prendre une ferme assiette ; tout chancelle sur une telle base, et l'édifice ne peut parvenir à s'élever. Faut-il donc s'en étonner ? Que l'on se mette plutôt à réunir ces pierres brutes et éparses, à les façonner, à les mettre en place et à les lier ensemble par le mortier d'une forte logi-

que, et les sciences auront désormais un fondement stable et leurs constructions en souffrance pourront enfin être montées jusqu'au faîte et recevoir leur couronnement.

Je ne puis résister au désir d'emprunter quelques lignes sur ce sujet à l'illustre chef du Positivisme anglais. On lit ce qui suit dans son *Système de Logique*, dont un de nos rares médecins philosophes véritablement dignes de ce nom, M. Louis Peisse, nous a donné, il y a peu de temps, une excellente traduction française :

« Dans la marche progressive de la science, de ses problèmes les plus aisés aux plus difficiles, chaque grand pas en avant a toujours eu pour antécédent ou pour condition et accompagnement nécessaires un progrès correspondant dans les notions et les principes de logique admis par les penseurs les plus avancés ; et si plusieurs des sciences plus difficiles sont encore si défectueuses ; si, dans ces sciences, il y a si peu de prouvé, et si l'on dispute toujours sur ce peu qui semble l'être, la raison en est peut-être que les notions logiques n'ont pas acquis le degré d'extension et d'exactitude nécessaire pour la juste appréciation de l'évidence propre à ces branches de la connaissance. » J. STUART MILL (*Système de Logique déductive et inductive*, traduit sur la sixième édition anglaise par Louis Peisse, Paris, 1866, t. I, p. 11).

Voici quelques-unes de ces notions brutes et de premier ordre qui se rencontrent plus ou moins à la base de nos enseignements scientifiques divers : *Etre, Substance, Esprit, Matière, Physique, Psychique, Sujet, Objet, Cause, Force, Effet, Fait, Loi, Propriété, Abstrait, Concret, Absolu, Relatif, Général, Spécial, Individuel, Actuel, Virtuel*, etc. ; et, dans un ordre plus restreint, celui des idées physiologiques ou médicales : *Vie, Ame, Organisme, Unité, Mental, Somatique, Irritabilité, Motricité, Sensibilité, Sensation,*

Impression, Faculté, Acte, Fonction, Organe, Maladie, Affection, etc.

Tous ces termes, que nul ne se doute de ne pas comprendre, ce sont, je le répète, autant d'énigmes pour la science ; et ces énigmes, il faut qu'elle les pénètre sous peine d'être arrêtée court en son chemin, car ces expressions ne sont pas moins indispensables qu'elles sont obscures, équivoques, inintelligibles. Le Positivisme (français) a bien essayé d'en supprimer une bonne partie, mais force lui a été de renoncer à cette entreprise et de revenir bon gré, mal gré, au vieux vocabulaire. M. Littré, par exemple, tout en s'efforçant, en théorie, de mettre de côté le terme *moral* ou *mental* comme un synonyme superflu du terme *cérébral* [1], s'est vu forcé, dans la pratique du discours, de se soumettre à la distinction vulgaire de ces deux mots et de reconnaître implicitement la distinction légitime des idées et des choses qu'ils représentent. Et n'est-ce pas encore à M. Littré, cet adversaire juré du subjectivisme, que nous devons la devise dont nous avons orné ce chapitre ?

Telle est donc la situation perplexe de nos sciences positivistes : ou continuer à bredouiller un langage qui, pour elles, est de l'hébreu, qui, dans leur bouche, devient un galimatias ridicule, ou se décider à déchiffrer ces mots hiéroglyphiques, c'est-à-dire les expliquer, les définir, dégager les idées qu'ils recèlent, préciser ces idées, les élaborer, les coordonner, et tirer une à une de ces notions radicales les vérités secondaires qui s'y trouvent contenues. Mais, dira-t-on, ce serait faire de la méthode subjective, ce serait tomber en pleine métaphysique... — Eh ! oui, certes, messieurs ; et force, encore une fois, est d'en faire ;

---

1. Voir, dans mes *Nouvelles recherches sur l'Esthétique et la Morale* (1 vol. in-8º, Paris, 1000), le chapitre intitulé : *Le libre arbitre positiviste.*

de la métaphysique, ou de continuer à patauger sans fin et à qui mieux mieux dans le gâchis logomachique. L'alternative n'est-elle donc pas inévitable ?

*
* *

17. C'est surtout à nos études spéciales, c'est à la Physiologie et à la Médecine (joignons-y la Psychologie et la Morale, qui sont loin d'être étrangères aux attributions du médecin), que ce dilemme est posé dans ses termes les plus impérieux et les plus inexorables, car c'est ici que le chaos est à son comble. Mais, en même temps, c'est la Médecine seule qui est en possession de toutes les données nécessaires pour la solution demandée, et c'est d'elle que viendra le salut.

Quand on se donne la peine d'examiner de près ces notions mystérieuses sur lesquelles roule continuellement et d'une manière inévitable l'enseignement de la Physique, de la Chimie, de la Physiologie, de la Pathologie, de la Thérapeutique, etc., et qu'on cherche les causes de leur obscurité, on les trouve dans l'obscurité d'une autre notion plus générale, et ainsi de suite ; et, de proche en proche, on arrive à une notion suprême, la notion de l'Être. Ainsi prenons la notion de Maladie, par exemple. En la dépouillant, nous arrivons à la notion de Fonction et d'Organe, notion encore enveloppée : et, en pénétrant au cœur de celle-ci, nous nous trouvons en présence d'une énigme suprême, le problème de la distinction et des rapports de la force active et de la force passive, c'est-à-dire du Sujet et de l'Objet, c'est-à-dire deux termes qui nous représentent l'idée pure de l'Être sous ses deux complémentaires aspects. Et n'est-ce pas à ces deux termes que se heurtent fatalement et de la manière la plus manifeste toutes les analyses du mécanisme des fonctions de la Vie de Relation ? Et l'impuissance patente et navrante de nos physiologistes — sans en excepter les plus grands — à se faire entendre et à s'entendre eux-mêmes sur une telle matière n'est-elle pas due à l'obstination de leur matérialisme, grossier et têtu, à ne pas reconnaître la nécessité de séparer ces deux idées ?

Le problème ontologique est ainsi une question vitale pour toutes les sciences, pour la Médecine surtout, et c'est à elle principalement qu'il incombe de le résoudre, car, seul, le médecin en réunit toutes les données dans sa main. Sa science exige en effet le concours de toutes les autres sciences principales ; et, de par les devoirs scientifiques de sa profession, il ne peut en ignorer aucune. Quoi qu'on en ait dit, la Psychologie comme la Physiologie, la Morale comme la Médecine proprement dite, rentrent logiquement dans ses attributions. N'est-ce pas l'Homme tout entier, l'Homme Moral et l'Homme Physique, dont l'étude et le soin lui sont dévolus ? La théorie du Sujet et de l'Objet, de l'Ame et du Corps, de l'Esprit et de la Matière, la théorie de l'Être, telle doit être donc la préoccupation du médecin philosophe, du médecin vraiment savant. Aussi M. Pidoux a-t-il fait, selon nous, un acte d'intelligence et de virilité scientifique en portant cette haute question à la tribune de l'Académie de Médecine, sans s'inquiéter d'encourir le reproche banal d'être métaphysicien.

III

> L'Infini est le cachet de la science nouvelle. Pidoux (*Du Spiritualisme dans les sciences médicales*).

18. Depuis de longues années déjà nos sympathies et notre respect sont acquis à M. Pidoux. En lisant ses divers écrits, en étudiant surtout ce grand et considérable *Traité de Thérapeutique et de Matière médicale*, pour la composition duquel Trousseau eut la bonne inspiration de se l'associer, nous avons été heureux de trouver en lui la science rehaussée par la philosophie, un penseur dans un médecin. C'est là, par les temps durs que nous traversons, une rare et précieuse rencontre, et nous n'avons jamais oublié le plaisir qu'elle nous causa.

Tels sont nos sentiments pour l'auteur du Rapport académique que nous avons ici à examiner ; mais ces dispositions, toutes d'estime et de bienveillance, n'enchaîneront en rien la liberté de nos appréciations.

Le véritable amant ne connaît point d'amis,

a dit Voltaire. Nous croyons qu'il doit en être de même du vrai critique. Il abuserait de son rôle s'il s'en servait pour satisfaire ses inimitiés, mais il ne trahirait pas moins la confiance publique si le souci des égards dus aux personnes lui faisait oublier ce qu'il doit à la vérité, ce qu'il doit au lecteur. Dire la vérité, toute la vérité, rien que la vérité, sur les productions dont il se charge de rendre compte, telle est, à mon avis, la seule manière dont il puisse entendre son devoir envers le public. Agir autrement, appelons les choses par leur nom, ce serait tromper ce public, ce serait le voler. Et, en ceci, j'en suis sûr, aucun honnête homme ne jugera que nous ayons tort.

Mais alors pourquoi défendre des principes que nul n'oserait contester? — Je réponds : Parce que, de nos jours, il y a une tendance générale à les négliger dans la pratique. Le critique qui prend sa tâche au sérieux, qui expose simplement et sincèrement sa manière de voir sur les œuvres et sur les auteurs, sur les doctrines et sur les docteurs, ne passe-t-il point déjà pour un malappris, pour un malotru qui ignore ou méprise les règles les plus élémentaires de la bienséance?

On se montre aujourd'hui fort exigeant sur le chapitre des convenances, et ce serait à merveille si l'on ne donnait à ce mot une signification beaucoup trop restreinte. Par *convenances*, malheureusement, on n'entend plus que les ménagements réclamés par les susceptibilités de l'amour-propre, c'est-à-dire ce qui convient pour être au goût de tel ou tel personnage, ou tout au moins pour ne pas lui déplaire; on ne l'entend aucunement de ce qui convient pour être juste, pour être véridique, pour faire œuvre honnête et utile. Ces convenances, auxquelles on nous rappelle à tout propos, ce sont celles qui siéent au courtisan; ce sont des convenances s'inspirant de la convenance des hautes situations particulières, des corps constitués, et des opinions régnantes. Quant à la convenance de la Science, de ses progrès, de sa dignité, elle ne vient qu'en seconde ou troisième ligne, et c'est même se montrer naïf que prendre sérieusement à cœur de tels intérêts.

Il est temps qu'une critique saine et virile vienne réagir énergiquement contre de semblables mœurs. Et qu'on n'aille pas voir dans cette alarme le pessimisme d'un esprit chagrin, la mauvaise humeur d'un mécontent; le mal que je dénonce a pris de telles proportions que ceux-là mêmes qui en récoltent le triste bénéfice commencent à le trouver excessif. Ecoutez le savant rédacteur en chef des *Archives Générales de Médecine*, professeur à la Faculté de Médecine de Paris :

« La critique scientifique », nous dit-il, « est bien près de mourir si elle n'est déjà morte ; on ne rend compte que des livres de ses protecteurs ou de ses amis, et la bibliographie est devenue affaire de complaisance, de dévouement ou de calcul. Les seuls livres dont on s'abstienne de rendre compte sont ceux pour lesquels on garde sauve la liberté de son jugement. » (*Archives Générales de Médecine, publiées par MM. Ch. Lasègue, professeur de Pathologie et de Thérapeutique générales à la Faculté de médecine, médecin de l'hôpital Necker, et Simon Duplay, professeur agrégé à la Faculté de médecine, chirurgien des hôpitaux*, livraison de novembre 1868, page 635).

Tel est donc l'état moral de la critique scientifique en France, d'après notre éminent confrère M. le professeur Lasègue ; et on doit l'en croire, car cette appréciation, venant d'un homme si haut placé, n'est pas suspecte. Or, je le demande, un pareil état n'est-il pas un malheur et une honte ?

L'honorable rédacteur en chef des *Archives* constate purement et simplement cette situation et paraît s'y résigner avec beaucoup de philosophie ; toutefois, ayant publié dernièrement un ouvrage de mérite, son *Traité sur les Angines*, et désirant, comme c'est naturel, qu'il en fût dit un mot au public par la voix de la presse, savez-vous ce qu'il a fait ? Dans son respect soigneux de la vérité et dans son scepticisme absolu touchant l'indépendance des écrivains, l'auteur a pris le parti original de rendre compte lui-même de son propre ouvrage, après avoir exposé franchement les motifs de sa résolution, motifs, hélas ! si humiliants pour le journalisme. Et comme de la décomposition putride des corps surgissent des productions vivantes nouvelles, à cet état d'avilissement et de corruption de la critique, si nettement caractérisé par M. Lasègue, nous devrons l'enfantement d'un genre littéraire nouveau : l'AUTOCRITIQUE.

Nous serons vrai, toujours vrai, quoi qu'il nous en coûte ; et, du reste, à cela nous n'aurons pas le même mérite qu'un autre : par bonheur (ou par malheur, comme on voudra) nous n'avons pas, nous, une place à perdre ; nous n'avons ni patrons ni clients à flatter, et l'abandon de notre devoir serait ainsi doublement coupable [1].

*
* *

19. Dans notre littérature scientifique, si le niveau moral est tombé si bas, ce n'est pas par une perfection exquise apportée à la culture de l'esprit qu'elle s'applique à se racheter de cet abaissement des caractères. A quelques bien rares exceptions près, nos médecins, nos physiologistes ne se risquent par aventure sur le terrain philosophique que pour y faire chute sur chute et y étaler l'inexpérience la plus juvénile.

Au fait, la Faculté consacre aujourd'hui des docteurs qui possèdent à peine leur rudiment ; et, les choses continuant à progresser dans ce sens, on peut s'attendre à voir un jour nos écoles de médecine tomber à l'état de simples ateliers d'apprentissage, d'où les futurs praticiens sortiront avec un bagage plus ou moins fourni de procédés et de recettes, mais l'esprit tout aussi peu orné par les lettres que celui de l'artisan actuel. Il ne faut donc plus s'étonner de

---

(1) Allusion à la révocation récente du savant bibliothécaire de l'Académie de Médecine, le docteur J. M. Guardia, révocation provoquée par quelques académiciens que la plume indépendante, mais un peu trop incisive de cet écrivain, n'avait pas pris soin d'épargner.

rencontrer chez les hommes de notre art une absence de goût et une insuffisance si générales pour tout ce qui touche aux grandes disciplines de la pensée.

Cet abandon des études philosophiques, dont les éléments de la Logique ne sont pas même exceptés, fait de notre monde scientifique un milieu intellectuel barbare qui est éminemment délétère aux vocations d'un ordre élevé. Cette épaisse atmosphère, par sa lourdeur écrasante, dépouille les intelligences d'élite de leur supériorité et les rabaisse au commun niveau. Je le constate à mon très grand regret, la réelle valeur philosophique de M. Pidoux semble s'être laissé atteindre par cette influence déprimante.

Le savant académicien vient d'opérer une évolution radicale de doctrine, et elle n'est rien moins qu'heureuse ; le *statu quo*, à notre avis, eût mieux valu. Le vieux champion du spiritualisme passe décidément à l'ennemi ; et, pour couvrir ce mouvement de désertion, il a beau mettre en jeu une savante manœuvre, ce n'est pas nous qui serons dupés par son stratagème. Mal à l'aise dans la croyance spiritualiste et arrivant à comprendre, avec la plupart de nos penseurs instruits, que le dualisme ontologique ne répond ni aux indications de l'observation, ni aux besoins de la raison, ce philosophe a fait un effort, très louable sans doute, mais malheureux, pour se dégager de cette ornière. A côté, se trouvait le bon chemin, indiqué, il y a déjà presque deux cents ans, par le grand Leibniz, que M. Pidoux paraît tout disposé à accepter pour guide ; mais, par malheur, dans l'intervalle s'ouvrait une autre ornière, plus profonde encore et plus bourbeuse ; c'est là que notre philosophe s'est laissé choir dans son insuffisant élan vers le monadisme.

Incidit in Scyllam dum vult vitare Charybdim.

Oui, M. Pidoux a touché l'écueil du matérialisme, mais nous espérons que ce ne sera pas là un véritable naufrage ; persuadé que nous sommes que le hardi et habile navigateur saura bien se remettre à flot et rentrer dans la bonne route, notre critique, il ne doit pas autrement la considérer, ne sera que la paraphrase de ce cri d'ami emprunté au même poète :

Quo tantum mihi dexter abis ? Huc dirige cursum.

Oui, sans aucun doute, dans sa récente profession de foi philosophique l'éminent rapporteur de l'Académie n'est ni plus ni moins qu'un matérialiste accoutré en spiritualiste. C'est un *matérialiste honteux*, dirons-nous encore, tout en espérant bien ne pas désobliger ce maître respecté; car, en lui donnant ce titre, nous le mettons après tout en bonne compagnie : son illustre collègue M. Littré n'est-il donc pas, lui aussi, un matérialiste honteux, comme les incisifs critiques de la *Pensée Nouvelle* le lui reprochent si vivement dans cet organe officiel du matérialisme ? Il serait, en vérité, trop difficile d'admettre que l'esprit si fin et si éclairé de M. Pidoux se soit fait illusion sur la portée réelle de ses nouvelles convictions, et qu'il ait pris véritablement au sérieux cette création chimérique, ce monstre fabuleux introduit par lui dans la philosophie sous le nom de SPIRITUALISME ORGANIQUE.....

Sans doute, c'est une pensée éminemment philosophique que celle de vouloir réunir les croyances opposées qui tiraillent l'esprit et le cœur de l'homme ; mais ce n'est pas en les prenant telles quelles et en les amalgamant toutes vaille que vaille, qu'on obtiendra le résultat désiré. Ce qu'on obtient en procédant de la sorte, c'est un produit inférieur même à ses éléments ; il semble n'en contenir que les impuretés, tout semble y être passé à l'état de scories. Non, ce n'est pas dans un mélange confus, c'est dans un triage critique des opinions, et dans un assemblage harmonique des vérités fragmentaires fournies de part et d'autre, qu'il faut chercher la solution des antinomies doctrinales, l'épuration, le complément et la conciliation des systèmes.

De ces deux méthodes, ce n'est pas malheureusement la meilleure que M. Pidoux a préférée ; il a pris le mauvais sentier, et c'est à cette faute initiale qu'il sera juste d'imputer toutes les erreurs auxquelles cet esprit distingué et vraiment philosophe a été fatalement entraîné en dépit des garanties, si sérieuses pourtant, offertes par son passé.

*
* *

20. Quand Spiritualistes et Matérialistes le voudront bien, le vieux différend qui les divise aura son terme. Et que doivent-ils faire pour atteindre un si désirable résultat ? Ils doivent se demander d'abord quel est au juste le sujet de leur querelle, ce qu'on ne sait guère de part ni d'autre ; ensuite il est nécessaire qu'on s'écoute mutuellement et qu'on s'applique à se rendre compte des opinions et des prétentions réciproques en se disant modestement que toute la vérité comme toute l'erreur, tout le bons sens comme toute la folie, ne sauraient se trouver d'un seul côté.

M. le professeur Gubler, en donnant publiquement son adhésion au *Spiritualisme organique* de M. Pidoux, dans une leçon publiée dans la *Revue des Cours Scientifiques* (numéro du 10 avril 1869), pose ainsi la question débattue entre les ontologistes des écoles diverses :

« Entre les Spiritualistes », dit M. Gubler, « et les Sensualistes, entre les Matérialistes et les Animistes, les Vitalistes et les Organiciens, la dissidence porte toujours sur le même point : *la séparation ou la confusion de la matière et de la force.* »

Assurément le savant professeur de thérapeutique de la Faculté de Paris entend le problème de l'ontologie en vrai philosophe ; mais, pour le faire entendre à ceux pour qui c'est lettre close, pour leur faire comprendre et le sens et la raison d'être de ce problème, l'utilité et la possibilité de le résoudre, l'énoncer aussi brièvement ne suffit pas ; il conviendrait pour cela de montrer l'origine et l'enchaînement des idées par lesquelles l'esprit de l'homme a été inéluctablement amené à se le poser en tout temps et en tout lieu. La Physique, la Physiologie et la Psychologie y sont arrivées toutes trois en partant de points très différents, et par autant de chemins distincts où il serait fort intéressant de les suivre. Nous devrons nous borner ici à quelques indications générales et succinctes sur ce beau sujet.

Le vulgaire, et le monde savant a son vulgaire aussi bien que le monde des ignorants, se contentait de voir tourner le soleil autour de la terre une fois par vingt-quatre heures, pleinement confiant dans l'assurance qu'il recevait à cet égard du témoignage de ses sens et du consentement universel du genre humain. Aussi ces hommes de sens commun ne manquèrent-ils pas de voir des insensés, des métaphysiciens songe-creux tout au moins, dans certains esprits qui, refusant de se tenir pour satifaits de l'évidence sensible, osèrent se demander si ce ne serait pas plutôt le globe terrestre qui tournerait sur lui-même et autour du soleil... On sait le reste.

Il y eut aussi de tout temps quelques êtres curieux et indociles qui, au mépris des clameurs du sens commun, autrement dit de la commune ineptie, voulurent porter le scalpel de la critique jusque dans les entrailles de la connaissance, afin de s'assurer si par hasard il n'en serait pas de toutes choses comme du soleil ; c'est-à-dire si les choses en général ne seraient pas autres qu'elles nous semblent être, et si, pour la sûreté de notre conduite, il ne conviendrait pas de restreindre à tous égards l'autorité de l'apparence et de se donner un critérium plus certain.

Le grand nombre, qui compte tous les esprits réputés sensés et positifs, n'a jamais vu que ce qu'il avait ou se figurait avoir devant lui ; en observateur pur, il ne s'est avisé que des objets, et n'a jamais pris garde qu'en regard de ceux-ci, et dans l'observateur lui-même, une autre réalité plus certaine encore est présente. Au fait, on ne peut voir ses propres yeux, ceux du sens intime surtout, et comment dès lors admettre leur existence, puisque l'observation ne les montre pas ? Ainsi raisonnèrent et raisonnent encore les expérimentalistes. On a eu beau leur dire que si voir suppose une chose vue (ce qui n'est pourtant pas rigoureusement exact), à plus forte raison faut-il en conclure à la présence d'une chose qui voit ; que si sentir, juger, vouloir nous autorisent dans une certaine mesure à reconnaître l'existence de choses senties, jugées, voulues, ces faits impliquent encore bien plus nécessairement l'existence d'un agent sentant, jugeant, voulant. Mais que parle-t-on de *nécessités rationnelles* aux hommes de l'expérimentalisme et du positivisme ? c'est une notion qui n'a jamais pu leur entrer dans la tête [1].

1. Cette constatation, relative à l'année 1868, trouve encore une application tout aussi actuelle et tout aussi exacte vingt-trois ans plus tard ; j'en donne comme preuve les déclarations suivantes de M. le D" Charles Richet, professeur de Physiologie à la Faculté de médecine de Paris, qu'on trouvera consignées dans la *Revue Philosophique* d'avril 1891 :

« Rien » dit M. Richet, « ne vaut une bonne expérience, et les conceptions les plus hardies sont moins qu'un petit fait bien positif. A mesure que j'avance en âge, mon aversion pour les théories, les conceptions, les vues d'ensemble, les systématisations, les principes, va en augmentant, ainsi que mon respect et mon amour pour le fait, le phénomène, l'expérience. Bref, pour terminer cette longue note, je crois que la physiologie générale existe, qu'elle a des lois formelles, fondées sur des expériences indiscutables, mais sur ce qu'on emploie le mot physiologie gé-

Les hommes de réflexion passèrent outre, laissant à leur culte aveugle ces adeptes de l'observation exclusive et bornée. En face de la notion de l'*objet*, ils érigèrent celle du *sujet*; dans ces deux principes ils virent les deux facteurs complémentaires de toute connaissance, et ils s'appliquèrent à en déterminer les conditions respectives et réciproques, sentant bien que tel était le premier fondement à donner à la science pour la fonder sur un sol ferme.

Aujourd'hui, c'est un point acquis et hors de conteste pour les philosophes qui pensent par eux-mêmes, et jusque pour M. Littré, à savoir que le seul fait véritablement premier et véritablement expérimental de la connaissance, c'est le fait de la sensation et de la pensée; c'est que la notion de l'objet et celle du sujet sont de pures *inférences* de cette donnée fondamentale, des inductions purement rationnelles et conjecturales, et impossibles à vérifier. Je le répète, M. Littré lui-même en est arrivé aujourd'hui (et c'est un immense progrès dont nous le félicitons cordialement) à reconnaître cette importante vérité dans les termes les plus formels et les plus explicites, ainsi qu'on peut s'en assurer en lisant un article sur la *Physiologie psychologique* publié par cet écrivain dans la *Philosophie Positive* (Numéro d'avril 1866).

．．．

21. Ainsi, que ce premier point soit bien convenu : les

---

nérale, il ne faut pas se croire forcé de tomber dans la rêverie et la spéculation. »

Cette profession de foi stupéfiante n'est pas purement personnelle à son savant auteur, elle ne fait que traduire avec une rare ingénuité « l'état d'âme » de tous nos physiologistes, ou à peu près, jusqu'à l'heure actuelle, et c'est dans les derniers jours de l'an 1899 que je trace ces lignes. (Note à la 2ᵉ édition.)

seules vérités acquises directement et possédant une certitude entière, les seules données fondamentales de la science, la seule étoffe sur laquelle elle puisse travailler utilement, le fonds unique où elle ait à puiser pour en tirer ses lumières et ses enseignements spéciaux, ce sont les *faits subjectifs*, c'est-à-dire nos sensations, nos sentiments, nos idées. Cela posé, on comprendra que c'est dans les idées qui les figurent, et non en eux-mêmes, où ils sont absolument insaisissables, que le sujet et l'objet devront être considérés, analysés et comparés, qu'il nous sera permis de déterminer leur loi constitutive et celle de leurs rapports réciproques. Et maintenant que trouvons-nous dans ces idées ? En dernière et rigoureuse analyse, les deux notions de sujet et d'objet se réduisent à un même concept, celui de *cause*, de *force*. En effet, qu'est-ce que l'objet, si ce n'est la *cause* déterminante des sensations, des modifications subjectives, c'est-à-dire *la force qui fait sentir*; et d'autre part, comment définir le sujet, si ce n'est en disant que c'est *la force qui sent*?

Cependant, à l'idée des objets s'attache un autre caractère à eux propre, s'ajoutant à celui de force, l'*étendue*; et, ainsi déterminée, l'idée du monde objectif est philosophiquement rendue par le mot *matière*.

A l'idée du sujet, à l'idée du moi, s'applique par opposition le nom d'*esprit*, quand c'est l'*essence* du moi qui est visée, ou celui d'*âme* si on l'envisage en tant qu'*être*. Et en vain chercherions-nous l'attribut de l'étendue dans notre conception de l'esprit, dans notre conception de l'âme. Mais c'est peu : en mettant cette conception dans le creuset d'une analyse approfondie, nous nous assurons de la manière la plus certaine que l'élément caractéristique de la matière lui est entièrement étranger, lui est radicalement incompatible.

Sans être à proprement parler métaphysicien, et à la simple condition de posséder le sens géométrique à un degré ordinaire, tout physiologiste se convaincra avec un peu d'attention que le fait d'un *sensorium commune* et d'un *consensus unus* suppose forcément que toutes nos sensations, émotions et volitions, sont centralisées sur un point de l'organisme cérébral, et sur un point rigoureusement mathématique. Et, en effet, comment ne pas être frappé de cette évidence que si un intervalle, si minime soit-il, existe entre deux points de perception, cela suppose à toute force deux points percevants et non plus un seul, deux centres psychiques, deux moi, deux unités, deux identités conscientes tout aussi distinctes que si elles fussent séparées l'une de l'autre par toute la longueur du diamètre terrestre ?

Il faut plaindre les intelligences assez infirmes pour ne pas comprendre que le lieu propre, le lieu exact où se passe le *je sens*, le *je pense*, ne peut être qu'un centre géométrique, c'est-à-dire un lieu inétendu, une situation pure. N'y eût-il que l'épaisseur d'une paroi de cellule nerveuse entre un *je sens* et un autre *je sens*, je le répète, il n'y en aurait pas moins là deux *je*, deux *moi* tout aussi réciproquement *autres* que Pierre et Paul le sont entre eux.

⁂

22. C'est pour n'avoir rien entendu à ce principe de psychologie mathématique, dont l'évidence pourtant est frappante, que nos physiologistes (sauf une faible exception, mais dont les plus renommés ne font point partie) se sont si bien empêtrés dans l'explication des actions nerveuses du système cérébro-spinal, dont ils ne peuvent plus se tirer. C'est vraiment pitié comme ils pataugent dans ce sujet, dont leur inexpérience philosophique fait

en grande partie la difficulté. Que d'erreurs tout à la fois psychologiques et physiologiques n'amoncèlent-ils point sous leurs pas ! L'un d'entre eux et des meilleurs (M. Longet), dans un gros traité classique dont il vient de nous donner une nouvelle édition, agite gravement la question de savoir si, l'intelligence étant dans le cerveau sans nul doute, les passions, entre temps, ne se seraient pas dispersées dans les autres viscères, le cœur, le foie, la rate, etc., etc.

D'autres n'enseignent-ils pas que le sensorium, le moi en tant que sentant, se prolonge du cerveau jusque dans la moelle, et jusque dans la queue de cheval ? Tous, ou peu s'en faut, confondent inextricablement l'*impression* et la *sensation*, c'est-à-dire le pouvoir conducteur de la fibre afférente, chose purement physique, avec le pouvoir de sentir, exclusivement propre au centre de perception et chose purement psychique. La sensibilité, pour eux, est même un quelque chose qui voyage ; ainsi, dans leur théorie des actions nerveuses récurrentes, ils ne se font aucun scrupule d'en déposséder le centre nerveux pour en doter la périphérie : « La sensibilité ne vient plus du centre (c'est-à-dire du cerveau) », a écrit un professeur contemporain des plus célèbres, et justement célèbre à bien des titres, « elle vient de la périphérie... Cette sensibilité de la racine antérieure est une sensibilité d'emprunt... La sensibilité ne pouvant plus parvenir au bout périphérique du nerf de sentiment, ne saurait passer de là au bout périphérique du nerf moteur.... » Cl. BERNARD (*Leçons sur les Tissus Vivants*, p. 243).

Non, on n'est pas fondé à afficher des prétentions de psysiologiste philosophe tant qu'on en est encore à commettre de ces fautes contre l'*a*, *b*, *c* de la psychologie rationnelle.

Arrêtés au milieu de ces belles hardiesses par quelque voix amie leur criant : *gare* ! nos expérimentalistes, qui ne soupçonnaient pas le danger, et qui ne réussissent pas même à le voir quand on le leur montre, ne savent se tirer du mauvais pas où ils sont engagés qu'en se jetant de tout leur poids et jusqu'aux aisselles dans une méprise plus profonde encore et plus désolante. Pour justifier leurs propositions plus que téméraires relatives au mécanisme de la sensation, ils ont recours à une témérité nouvelle qui dépasse tout : ils créent une *sensibilité sans conscience*, un mode de *sensation dénuée de sentiment*, et ils ne reculent pas devant la *douleur non perçue* ! Je n'invente rien : tout cela, et bien d'autres traits de même force, se rencontrent dans nos ouvrages classiques les plus autorisés. Voici ce que dit à ce sujet M. Lélut, un des très rares auteurs qui unissent la compétence philosophique à la science du physiologiste et du médecin :

« Il y a une première proposition, un premier fait plutôt, que ne contestera aucun philosophe, mais que méconnaissent et qu'obscurcissent de la manière la plus étrange un grand nombre de physiologistes. Il n'y a sensibilité que là où il y a sentiment, conscience, le moindre degré de conscience. Ce sont là notions vulgaires qu'on ne devrait pas avoir à rappeler. » (*Physiologie de la pensée*, par le docteur Lélut, membre de l'Institut, 2ᵉ édition, t. I, p. 101.)

Bref, une vérité évidente et que la science, nous venons de le voir, ne méconnaît pas impunément, c'est que *l'agent psychique, le moi, est une force inétendue*. A l'école spiritualiste l'honneur d'avoir proclamé cet axiome. « L'âme, affirme-t-elle, est une substance simple, indivisible, sans étendue » ; et en cela le spiritualisme a pleinement raison. Mais le matérialisme n'a point tort non plus quand il soutient de son côté, au nom de l'observation scientifique, que l'état de l'âme est solidaire de l'état du cerveau, que les modifications mentales peuvent être liées à des modifications somatiques et en dépendre rigoureusement.

> Post ubi jam validis quassatum est viribus ævi
> Corpus, et obtusis ceciderunt viribus artus,
> Claudicat ingenium, delirat linguaque mensque.

*
* *

23. C'est ici que l'antinomie ontologique se déclare, que l'opinion des philosophes se partage entre deux thèses opposées, vraies partiellement et partiellement fausses toutes deux.

Le Matérialisme affirme que, les actes psychiques ne se produisant jamais autrement que liés à des parties et à des actions matérielles, ils ne sauraient être regardés que comme un produit de la matière.

Le Spiritualisme de répliquer que l'être pyschique, étant nécessairement inétendu, est une essence différente de la matière, que l'esprit et la matière sont deux principes distincts, tous deux premiers et mutuellement irréductibles.

La Physique, qui l'aurait cru ? la haute physique, telle qu'elle est en train de s'élaborer en ce moment dans les cerveaux de nos physiciens pensants, vient mettre d'accord les deux éternels plaideurs ; elle apporte au procès une pièce nouvelle qui doit mettre fin à la discussion. Que nous disent les Faraday, les Dumas, les Berthelot, les Tyndall, les Joule, les Clausius, les Grove, les Secchi, et autres expérimentateurs renommés ? Ils nous apprennent que toutes les propriétés sensibles de la matière se résolvent rationnellement en des propriétés mathématiques, et que, en dernière et rigoureuse analyse, la matière tout entière se résout sans résidu en *un assemblage de centres dynamiques*, de telle sorte que les corps ne sont plus autre chose que *des composés de forces simples, de forces inétendues.*

Et à notre tour nous venons dire : S'il en est ainsi, s'il est vrai, comme nos physiciens l'attestent, que la matière a pour tout élément constitutif la force pure, la force simple, indivisible, indestructible, immortelle, pourquoi donc ne pas adhérer au dogme fondamental des spiritualistes posant en principe que le moi est une force simple, indivisible, individuelle, indestructible, immortelle ?

Et secondement, puisque de par la science expérimentale il est reconnu que le principe formateur de la matière est immatériel, pourquoi les spiritualistes refuseraient-ils de se rendre aussi au vœu des matérialistes soutenant qu'il n'est qu'une substance-principe, et que ce principe est le principe de la matière ?

Et maintenant, la matière se résolvant en forces simples, et ces forces composantes étant autant de forces-esprit, je dis que le voilà trouvé, le mot de l'énigme ontologique, que la voilà, la solution de la question, formulée par le disciple de M. Pidoux, de la séparation ou de la confusion de la force et de la matière, et tenue pour insoluble par ce philosophe et par tant d'autres !

*
* *

24. Et nous ajoutons : L'Ame, envisagée par rapport au Corps, est un centre dynamique dans un assemblage de centres dynamiques organisés, l'Organisme, dont elle est le lien commun et le chef, *prima inter pares.* Telle est la vérité cherchée.

L'œil sagace de M. Pidoux semble avoir aperçu et entrevu d'assez près cette solution conciliatrice qui frappe à la porte de la science depuis quinze ans ; mais, au lieu d'accueillir l'étrangère et de lui prêter son crédit, M. Pidoux a tenu à nous donner un fruit de ses propres entrailles. Il a donc entrepris de refaire à frais nouveaux et pour son compte une découverte déjà faite ; et il l'a manquée, il l'a gâtée ! Comme nous l'avons déjà dit, l'honorable philosophe n'a quitté la *thèse* spiritualiste que pour se fourvoyer en pleine *antithèse* matérialiste, tout en passant à côté et très près de l'heureuse *synthèse*.

Essayons maintenant de justifier cette appréciation.

⁂

25. En nous disant que le débat ontologique roule sur le point de savoir si la force qui meut la matière est intrinsèque ou extrinsèque à la matière, M. Gubler n'avait fait que résumer le maître ; celui-ci s'était exprimé sur le même sujet dans les termes suivants :

« Il y a longtemps que je l'ai dit », avait déclaré l'éminent rapporteur, « on ne faisait pas autrefois assez d'honneur à la matière. Elle n'était représentée dans l'esprit et dans la science que par l'idée d'étendue, de quantité, de divisibilité, d'inertie ou de passivité. Il fallait bien alors emprunter l'activité, la force, la vie, dont cette matière était essentiellement dépourvue, à des êtres qui en fussent distincts, qui lui fussent même opposés. De là les *pneuma*, les âmes, les archées, les forces sans matière. Ces conceptions étaient une nécessité des temps, et elles ont rendu de grands services relatifs. Mais quand Leibniz eut remplacé les atomes inertes par des monades ou forces, et que partout l'idée de force devint substantiellement inséparable de l'idée de matière ou de quantité, on se passa insensiblement des âmes, des archées… Aujourd'hui, les savants qui ne sont pas remorqués, mais qui marchent, proclament l'activité essentielle de la matière, etc. »

Dans ce passage, ceci est bien clair, M. Pidoux fait acte d'adhésion au monadisme, et je ne saurais trop l'en féliciter. Mais, s'il a su reconnaître et nous indiquer avec assez d'exactitude ce qui distingue cette doctrine du spiritualisme, a-t-il également réussi à saisir la nuance, délicate, mais essentielle, qui, d'autre part, la sépare tout autant du matérialisme ? Non ; cette seconde différence lui a échappé, et la conception leibnizienne, si lumineuse et si profonde, s'est confondue dans son esprit avec un système naïvement superficiel, digne à peine du nom de philosophie.

Entre le Monadisme et le Matérialisme il y a ceci de commun sans doute que, l'un et l'autre, ils placent le moteur de la matière dans le sein, dans les entrailles mêmes de la matière au lieu de le placer en-dehors ; mais le second, ne discernant dans la matière que la matière constituée, c'est-à-dire la *masse*, se décide, au mépris de l'évidence métaphysique, à attribuer à cette masse, ou, en d'autres termes, au multiple, au composé, à l'étendu, les propriétés dynamiques exclusivement compatibles avec le simple, avec l'inétendu.

Réagissant avec précipitation contre cette erreur, le Spiritualisme tombe à son tour dans un autre travers : il crée le dualisme des substances, il imagine la co-existence de deux principes primordiaux irréductibles l'un à l'autre, celui-ci simple, actif, conscient, celui-là ayant pour caractère l'étendue, l'inertie, l'impassibilité.

Réduisant ces deux prétentions adverses à leur part respective de vérité, le monadisme sait les concilier et donne la pleine solution du problème grossièrement ébauché de part et d'autre. Avec le spiritualisme et la raison métaphysique, il admet pleinement que la spontanéité et la subjectivité, c'est-à-dire la force et l'esprit, ne sauraient être l'effet contingent d'un certain concours éventuel de parties, ce concours de parties étant forcément lui-même l'effet d'une impulsion antérieure qui les a rapprochées et mises en jeu, et la pluralité des parties d'un tout étendu à la totalité duquel on suppose la qualité de sujet, d'unité consciente, impliquant de toute nécessité, ainsi que nous l'avons indiqué précédemment, un nombre de sujets, un nombre de consciences individuelles distinctes, égal à celui de ces mêmes parties. Mais, au lieu de concevoir comme extrinsèque à la matière cette entité sans étendue appelée force, appelée esprit, le monadisme en fait l'élément infinitésimal de cette même matière, l'atome absolu ; et, attestant par là l'unité de substance, il donne aussi satisfaction au matérialisme dans ce qu'il a de légitime.

Ayons recours à une similitude familière pour essayer de rendre sensibles pour tous ces abstractions pures où beaucoup de bons esprits peu exercés à penser en métaphysiciens pourraient ne voir que des subtilités oiseuses.

L'eau n'est-elle pas liquide? Et n'est-il point vrai qu'elle éteint les corps enflammés et qu'elle n'est pas inflammable? — Oui, sans contredit.

Et, d'un autre côté, ne savons-nous pas tout aussi certainement par l'analyse expérimentale que l'eau est formée entièrement par la réunion de deux gaz dont l'un est le comburant le plus énergique, dont l'autre est combustible au plus haut degré? — Ceci encore, répondrez-vous, est incontestable.

Eh bien, si, ayant uniquement égard à la première de ces deux vérités, quelques esprits, étrangers ou aveugles aux révélations de la chimie, allaient en conclure que tout principe gazeux et tout principe combustible ou comburant sont nécessairement, absolument, essentiellement étrangers à l'eau, n'auraient-ils pas tort?

Et si, de leur côté, envisageant le deuxième fait isolément — et sans se préoccuper de le faire concorder avec cette autre évidence logique et sensible, que l'eau est liquide et ne saurait être gaz, qu'elle est impropre à brûler et à être brûlée, et ne saurait en même temps être apte à la combustion — d'autres en allaient tirer cette conséquence, qu'à la nature de l'eau appartiennent véritablement et réellement les trois qualités de gaz, de comburance et de combustibilité, ne tomberaient-ils pas à leur tour dans une méprise grossière ?

Donnons maintenant la parole, dans cette controverse supposée, à une troisième opinion, celle de l'expérience et de la raison unies dans une fraternelle entente. Elle nous dira : « L'ambiguïté des mots et le vague des idées font ici toute la difficulté de la question. Que l'état gazeux, la comburance et la combustibilité soient *intrinsèques* à l'eau, cela est vrai, mais dans ce sens seulement que ces qualités appartiennent aux *éléments* de l'eau ; et cela est faux si par cette assertion on entend attribuer à l'eau elle-même, à l'eau *en tant qu'eau*, à l'eau constituée, les propriétés de l'oxygène et de l'hydrogène constituants. »

Dans ce cas fictif, une telle distinction est-elle une vaine subtilité, est-elle inutile ? — Assurément non, répondrez-vous tous. Eh bien, cette nécessité si bien sentie, si nettement comprise, de distinguer avec précision entre le corps composé et ses éléments, quand il s'agit de décider si certaines propriétés sont intrinsèques ou extrinsèques à ce corps, lui appartiennent ou ne lui appartiennent pas, cette nécessité de méthode est la même, elle est tout aussi réelle et tout aussi impérieuse, quand il s'agit de se prononcer entre l'école qui assigne à la matière les pouvoirs moteur, vital et psychique, et l'école qui fait résider ces attributs dans une substance différente et séparée de la matière.

De même que les propriétés de l'hydrogène et de l'oxygène sont à vrai dire *en* l'eau (puisqu'elles appartiennent aux éléments essentiels de l'eau), sans être pour cela attribuables à l'eau, en tant qu'eau, — pareillement, c'est au *principe de la matière*, mais non à la matière même, non à la matière *en tant que matière*, que sont proprement et intimement attachées les vertus de motricité, de vitalité et de subjectivité ; et c'est ainsi que, en faisant de ces vertus, l'un, des propriétés matérielles, l'autre, des puisssances extra-matérielles, le matérialisme et le spiritualisme restent tous deux à côté de la vérité, l'un à droite, l'autre à gauche.

26. Or cette distinction de l'ontologie, fondamentale et suprême, moyen unique de délier le nœud gordien de la philosophie, cette distinction, base d'une doctrine synthétique qu'on voit déjà poindre dans la sagesse grecque, dont le germe fut plus tard réchauffé dans le génie de Leibniz, et que l'auteur de ces lignes (on me permettra de le dire en passant) s'applique depuis vingt ans avec persévérance à développer et à mûrir ; — cette distinction lumineuse devant laquelle nombre de difficultés réputées insurmontables de la haute physiologie tombent comme par enchantement ; cette distinction, qui est le grand critérium du monadisme et le secret de sa puissance, M. Pidoux l'ignore, il ne l'a pas soupçonnée. Armé de ce souverain instrument d'analyse métaphysique, le soi-disant disciple de Leibniz, rencontrant dans le sujet de son Rapport un essai de psychologie physiologique, avait l'occasion belle, certes, pour faire bonne et éclatante justice des lourdes, des scandaleuses erreurs que le matérialisme de nos physiologistes en renom fait pleuvoir comme des pavés sur le berceau de cette jeune science. Devenant pur matérialiste sous le nom cauteleux de spiritualiste organicien, notre philosophe s'est hâté d'oublier le peu de philosophie saine qui s'enseigne dans l'école dont il fut longtemps une des lumières,

impatient qu'il était sans doute de se placer à la hauteur de ses nouveaux condisciples et maîtres. Non seulement il n'a pas dirigé les vifs rayons de la synthèse monadiste sur les questions qu'il a eu à examiner à la suite de ses candidats, mais il a éteint les quelques lueurs que ces questions recevaient de la métaphysique spiritualiste, et il a répandu sur elles la nuit noire du matérialisme, cette négation de toute philosophie.

Venons aux preuves.

*
* *

27. Si (comme le docteur Lélut le fait si judicieusement remarquer dans un passage cité plus haut) si, dis-je, il est une vérité pleine d'évidence pour tout esprit non absolument étranger à toute connaissance philosophique, s'il est une vérité qui fut claire et irrésistible pour l'intelligence de M. Pidoux avant sa chute, c'est assurément que *sentir* suppose un sujet sentant, c'est-à-dire un *moi* percevant une modification spéciale de soi-même appelée sensation ; c'est que, sentir ou avoir une sensation sans percevoir cette sensation, sans en avoir conscience, c'est une criante contradiction dans les termes, une impossibilité logique, une absurdité.

Une autre vérité que nous croyons avoir établie dans cette étude, et qui longtemps fit partie du *credo* de M. Pidoux, c'est que le siège intime du consensus, de la conscience, du moi, du centre sentant et pensant, ne saurait occuper plus d'espace que n'en occupe le centre géométrique d'où émanent, où ont véritablement leur pied, tous les rayons générateurs d'une sphère réelle quelconque.

Cela dit, laissons parler le « Spiritualisme organique ».

Il s'agit de certains états anesthésiques ; le Rapport les apprécie ainsi : « Dans ces cas », y est-il dit, « certaines parties ont souffert, ont senti selon leur degré de puissance, mais l'individu n'a pas assisté à sa souffrance. »

Ainsi, voilà un individu qui reste étranger à *sa* souffrance, c'est-à-dire qui ne la sent pas ; et M. Pidoux ne se doute même pas de la contradiction qu'une telle proposition implique. Il n'a aucunement l'air de se douter que si la souffrance dont il est question est véritablement la souffrance de l'individu, « sa » souffrance, c'est que l'individu la ressent, la perçoit, en a conscience (c'est tout un) ; et que, s'il n'en a pas conscience, s'il ne la perçoit pas, s'il « *n'y assiste pas* », c'est qu'il n'est point le sujet de cette souffrance, c'est que cette souffrance n'est point sienne.

Revenant sur cette pensée et s'y appesantissant, l'auteur ajoute :

« Encore une fois, il (le sujet) a senti dans ses nerfs, mais non dans ses hémisphères, puisque ceux-ci étaient anesthésiés, et que les premiers ne l'étaient pas. Je le répète donc, il n'a pas personnellement perçu sa souffrance. »

Je sens une souffrance dans mes nerfs : c'est *ma* souffrance ; et je ne perçois pas *personnellement* cette mienne souffrance, qui, par conséquent, n'est pas mienne... !

Je suis plein de respect pour l'éminent rapporteur, mais avec tout mon bon vouloir je ne puis étendre le bénéfice de ce sentiment à un si déplorable discours ; la critique ne saurait être trop sévère pour un si complet oubli des vérités premières de la psychologie et de la logique.

28. Que penser encore et que dire du discernement philosophique qui a dicté la nouvelle classification psychologique ainsi présentée : « Nous admettons », dit le Rapport, « trois grands centres superposés l'un à l'autre, placés

pour ainsi dire suivant une progression décroissante... Au-dessus de tout, le Moi ; puis, au-dessous, les Instincts avec les facultés du second ordre, ensuite la Moelle. »

Le Moi, les Instincts, *et la Moelle*, deux termes psychologiques, dont l'un est partie de l'autre, et puis un terme anatomique, et tout cela disposé sur la même ligne « en une progression décroissante », comme autant d'unités de même nature, comme autant de notes successives d'une même gamme.. ! Voilà où mène le matérialisme.

Ailleurs, le Rapport s'exprime ainsi :

« La physiologie moderne nous montre l'âme ou la substance psychique se prolongeant par les nerfs jusqu'à l'âme ou à l'unité de l'encéphale sans la moindre discontinuité. »

Dans cette phrase, l'âme nous est donnée tout à la fois comme une *substance* qui se confond avec la substance nerveuse et se répand avec elle dans toutes les parties du corps, et puis comme *l'unité de l'encéphale*, unité jusqu'à laquelle ces parties du corps remontent !..

Critique soumis à la vérité et placé ici en face d'un devoir supérieur à ma vertu, je n'ai que la force de m'écrier : « Qu'on me ramène aux galères ! »

✦✦

29. Aux matérialistes de la physiologie expérimentale constatant de véritables points sensoriels, volitifs et intellectuels dans le parcours du cordon médullaire, et ne trouvant d'autre explication à ce fait que dans la supposition incongrue d'une sensibilité, d'une volonté, d'une intelligence diffuses — telles qu'un liquide dans une éponge — à travers tout le tissu de l'axe cérébro-spinal, et qui seraient conscientes seulement dans les lobes cérébraux ;

Et aux métaphysiciens spiritualistes niant *a priori* ces

résultats de l'observation sur ce qu'ils impliqueraient l'absurde conclusion antipsychologique qu'en tirent les observateurs,

Nous répondrons ici comme nous l'avons fait ailleurs tant de fois :

L'axe céphalo-rachidien, dirons-nous, est une chaîne de centres nerveux, de *petits cerveaux* (c'est M. Cl. Bernard lui-même qui les caractérise ainsi), dont chacun possède son centre psychique individuel distinct, son moi propre, moi sentant, voulant, et conséquemment percevant et conscient. Cela posé, ce qui fait dire aux expérimentateurs que ces centres médullaires sont sensibles, intelligents et volontaires (M. Cl. Bernard affirme encore tout cela), *mais inconscients,* le voici : Observant que les modifications intimes de ces centres de sensation et de volition ne sont point perçues par la conscience du centre capital siégeant au cerveau, par *ma* conscience, on en conclut qu'elles ne sont point conscientes, qu'elles ne sont point perçues par ces centres inférieurs eux-mêmes, qui seuls en sont les sujets ! Les sensations et les volitions du simple soldat, incorporé dans les rangs de sa compagnie comme un centre spinal dans la colonne médullaire, sont inconscients aussi pour le moi du capitaine ; s'ensuit-il que l'âme de ce subordonné ne soit pas consciente vis-à-vis d'elle-même ? qu'elle ne soit pas un moi, une âme douée de tous les attributs essentiels qui constituent l'âme du chef ? Poser une telle question serait puéril ; la résoudre négativement serait insensé.

Notre philosophie a depuis longtemps résolu l'apparente contradiction qui éclate ici entre l'expérience physiologique et la raison psychologique ; elle a fourni le mot d'une énigme que le spiritualisme élude en niant un fait d'observation indéniable, et devant laquelle le matérialisme échoue plus tristement encore en sacrifiant la logique, sans scrupule aucun, à ce fait expérimental, fait bien observé sans doute, mais mal compris, mais inintelligemment interprété. Ce mot, dont nos grands physiologistes se riaient naguère, et que maintenant ils se mettent à bégayer à l'envi, il s'écrit ainsi : POLYZOÏSME [1].

.
. .

30. Une des faiblesses de M. Pidoux, c'est de ne pas avoir le courage de sa conversion matérialiste et de s'ingénier à la dissimuler sous un masque de spiritualisme. Il a recours, dans ce but, à mille expédients qui tous consistent à abuser des mots, à altérer et à intervertir la valeur consacrée des dénominations philosophiques et des catégories doctrinales. Quelques citations, qu'il serait aisé de multiplier, vont donner une idée des efforts déployés dans cette tentative.

« Nous restons donc », dit le Rapport, « dans la pure observation ; mais c'est justement ce qui contrarie le spiritualisme abstrait. On est matérialiste à ses yeux quand on croit que le cerveau est l'organe du sens intime, de la pensée, du moi, le centre nerveux générateur des idées et des déterminations volontaires. »

Le spiritualisme a le plus grand tort, sans doute, si, au mépris de l'expérience, il lui plaît de soutenir que l'exercice de l'activité psychique est indépendant des organes ; mais ce tort ne donne pas raison au matérialisme quand, à son tour, celui-ci nous vient affirmer que la matière vésiculaire du cerveau pense, qu'elle engendre la pensée,

---

[1]. Ceci s'écrivait en 1868 ; depuis lors la doctrine du Polyzoïsme a achevé la conquête du monde physiologiqu t médical, et du monde psychologique. En 1892 l'Académie des Scien s couronnait cette doctrine sur ma tête en m'attribuant le prix Lallemand, et dans sa séance du 4 mars 1895 elle lui rendait encore en ma personne un hommage officiel par l'organe de M. Edmond Perrier, professeur de zoologie au Muséum (N. de la 2ᵉ é.).

qu'elle la *sécrète*. La *puissance* qui s'applique au levier pour vaincre la *résistance*, peut-elle donc être appelée le produit ou la fonction de ce levier ? Non ; l'effet du levier, la *fonction* d'un tel *organe*, c'est de permettre à une force d'agir sur une autre force dans un sens déterminé. Pareillement de l'organe cérébral : il est le levier au moyen duquel le moi ou force psychique est modifié par les agents externes et les modifie lui-même à son tour.

Mise en rapport et modification réciproque de ces deux pôles dynamiques par l'intermédiaire du cerveau, c'est en cela que consiste, à cela que se réduit véritablement la fonction de « l'organe de la pensée » ; attribuer au cerveau la génération même, la création, la *sécrétion* de la force pensante, est donc une inexactitude grave, une méprise grossière que M. Pidoux a acceptée de confiance de ses maîtres en matérialisme, mais qu'il aurait su rejeter peut-être s'il avait accordé l'honneur d'une lecture attentive à certaines études sur la théorie de l'Organe et de la Fonction, qui furent respectueusement mises sous ses yeux en leur temps.

⁂

31. Ce philosophe, soi-disant spiritualiste, croit à l'âme, mais il a pour ce mot des définitions diverses et toutes personnelles. L'âme, pour lui, c'est tantôt « la substance psychique », qu'il assimile très explicitement à la substance nerveuse du système cérébro-spinal. Tantôt il la caractérise ainsi : «... Les hémisphères, organes de la sensibilité perçue [sensibilité *perçue* !] du moi et de la volonté [le *moi* opposé à la *volonté* !], l'unité de l'homme, l'âme... l'unité de l'homme, dis-je, ou l'âme, c'est synonyme. »

Et plus loin : « Ce qu'on appelle la simplicité de l'âme n'est que la convergence parfaite des parties très nombreuses et admirablement hiérarchisées de notre système nerveux affectif et de notre système nerveux représentatif individuellement unis. » Ainsi, les différentes parties du système nerveux portent en elles les diverses facultés psychiques matériellement isolées, et du rapprochement de ces parties anatomiques résulte le rapprochement de ces parties psychiques, et cette réunion, c'est l'âme, le moi ! Et c'est ainsi que M. Pidoux réfute l'accusation de matérialisme...

Profitant de l'ambiguïté des expressions pour équivoquer sur les idées les plus distinctes, l'éminent rapporteur confond à plaisir, et *l'unité physiologique de l'organisme* ou ensemble systématique des organes, et *l'unité morale de l'être humain*, c'est-à-dire la centralisation de l'organisme vivant tout entier sous une direction psychique unique, sous la direction d'un moi capital ; et enfin, *l'unité de l'âme*, absolument parlant, ou, en d'autres termes, l'inamissible et immuable identité de toute monade individuelle, son indivisibilité, son indestructibilité. Effaçant toute distinction entre ces trois *unités* précises, il en fait une unité confuse et hybride, une sorte de protée qu'il revêt des formes les plus disparates et les plus bizarres.

« Mais cette unité », dit le Rapport, « ne doit pas être conçue comme sous le règne de l'animisme, où l'âme, substance simple et indivisible, était par conséquent la même sur tous les points du corps, c'est-à-dire où elle n'était, en somme, qu'un être de raison, une manière abstraite de concevoir les choses, etc. »

L'âme, substance simple et indivisible, est, *par conséquent*, sur tous les points du corps... Et être sur tous les points du corps, c'est être un être de raison, une pure abstraction !... Comprenne qui pourra.

32. Le Rapport continue à s'expliquer comme il suit sur l'unité, l'âme, l'esprit, le spiritualisme et le matérialisme : « L'unité », y lit-on, « c'est la vie, c'est l'esprit en toutes choses ; et quand dans un être quelconque on voit l'unité ou l'esprit, sciemment ou à son insu on est spiritualiste. Or c'est cela que le matérialisme ne voit pas. »

Certes, si l'on veut bien admettre ces définitions de pure fantaisie, il est bien clair qu'on n'est plus en droit de dénier le bon renom de spiritualiste à M. Pidoux, et de lui infliger le stigmate de matérialiste. Mais, à ce compte, qui resterait donc en dehors du spiritualisme, et où trouver un seul confesseur du matérialisme ? car je ne sache pas que personne se pique de combattre l'unité de l'organisme, cette unité que notre philosophe rapporteur désigne cette fois très directement en ces termes :

« Notre unité à nous est réelle », assure-t-il, « et, comme telle, elle suppose des parties diverses hiérarchisées ; c'est un organisme, un ensemble d'organes ou de fonctionnaires de plus en plus centralisés. »

Ainsi, l'unité de M. Pidoux, « c'est un organisme, un ensemble d'organes de plus en plus centralisés ». Et comme, d'autre part, tout le monde admet sans hésitation aucune l'existence d'organismes, et d'organismes tels que l'éminent rapporteur les définit, c'est-à-dire comme des ensembles d'organes de plus en plus centralisés, il en résulte que tout le monde admet, que tout le monde « voit » l'*unité* de M. Pidoux. Or, d'après ce même philosophe, « l'unité, c'est l'esprit » ; et « quand dans un être quelconque on voit l'unité ou l'esprit, on est spiritualiste ». Donc nous sommes tous spiritualistes ; donc, à moins d'être fou à lier, nul ne peut plus se dire matérialiste. Et voilà encore comment M. Pidoux réussit à établir sa thèse...

33. Ne poussons pas plus loin cette analyse critique, ce serait sans utilité. M. Pidoux est sorti du spiritualisme avec l'ambition louable de s'élever à une conception plus haute, et il n'a réussi qu'à se précipiter dans le néant de la philosophie. Plaignons ce philosophe sans lui rien retirer de notre respect ; et, forcé de déclarer que son œuvre récente est au-dessous de lui, au-dessous de sa renommée et de son mérite, exprimons un vœu : c'est que le vieil athlète rentre bientôt en lice pour prendre sa revanche ; il est assez jeune d'esprit pour cela.

LES DEUX CELLULES DU CENTRE NERVEUX

ET LEUR RÔLE PSYCHOLOGIQUE.

34. Les dernières découvertes du microscope sur la constitution des organes nerveux primaires [1] semblent devoir créer un sérieux embarras à la psychologie rationnelle ; son principe fondamental, qui paraît posséder l'évidence d'un axiome, le principe de l'indivisible unité de la conscience, serait démenti par de nouveaux faits.

L'opinion que la science avait professée jusqu'ici sur la connexion anatomique et physiologique des fibres sensitives avec leurs complémentaires motrices était entièrement en accord avec les maximes de cette psychologie : un même centre cérébral, une seule et même cellule, était l'origine commune des deux conducteurs opposés, était le point commun où l'excitation sensitive aboutissait et d'où partait la réaction motrice consécutive. On distinguait sans doute ces deux espèces de conducteurs pour marquer que les uns ont pour office de transmettre les impressions extérieures au sensorium, et les autres celui de porter au dehors les impulsions motrices de la volonté ; mais on admettait une communauté de cellules pour les deux espèces de tubes, autrement dit un siège identique pour les deux pouvoirs de l'âme, *sentir* et *vouloir*.

Maintenant on enseigne qu'il y a des *cellules sensitives* aussi bien que des fibres sensitives, et qu'il existe une classe

---

1. Cette étude date de 1867.

de *cellules motrices* à l'instar de la classe des fibres motrices. Or, si cette nouvelle distinction est rigoureusement vraie, elle implique, premièrement, que la sensation et la volition ont chacune leur siège cérébral distinct, et, consécutivement, que le *moi* peut être scindé, et que ses éléments intrinsèques peuvent être séparés par un intervalle matériel et par une cloison.

Au premier abord, il paraît difficile de se soustraire à cette conclusion à laquelle cependant l'intelligence répugne d'une manière invincible ; mais, en y regardant de près, on finit pas s'apercevoir que cette contradiction entre le témoignage de l'intuition et celui de l'observation est purement factice. Elle gît en effet tout entière dans l'ambiguïté d'une expression que les physiologistes, faute d'avoir consulté la psychologie, n'ont jamais bien entendue, et dont, qui plus est, ils n'ont jamais compris la nécessité de se former une idée précise.

En effet, le mot *sensitif* a une valeur bien différente suivant qu'on l'applique à un conducteur nerveux ou au principe percepteur ayant son siège dans un centre nerveux, et c'est cette différence qu'on a méconnue. Dans le premier cas, il désigne simplement l'aptitude d'un organe à transmettre au sensorium les excitations externes ; dans le second, il indique la présence du pouvoir intime, du pouvoir tout subjectif de sentir. Dès lors, opposer une catégorie de *cellules sensitives* à une catégorie de *cellules volitives*, c'est dire que le sentiment réside exclusivement dans les unes, et que la volonté, séparée du sentiment, réside exclusivement dans les autres.

Or tels étant le sens et la portée d'une pareille désignation distinctive, je dis que cette désignation est fausse, c'est-à-dire non conforme à la distinction réelle qu'elle a pour but d'exprimer. Non, il n'y a pas de cellules centrales purement sensitives, il n'y en a pas davantage de purement volitives : toutes sont des points d'afférence et d'efférence, toutes sont siège de sensation et de volition motrice tout à la fois ; il est facile de le démontrer.

Sans doute, s'il faut en croire les dissections microscopiques de M. Jacubowitch et de quelques autres, le tube afférent se termine centralement dans une cellule, et c'est une autre cellule centrale qui sert de point de départ au tube efférent ; mais un détail capital vient compléter cette disposition et l'éclairer : un troisième tube unit entre elles les deux cellules. Or, il est évident que ce tube commissural joue le rôle de tube efférent ou moteur par rapport à la cellule dite *sensitive*, et celui de tube afférent ou sensitif par rapport à la cellule dite *motrice* ; car c'est par lui que les sensations excitées dans la première réagissent sur la seconde pour y déterminer les actes de volition. Chacune des deux cellules est donc à la fois active et passive, réceptive et émissive, c'est-à-dire sensitive et volitive ; mais, également pourvues toutes deux de ces deux modes d'énergie, chacune n'entre en relation avec la périphérie que par un seul : l'une, par la sensibilité, c'est ce qui l'a fait appeler *sensitive* ; l'autre, par la volonté ou motricité, c'est ce qui l'a fait appeler *motrice*.

La figure schématique suivante complétera ma démonstration.

En résumé, la différence naturelle qui a fait distinguer les cellules centrales du système nerveux de la vie animale en cellules de la sensibilité et cellules de la volonté, est une différence tout extrinsèque, portant, non pas sur la nature des propriétés psychiques de ces centres nerveux divers, mais sur les connexions physiologiques qu'ils ont avec le monde extérieur par ces propriétés.

LES DEUX CELLULES DU CENTRE NERVEUX 77

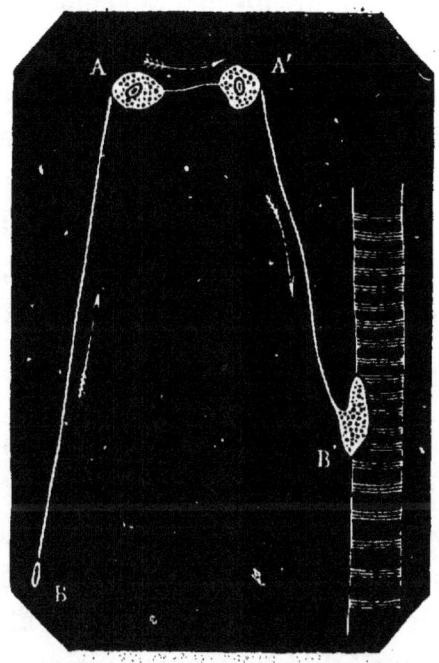

Fig. 1. (¹)

(1) A, cellule « sensitive » ; A', cellule « motrice » ; B. organe périphérique de sensation ; B', organe périphérique de volition motrice (muscle) ; AB, tube afférent ou sensitif ; AA', tube commissural, à action centrifuge ou motrice par rapport à la cellule A, et à action centripète ou sensitive par rapport à la cellule A'. Les flèches indiquent le sens de propagation de l'action nerveuse.

35. La note qui précède ayant été lue à la Société médico-psychologique (séance du 25 nov. 1867), un membre, M. le docteur J. Fournet, en fit la critique dans une improvisation très remarquable dont je crois devoir reproduire ici les principaux passages :

« ... La découverte microscopique de deux cellules cérébrales primitives, l'une sensitive, l'autre volitive, semble compromettre sérieusement, nous dit M. Durand, le principe fondamental de la *physiologie psychologique*, c'est-à-dire l'indivisible unité de la conscience humaine, reçu jusqu'ici comme axiome.

» Un même centre cérébral, une seule et même cellule, ajoute M. Durand, autorisait l'unité psychologique, l'indivisibilité du *moi*, du moi conscient et du moi voulant.

» Mais, du moment que ces deux pouvoirs de l'âme ont leur siège séparé dans deux cellules distinctes, « les éléments intrinsèques du moi se trouvent séparés par un intervalle matériel ».

» Préoccupé de « l'embarras sérieux » que peut causer cet antagonisme au moins apparent de l'anatomie et de la psychologie, M. Durand cherche à le faire cesser, et il en a trouvé deux moyens : le premier, dans une différence radicale et méconnue, dit-il, entre le caractère sensitif des nerfs et le caractère sensitif des cellules centrales : les nerfs n'ont qu'une sensibilité tout objective ou de communication avec le monde extérieur ; les cellules centrales ont seules la sensibilité subjective qui résulte de la présence du *pouvoir intime psychique*. En d'autres termes, les cellules centrales sont siège des *propriétés psychiques*. C'est l'expression de notre futur collègue : les fibres nerveuses sont siège de propriétés et de connexions physiologiques.

» Le second moyen qu'a M. Durand de faire cesser l'antagonisme de l'anatomie et de la psychologie, et de sauver le grand principe de l'unité du *moi* de la dualité psychique dont le menace la dualité anatomique des cellules sensitives et volitives, ce second moyen consiste dans une fibre intermédiaire et commune aux deux cellules, fibre que l'anatomie microscopique aurait aussi découverte.

» C'est cette fibre commissurale qui rétablirait l'unité compromise de l'âme humaine.

» Voilà, messieurs, en citations textuelles, mais abrégées, la note de M. Durand.

» Elle vous présente deux doctrines également dangereuses : la première est la doctrine anatomique des deux cellules cérébrales, l'une sensitive, l'autre volitive, c'est-à-dire l'une sentant et comprenant, l'autre voulant : cette doctrine croit détruire la psychologie et son grand principe de l'unité de l'âme, c'est-à-dire du moi. La seconde, c'est la doctrine de M. Durand qui croit sauver la psychologie et son principe en reléguant la physiologie dans les nerfs, en établissant la psychologie dans le système de deux cellules, et son trône, son centre, le siège de l'unité de l'âme, dans la fibre commissurale qui unit les deux cellules.

» Remarquons d'abord, messieurs, que ces deux doctrines, l'une qui prétend anéantir, l'autre qui prétend sauver la psychologie, sont tout aussi organiciennes et exclusivement organiciennes l'une que l'autre, par conséquent tout aussi destructives de la vraie psychologie.

» Avec cette différence que la première absorbe résolument l'âme et sa vie dans l'anatomie et la physiologie, tandis que l'autre, indécise entre ces deux courants d'opinions contraires, en lutte aujourd'hui, croit les concilier en réunissant leurs noms dans ces expressions que j'ai soulignées: « physiologie psychologique »,« *propriétés psychiques* des cellules cérébrales », et croit les réunir et les faire couler dans le même lit en leur donnant pour siège commun la substance nerveuse : à la physiologie, la substance nerveuse des nerfs ; à la psychologie, la substance nerveuse des cellules cérébrales et de leur commissure.

» Il me semble que M. Durand, en voulant sauver la psychologie de Charybde et Scylla, c'est-à-dire des deux cellules de l'anatomie moderne, n'a réussi qu'à la faire sombrer entre Charybde et Scylla, sur cet écueil qu'il appelle la commissure des deux cellules. La psychologie de M. Durand, comme celle que je soumettais dernièrement sous vos yeux à une analyse précise [1], n'est que de la physiologie.

» Pour moi, messieurs, je ne suis ni inquiet, ni embarrassé, pour la vraie psychologie, des découvertes, quelles qu'elles soient, de l'anatomie, par exemple, de ses deux cellules cérébrales.

» Ces deux cellules avec leur commissure, je les suppose vraies, quoiqu'elles ne soient encore rien moins que démontrées. Ce ne sont là, dans tous les cas, que les organes de cet être supérieur à l'organisme, à l'organisme cérébral comme à l'organisme général, dont j'ai eu l'honneur plusieurs fois de démontrer devant vous l'existence substantielle, sous le nom d'*être psychique* [2]. Je vous ai fait voir que cet être n'a rien de chimérique, comme on le prétend de nos jours, et qu'il peut être objet de science, et de science naturelle, et non surnaturelle, tout aussi bien que l'être organique ; car je vous l'ai montré puisant dans la nature des choses les éléments de sa formation, naissant d'une véritable génération qu'on appelle *éducation*, se nourrissant comme l'être organique sous le nom d'instruction ; ayant aussi ses progrès, son apogée sous le nom de virilité morale, et même ses décadences facultatives, et la fin de son empire dans l'aliénation.

» L'unité, l'indivisibilité de cet être que chacun appelle son *moi*, son âme, a sa raison d'être dans la *substance* que nous appelons *esprit*, par opposition à la *matière*. Son indivisibilité ne saurait jamais consister dans la matière, dans aucune des matières du corps, toutes essentiellement divisibles.

---

1. « Voyez le numéro de septembre 1867 des *Annales médico-psychologiques*. »

2. « Voyez les numéros de mai 1863, juillet 1864 et septembre 1867 des *Annales médico-psychologiques*. »

» Que cet être indivisible et un par excellence ait dans le cerveau, siège plus immédiat de son empire, une unité anatomique correspondante à son unité psychique, comme le souverain de l'État a son trône dans la capitale, je le veux bien ; mais ce n'est pas une raison de confondre le trône avec la personne du souverain, et d'absorber cette personne et sa majesté dans le fauteuil où il siège, dans les qualités ou les défauts de ses serviteurs, comme on le fait sous les expressions de : *cellules psychiques* ou volitives, de *physiologie psychologique*, et de *propriétés psychiques*.

» Quant à cette dualité du système nerveux en fibres et cellules dites sensitives, et en fibres et cellules dites volitives, je vous l'ai présentée sous son vrai jour, dans le discours de septembre 1867, sous l'aspect de deux serviteurs que j'ai appelés : l'un, système de l'information, l'autre, système des expressions : le premier, chargé d'informer le maître psychique de ce qui se passe dans notre monde extérieur et dans notre corps lui-même, c'est-à-dire de fournir à l'âme les éléments de ses jugements ; le second, chargé d'exprimer les volontés et d'exécuter les jugements du maître. Ce sont là les deux systèmes fondamentaux de tout organisme, même de l'organisme industriel, l'un afférent, qui présente les matériaux au patron, l'autre efférent, qui répand les produits de l'atelier. Ce sont, dans l'État, les ministres du législatif et de l'exécutif, parfaitement distincts de la personne du souverain... »

36. Les objections de mon très habile et bien sympathique contradicteur ont pour unique fondement une méprise sur le sens de la doctrine qu'il a cru réfuter, méprise qui peut s'expliquer du reste par le laconisme de ma note. M. Fournet a entendu que je composais une seule

unité des deux centres psychiques représentés anatomiquement par les cellules « sensitive » et « volitive », et que je plaçais le siège de cette unité dans le tube commissural.

Je n'ai dit, et surtout je n'ai entendu dire, rien de pareil : pour moi, chaque cellule nerveuse est le siège d'une unité psychique entière et distincte réunissant essentiellement les deux attributs de sensitivité et de volonté ; car, à mes yeux, l'*unité physiologique* d'ensemble que nous nommons l'*organisme* embrasse une multitude d'*unités psychiques* élémentaires, une multitude de *moi*, correspondant à ses innombrables centres nerveux. Sans doute, le docteur Fournet est loin d'admettre ce principe, que je soutiens sous le nom de *polyzoïsme*, mais il eût été plus à propos de combattre cette doctrine que de me prêter des opinions dont elle est la négation formelle.

C'est encore bien à tort que M. Fournet me reproche d'identifier le *centre psychique* avec le *centre nerveux* : que de pages n'ai-je pas écrites pour dénoncer l'énormité d'une telle confusion! sans toutefois professer, avec mon distingué contradicteur, la *séparabilité actuelle* de l'esprit et de la matière, ce que je regarde comme une autre erreur capitale.

UNE ERREUR SPIRITUALISTE

M. GUIZOT ET M. VACHEROT.

37. Le spiritualisme se donne un tort bien gratuit vis-à-vis du matérialisme, et surtout vis-à-vis de lui-même, en excluant de l'âme les facultés et les désirs qui appartiennent à la sensation. Cette erreur a été déjà combattue par moi [1], mais je la retrouve si franchement accusée et si fortement accentuée dans le récent ouvrage d'un écrivain célèbre, que je ne puis m'empêcher de prendre texte de cet acte pour renouveler ma protestation. Voici donc sur quelles ruineuses bases M. Guizot établit la distinction essentielle de l'âme et du corps.

« Le corps est étranger », dit-il, « à toute idée de moralité ; il est livré à la pente de ses besoins et de ses désirs ; il n'aspire et ne tend qu'à les satisfaire. L'âme a des besoins et des désirs tout autres et souvent contraires à ceux du corps ; et si elle cède souvent aux tendances du corps, bien souvent aussi, dans les vies les plus obscures comme dans les plus éclatantes, elle leur résiste et les surmonte. Quand le corps domine en lui, l'être humain penche vers le matérialisme ; quand il écoute les aspirations de l'âme, c'est vers le spiritualisme qu'il s'élève [2]. »

Que d'erreurs majeures à relever dans ce peu de lignes ! Commençons par la plus grave. « Le corps est étranger à

---

[1]. Dans mes *Essais de Physiologie Philosophique*, p. 518 et suivantes.
[2]. *Méditations sur l'état actuel de la religion chrétienne*, par M. Guizot, p. 324.

toute idée de *moralité*. » Cette dénégation restrictive n'implique-t-elle pas que, dans la pensée de l'auteur, le corps est susceptible de certaines idées? Mais un tel aveu donnerait gain de cause aux prétentions les plus outrées du matérialisme. Un corps susceptible de concevoir certaines idées, un corps capable de penser! Se peut-il qu'un spiritualiste aussi éclairé que l'est M. Guizot ait bien entendu faire à ses adversaires une concession pareille, qui équivaut, ni plus ni moins, à les laisser maîtres du champ de bataille? Oui, certes, car l'illustre écrivain ajoute immédiatement : « Il (le corps) est livré à la pente de ses besoins et de ses désirs ; il n'aspire et ne tend qu'à les satisfaire. »

Ainsi, l'âme a ses désirs, mais le corps aussi a ses désirs. Le corps est donc un sujet pensant : en quoi dès lors se distingue-t-il de l'âme? Il n'en diffère que par l'infériorité de ses « *tendances* », de ses « *aspirations* ».

* *

38. Assez! le matérialisme ne vous en demande pas davantage. Dès ce moment, vous lui appartenez, car si le corps est le générateur essentiel et suffisant de certains *désirs*, de certaines *pensées*, de certaines *idées*, c'est sans le moindre fondement et sans aucune apparence de raison qu'on irait imaginer une chose essentiellement et absolument distincte de ce corps afin d'expliquer la génération de *certains* autres désirs, de *certaines* autres tendances, de *certaines* autres idées, qui se produisent néanmoins en lui, tout comme les premiers, et sont, aussi bien qu'eux, sous sa dépendance.

M. Guizot croirait-il pouvoir contredire à cette dernière assertion, à savoir que toutes nos idées, que tous nos désirs, tous les états de l'âme, sont sous l'influence du corps? Il est loisible à chacun de nier ce fait comme il est loisible de nier que la terre tourne ; mais ce fait n'en est pas moins une vérité scientifique des mieux établies. Consultez les aliénistes, les médecins en général, les physiologistes, ou mieux regardez vous-même avec vos yeux d'homme, après avoir quitté vos lunettes de philosophe doctrinaire, et vous apprendrez à n'en plus douter que l'état de nos désirs moraux, comme l'état de nos désirs sensuels, que le *degré* et la *forme* de notre *moralité*, comme le degré et la forme de notre *sensualité*, sont étroitement liés à l'état de notre cerveau et à l'état de nos entrailles. Est-ce que par hasard vous n'auriez jamais pris garde qu'une excitation purement physique et locale de nos organes génitaux a un retentissement sur notre âme, où il répand le trouble de l'émotion voluptueuse ? N'auriez-vous donc jamais vérifié cette remarque de Rabelais que, pour le succès d'une démarche auprès d'un ministre, il est de la plus grande importance de n'aborder l'homme d'État qu'à un certain moment de sa digestion ? Oui, il suffit quelquefois qu'un état d'inflammation ou de congestion se produise sur un point du cerveau ou des autres viscères pour que le plus parfait honnête homme devienne un cleptomane (qui a la monomanie du vol), pour que le plus chaste tombe dans un libertinage effréné, pour que le plus modeste et le plus timide arrive à l'arrogance la plus insolente, etc., etc. Ce sont là des vérités d'observation, vérités tristes, si vous voulez, mais non moins certaines, et dont nos asiles nous offrent des preuves vivantes par milliers.

Reprenons le fil de la discussion.

* *
*

39. Si l'on accorde à la matière de nos organes la propriété de ressentir certains désirs et de concevoir certaines idées, c'est l'attribut essentiel et caractéristique de l'âme

qu'on lui concède, c'est-à-dire la subjectivité, le *moi*, la conscience ; et dès lors l'âme, en tant qu'essence distincte du corps, n'est plus qu'une hypothèse oiseuse, une superfétation, une pure fantaisie.

L'incompatibilité géométrique des propriétés subjectives, c'est-à-dire du *moi*, du *sensorium commune*, du *consensus unus*, de la conscience, avec l'étendue objective, autrement dit avec la matière, tel est le terrain solide sur lequel le spiritualisme fermement campé est inexpugnable, mais hors duquel il ne saurait un seul instant tenir debout. Cette position, que les méditations des métaphysiciens géomètres avaient conquise au spiritualisme, il l'abandonne aujourd'hui et se perd dans les dédales de la contradiction et de l'absurde en s'avisant de retrancher du domaine de l'âme la sensation et les désirs sensuels.

Le *consensus* et la conscience ne peuvent avoir lieu qu'en un point, un point identique et inétendu. C'est là une vérité qui doit sauter aux yeux de tout psychologue géomètre, c'est un axiome mathématique que Descartes et Leibniz ont cru nécessaire de démontrer pour venir en aide à nos infirmes intelligences.

« On est obligé d'ailleurs », dit Leibniz, « de confesser que la perception et ce qui en dépend est inexplicable par des raisons mécaniques, c'est-à-dire par les figures et par les mouvements. Et feignant qu'il y ait une machine dont la structure fasse penser, sentir, avoir perception, on pourra la concevoir agrandie en conservant les mêmes proportions, en sorte qu'on y puisse entrer comme dans un moulin. Et, cela posé, on ne trouvera en la visitant en dedans que des pièces qui poussent les unes les autres, et jamais de quoi expliquer une perception. Ainsi, c'est dans la substance simple et non dans le composé, ou dans la machine, qu'il la faut chercher. Aussi n'y a-t-il que cela qu'on puisse trouver dans la substance simple, c'est-à-dire des perceptions et leurs changements. C'est en cela aussi que peuvent consister les *actions internes* des substances simples. » (Leibnitii *Opera philos.*, Berolini, 1840, p. 706-707.)

Or qui dit *sensation*, dit *perception, sentiment, conscience, moi*. L'âme est donc attestée par la sensation aussi invinciblement que par l'émotion morale la plus sublime, et attribuer à la matière la faculté de sentir, c'est par conséquent une double faute : c'est ériger en fait l'impossible, l'absurde, et c'est sacrifier l'argument sur lequel repose tout entière la preuve de l'indestructibilité de l'âme, la preuve de l'existence en soi et par soi et de l'impérissabilité absolue de la force à qui appartiennent l'intelligence, la volonté et les aspirations de l'être moral.

Le dualisme ontologique de l'âme et du corps, je le répète, s'établit par des considérations de haute géométrie, et aucun autre genre de démonstration rigoureuse ne lui est, ce me semble, applicable. Or, par une rencontre bizarre, par une sorte de contact d'extrêmes, il se trouve que la physiologie matérialiste et les psychologues spiritualistes de l'école présente semblent s'acharner de concert à faire disparaître la véritable preuve de la distinction essentielle de l'âme et du corps sous les épaisses ténèbres de deux erreurs. Les uns soutiennent que certaines sensations sont inconscientes, ce sont des matérialistes ; les autres vont encore plus loin : ils excluent du *moi*, de l'âme, la sensation, d'une manière absolue ; ce sont des spiritualistes !

40. M. Vacherot, cité par M. Guizot, a essayé aussi de combattre le matérialisme par les mêmes armes, armes meurtrières sans doute, mais seulement pour ceux qui les

manient. « Rien ne prouve », déclare M. Vacherot, « que l'hypothèse du matérialisme soit vraie ; au contraire, des faits positifs en démontrent la fausseté. »

Voici ces *faits positifs* : « Si l'âme », poursuit l'auteur, « n'est qu'une résultante du jeu des organes, comment a-t-elle le pouvoir de résister aux impressions, aux appétits du corps, d'en diriger, d'en concentrer, d'en gouverner les facultés? Si la volonté n'est que l'instinct transformé, comment expliquer son empire sur l'instinct ? Ce fait est un argument irrésistible ; c'est l'écueil où s'est brisé, où se brisera toujours le matérialisme... » (*La Métaphysique et la Science*, par M. Vacherot, t. I, p. 174.)

Impressions du corps, appétits du corps, facultés du corps, ce sont là des expressions, je suis forcé de le répéter, qui n'ont aucun sens dans le langage de la science rigoureuse ; nous sommes donc réduits à conjecturer ce que l'auteur a bien pu vouloir dire.

Qu'est-ce donc que ces impressions et appétits du corps auxquels l'âme aurait le pouvoir de résister? Notre philosophe ne peut avoir entendu par là que les impressions et les désirs des sens. Que sont ensuite ces facultés du corps que l'âme encore aurait le pouvoir de diriger, de concentrer, de gouverner? Je ne saurais le dire, et l'auteur, je l'en soupçonne véhémentement, serait à cet égard tout aussi embarrassé qu'un autre ; mais il est à présumer qu'il a eu vaguement en vue de désigner le mouvement organique. Eh bien, j'ai le regret d'avoir à dire à l'honorable et savant M. Vacherot ce que j'ai pris déjà la liberté de faire entendre à M. Guizot : c'est que les sens n'agissent pas moins irrésistiblement sur les facultés morales que celles-ci n'agissent elles-mêmes sur les désirs sensuels, et que l'empire de la vie végétative sur l'état mental est encore plus entier et plus absolu que celui de l'état mental sur l'état des organes. Seuls aujourd'hui nos philosophes ignorent ces vérités devenues banales partout ailleurs.

L'auteur de *La Métaphysique et la Science* argue de ce que les facultés morales exercent une action sur les facultés sensuelles, pour faire des premières l'attribut exclusif d'une âme à laquelle les secondes seraient étrangères. Or, en outre que les facultés sensorielles ont manifestement la propriété de modifier les facultés morales autant pour le moins que celles-ci ont en leur pouvoir de modifier celles-là, n'est-il pas d'observation constante que les diverses facultés morales se modifient aussi les unes les autres ? A ce compte, on devrait donc, pour être conséquent avec la règle posée par notre auteur, attribuer seulement à l'âme celle de ses facultés morales qui se trouve avoir actuellement le dessus, et reléguer toutes les autres dans le corps...

*
* *

41. MM. Jacques, Saisset et Jules Simon, dans leur *Manuel de Philosophie*, posent gravement la question de savoir si le médecin a qualité pour faire de la psychologie ; à mon tour, je me suis attaché à faire voir dans ce peu de lignes de quelle impuissance se trouvent frappés les psychologues qui dédaignent la lumière des sciences naturelles.

L'ONTOLOGIE DE M. H. TAINE

42. Toute la sève philosophique de l'esprit humain semble s'être épuisée jusqu'à ce jour à nourrir l'interminable querelle du spiritualisme et du matérialisme. Si, comme devrait le faire présumer tout d'abord la conviction vivace et indomptable dont on a fait preuve de part et d'autre, les deux écoles ont tout à la fois raison et tort, et ne sont séparées en réalité que par l'épaisseur d'un malentendu, il est de la plus haute importance, on le conçoit, de faire disparaître ce malentendu. Plusieurs penseurs de notre temps ont essayé d'atteindre ce résultat, et quelques-uns s'applaudissent tout haut d'y avoir réussi. De ce nombre est M. H. Taine.

Après avoir examiné attentivement les essais ontologiques de cet ingénieux écrivain, j'ai reconnu, non sans regret, que je ne pouvais partager sa confiance ; je vais indiquer brièvement les principales objections que j'ai à lui faire. M. Taine, qui avait déjà exposé ailleurs sa manière de voir sur le point qui nous occupe, l'a formulée de nouveau récemment, mais avec une variante, dans une lettre imprimée dans l'*Annuaire philosophique* du mois de janvier 1867. C'est sur ce texte que je vais appuyer mes observations.

L'auteur de la lettre débute par la déclaration suivante : « A mes yeux (pardonnez-moi ce paradoxe) », dit-il, « les matérialistes et les spiritualistes sont frères, du moins en métaphysique, et je ne suis ici ni avec les uns ni avec les autres. »

Oui, sans doute, le matérialisme et le spiritualisme sont frères, si l'on entend par là qu'ils sont nés l'un et l'autre d'une même curiosité, d'un même besoin de l'intelligence, du besoin de ramener à un fait fondamental et constant l'ensemble des causes diverses auxquelles nous rapportons les divers phénomènes observés. Mais si c'est parce que telle est leur commune origine que M. Taine décline tout rapport avec ces deux doctrines, ce n'est pas seulement des spiritualistes et des matérialistes qu'il se sépare, c'est aussi la philosophie chimique et physique qu'il répudie sans s'en douter, tout en se déclarant son adepte. La grande préoccupation du moment parmi les physiciens et les chimistes qui sont à la tête du mouvement scientifique, c'est en effet d'arriver à une détermination rationnelle de la constitution absolue de ce qu'on appelle la matière. M. Taine lui-même, constatant ce fait avec une juste satisfaction, nous apprend que M. Berthelot, « dans un mémoire récent, présentait une théorie de la matière, toute mathématique, qui part du même point de vue ».

Notre philosophe se rallie à cette théorie purement mathématique de la matière ; nous examinerons tout à l'heure si une telle adhésion peut se concilier avec les motifs qu'il met en avant pour rejeter en bloc matérialisme et spiritualisme. Arrêtons-nous d'abord sur le dernier membre de la phrase qui vient d'être citée: Qu'est-ce donc que « ce même point de vue » d'où l'on prétend que la conception de M. Berthelot et les conceptions analogues seraient parties? Il s'agit d'une vue métaphysique conçue par M. Taine et exposée dans ses *Philosophes du XIX⁰ siècle* ; il la reproduit ainsi dans sa lettre : « Les seules choses réelles », écrit-il, « sont les faits ou événements, et les lois dont ils dérivent ; ces lois elles-mêmes sont des relations entre les abstraits ou universaux, etc. »

Comment ! les lois sont des choses réelles, les lois qui sont des *relations* entre les *abstraits* ou universaux ! Si les rapports entre abstraits sont des réalités, les abstraits *a fortiori* sont des réalités aussi, ce qui constitue une contradiction tellement flagrante qu'elle ne peut échapper à personne. Mais non, M. Taine ne s'est pas relu ; il n'est pas possible qu'il ait voulu ressusciter Duns Scot et saint Thomas et renchérir encore sur l'antinominalisme de ces maîtres, qui réalisèrent bien les universaux, à la vérité, mais qui, en les réalisant, cessaient du moins de les considérer comme de simples rapports, et ne s'oublièrent jamais, du moins je le présume, au point d'attribuer à l'*abstrait* la qualité contraire, celle de *concret* !

Mais, en supposant même que l'éminent professeur de l'École des Beaux-Arts, jusqu'ici considéré dans le monde comme le champion du fait positif et sensible, et comme adversaire déclaré de l'idéal, fût en définitive un partisan outré de l'idéalisme de Platon et du réalisme scolastique (deux choses qui n'en font qu'une, n'en déplaise aux esthéticiens, qui ont introduit la coutume d'opposer *réalisme* à *idéalisme*, en dénaturant l'acception philosophique et traditionnelle de ces deux termes), il lui resterait encore à nous expliquer comment son système réalisateur des lois, des rapports et des abstractions, a pu fournir un point de départ et un point d'appui à la théorie « toute mathématique » de la matière, et comment ce même système peut être le renversement du matérialisme et du spiritualisme réunis...

Voici, du reste, en termes précis, ce que M. Taine incrimine dans ces deux doctrines ; il s'exprime ainsi : « Les spiritualistes », dit-il, « admettent en dernière analyse, pour l'explication définitive des phénomènes, des *monades* ou atomes inétendus, substances indestructibles, douées de propriétés internes et primitives. Les matérialistes font la même chose, avec la seule différence que leurs atomes sont étendus. Les uns et les autres supposent de petits êtres irréductibles dont l'arrangement et les influences expliquent tous les événements observables. A mon sens, c'est là une hypothèse inutile, gratuite, qu'on peut employer pour la commodité du langage, mais qui n'a pas de valeur en soi. »

D'abord, l'auteur se trompe en fait en caractérisant ainsi l'ontologie spiritualiste ; le caractère indiqué par lui comme l'attribut essentiel et distinctif du spiritualisme en général n'appartient qu'au *monadisme* seul, c'est-à-dire à une forme spéciale du spiritualisme, si tant est que l'hypothèse des monades doive être classée dans cette catégorie doctrinale. L'auteur des *Philosophes français du XIXe siècle* définissait plus exactement cette philosophie quand il écrivait dans son livre : « Les spiritualistes considèrent les causes ou forces comme des êtres distincts, autres que les corps et les qualités sensibles, semblables à la force intérieure que nous appelons en nous volonté, tellement qu'en dessous du monde étendu, palpable et visible, il y a un monde invisible, intangible, incorporel, qui produit l'autre et le soutient [1]. »

M. Taine ne me paraît pas plus rigoureux dans sa différenciation du matérialisme : il semble le confondre avec l'*atomisme*. Cependant bien peu élèvent leurs pensées jusqu'à cette dernière conception dans la multitude qui aujourd'hui se pare du titre de matérialiste ; et d'un autre côté je ne sache pas que cette minorité intelligente des matérialistes professe l'opinion absurde de la divisibilité

---

1. *Les Philosophes français du XIXe siècle*, par H. Taine, 2e édition, p. 4.

limitée de l'étendue, de son indivisibilité à partir d'un certain degré déterminé de la division.

Mais si notre auteur est mal fondé à confondre respectivement le spiritualisme et le matérialisme avec le monadisme et une sorte d'atomisme grossier, est-il du moins dans son droit, est-il dans la logique, en rejetant dédaigneusement comme « inutile et gratuite et sans aucune valeur en soi » l'hypothèse de ces « petits êtres irréductibles dont l'arrangement et les influences mutuelles expliquent tous les événements observables », pour de là aller porter son suffrage, son approbation entière, à cette autre hypothèse qu'il nous fait connaître dans les termes suivants? Il s'exprime ainsi :

« Plusieurs physiciens du premier ordre admettent aujourd'hui que les molécules matérielles ne sont que des centres géométriques d'attractions ou de répulsions croissantes ou décroissantes, d'après une certaine loi, suivant la distance ; et M. Berthelot, dans un mémoire récent, présentait une théorie de la matière toute mathématique et tout abstraite, etc. »

Pour Dieu, Monsieur, faites-nous donc apercevoir la différence et l'opposition que vous avez découvertes entre les *parties irréductibles* ou infiniment petites des monadistes et atomistes, desquelles *l'arrangement et les influences mutuelles expliquent tous les phénomènes,* — et vos *molécules matérielles* qui ne sont, dites-vous, que *des centres géométriques d'attractions et de répulsions* ? Auriez-vous oublié que *partie irréductible, partie indivisible, partie infiniment petite, point mathématique, centre géométrique,* ne sont pas autant de différentes choses, autant d'idées distinctes, mais n'en sont qu'une seule et même sous ces dénominations diverses ?

43. Quelques simples rapprochements auront suffi, je l'espère, pour faire voir que M. Taine s'abuse quand il se flatte d'avoir réduit l'antinomie ontologique du matérialisme et du spiritualisme ; que même il n'a que très imparfaitement saisi le véritable sens de cette antithèse, et qu'en définitive, au lieu de jeter une lumière sur cette obscure discussion, il y a introduit de nouveaux éléments de trouble. Un peu moins sûr de sa propre pensée, un peu moins inattentif à celle d'autrui, cet esprit éminemment distingué eût échappé sans peine à de tels écueils.

LA PSYCHOLOGIE DE FOURIER

DEUX LETTRES AU DOCTEUR BARRIER
SUR SES *Principes de Sociologie* [1].

I

Cher Docteur,

44. Je me rends de grand cœur à l'invitation contenue dans l'épigraphe de votre livre, et je crie avec vous : *laboremus* ! Oui, ami, travaillons à l'œuvre de la science sociale, car il n'est pas au monde d'œuvre plus importante, plus urgente et capable de rémunérer plus largement l'ouvrier de bonne volonté qui trouve son salaire dans la satisfaction d'être utile. Mais à chacun une tâche suivant ses forces. A vous donc d'exposer magistralement en deux beaux volumes les données de ce problème imposant et les efforts que le génie a faits pour le résoudre ; à moi de vous présenter à mon tour, si vous le permettez, quelques simples observations suggérées par la lecture de ces pages.

La critique est aisée....

Elle le serait encore trop peu pour moi si je ne me souvenais de cette autre sentence : *Ne sutor ultra crepidam* ! Aussi, de toutes les questions que vous avez agitées dans vos *Principes de Sociologie*, je vais toucher à celles-là seulement

---

[1]. *Principes de Sociologie*, par F. Barrier, D.M.P., ancien chirurgien en chef de l'Hôtel-Dieu de Lyon, ancien professeur de chirurgie à l'École de Médecine de la même ville ; président de la Société protectrice de l'Enfance de Paris, etc. 2 volumes in-8, Paris, 1867.

sur lesquelles des études spéciales ont pu me donner une certaine compétence relative.

Laissez-moi commencer par vous dire ce qui à mes yeux constitue le mérite capital de votre publication : cette publication fait entrer la doctrine sociétaire dans son développement scientifique ; elle lui donne ainsi une vie nouvelle, une vie de lumière et de fécondité. Non, quoi que nos amis en puissent penser, la conception de Fourier n'est pas une science sortie toute faite de son cerveau, comme Minerve du front de Jupiter, dans laquelle il n'y aurait rien à ajouter, rien à retrancher, rien à corriger, et à laquelle il ne manquerait plus que l'application. En réalité, il n'y a là que le germe de cette science magnifique dont nous croyons être les dépositaires privilégiés. Ce germe, il faut le cultiver, le développer, le faire fructifier ; l'École phalanstérienne s'était bornée jusqu'ici à le conserver. Permettez-moi une parabole.

Je comparerai donc notre École à un fermier qui, la moisson venue, n'a qu'un soin et une pensée : lier ses gerbes, les rassembler et les mettre à l'abri. Jusque-là il a sagement fait, sans doute ; mais que penser de lui si, tout à la satisfaction d'admirer les belles et riches meules qu'il vient de construire, il se promettait de conserver à jamais son ouvrage intact ? — Il agira tout autrement, et, le moment venu, il démolira sans scrupule et sans regret ce qu'il avait mis tant de soins et de peine à édifier ; il séparera ce qu'il avait uni, il dispersera tout ce qu'il avait amassé. Il fera plus encore : son blé si précieux sera jeté et foulé sous les pieds des animaux ou sous les cylindres d'une machine, et ce sera là une destruction féconde ! car ce n'est pas avant d'avoir été arraché violemment de ses enveloppes, séparé de sa paille et purgé de toutes ses impuretés, que le grain pourra servir d'aliment aux hommes et de semence pour une récolte à venir.

Héritière d'une moisson sans pareille, que l'école de Fourier agisse de même; au lieu d'entourer les enseignements du maître d'un respect aveugle qui les stérilise, à elle d'exposer sous le fléau de la discussion et de la critique cette doctrine abondante, pour en faire jaillir les vérités latentes qu'elle recèle. Telle est aujourd'hui la tâche de cette École; cette tâche, vous l'avez comprise et vous y avez mis le premier la main. Honneur à vous pour cette initiative; vous avez bien mérité de la sociologie et du grand sociologue.

*
* *

45. Déterminer les facultés et les besoins essentiels de la nature humaine et, cette connaissance acquise, en déduire la conception d'un ordre social adéquat, tel est le point de départ de la doctrine de Fourier; rien, on peut le dire, n'est plus largement philosophique et plus solidement scientifique qu'une telle base. Restait maintenant à juger la construction doctrinale élevée sur cette première assise.

Nous rendons-nous bien compte de l'immensité du problème que ce génie a eu la puissance d'embrasser et de formuler et l'audace de vouloir résoudre? La tâche qu'il s'est donnée est à peu près celle-ci :

Premièrement, créer la véritable psychologie, c'est-à-dire accomplir ce qui avait défié tous les efforts des philosophes; *deuxièmement*, acquérir l'exacte notion des rapports d'adaptation mutuelle que les éléments psychiques ont entre eux et calculer ensuite sur cette donnée le mécanisme social constituant l'agencement harmonieux de ces divers rouages; *troisièmement*, déterminer les conditions matérielles (physiques, physiologiques, économiques, etc., etc.) du milieu social à créer; *quatrièmement*, contrôler les déterminations psychologiques de cette société idéale au moyen d'une analyse raisonnée des phénomènes sociologiques offerts par les diverses sociétés d'origine spontanée, et au moyen de la loi historique qui régit l'évolution de ces sociétés.

Fourier aurait pu s'en tenir à ce programme, déjà si effrayant ; mais son esprit qui, quant à la hauteur et à l'universalité du point de vue, est frère d'Aristote et de Leibniz, avait aussi cette profondeur qui plonge au fond de l'abîme métaphysique : un tel esprit n'eût point été satisfait s'il n'eût donné à ses créations psychologiques et sociologiques la sanction de la science de l'ordre universel, la sanction de l'absolu. Son imagination embrassa dès lors le cycle entier de la science et de la philosophie et s'efforça d'arriver à tous les confins du monde de la pensée.

Concevoir une entreprise pareille suffit assurément pour attester une supériorité intellectuelle des plus rares, mais pour mener à terme cette tâche, qui en définitive n'est autre chose que la consommation de toutes les sciences spéciales et leur couronnement unitaire par la science universelle qu'elles doivent toutes concourir à constituer, n'est-il pas évident que l'intelligence d'un seul homme, si grand fût-il, était insuffisante ? N'est-il pas manifeste *a priori* que Fourier n'a pu venir à bout d'une œuvre semblable, et n'est-il pas bien surprenant qu'un doute à cet égard se rencontre chez d'excellents esprits ? « Moi, j'ai tout trouvé », répondait un jour Fourier à Geoffroy Saint-Hilaire, qui revendiquait pour lui-même une part dans la découverte du principe de l'unité et de l'analogie universelles. Injuste et exorbitante en elle-même, cette prétention est pardonnable dans la bouche de Fourier ; je dirais presque qu'elle est touchante, dans son exagération même, comme un cri de révolte s'exhalant de l'âme ulcérée d'un grand inventeur qui ne rencontre que l'inepte ironie, qu'on abreuve d'outrages, et dont sa foi est la seule consolation et le seul appui. Mais, rééditée et érigée en dogme par les disciples, cette parole ne servirait qu'à les couvrir d'un ridicule mérité et à éterniser les préventions des esprits critiques à l'égard du maître.

Procédant par *écart absolu*, c'est-à-dire en tenant pour non avenu ce qui s'était fait avant lui, Fourier a donné un libre essor à l'originalité de son génie, et parcourant d'un vol d'aigle la sociologie, la psychologie et l'ontologie, il a laissé tomber sur ces trois grands ordres de questions une multitude de vues lumineuses entièrement neuves, dont plusieurs d'une importance majeure, mais qu'un grand nombre d'erreurs ont ternies. Aussi, se livrer à une critique approfondie de Fourier comme sociologue, comme psychologue et comme métaphysicien, c'est peut-être l'une des choses les plus utiles que l'on puisse faire, non seulement pour le progrès de la science sociale, le doute à cet égard ne me paraît pas permis, mais aussi pour le progrès de la philosophie générale elle-même.

Vous avez entrepris le premier cette critique sous son triple aspect, mon cher docteur, et cela avec une parfaite entente de votre sujet, avec l'autorité d'un savant, et aussi avec une indépendance de libre penseur, mais que la piété du disciple, excusez ma franchise, gêne peut-être encore un peu trop.

Jetons maintenant un coup d'œil rapide sur votre analyse, nous arrêtant seulement sur quelques points d'un intérêt culminant, dont j'ai besoin de m'éclaircir avec vous. Mais ma lettre est déjà longue; à une autre fois la suite de cet entretien.

II

46. Entreprendre de créer à l'homme un milieu social qui soit en harmonie avec les besoins et les facultés de son âme, et dédaigner l'étude de ces facultés et de ces besoins, serait une inconséquence où le bon sens de Fourier ne pouvait le laisser tomber ; aussi cette étude fut-elle une de ses préoccupations dominantes, et j'ajoute que ses disciples ne sauraient trop s'appliquer à suivre cet exemple. En ceci j'exprime une opinion qui est aussi la vôtre, mon cher docteur, si j'en juge par la grande part que vous avez faite à la psychologie dans votre livre.

La science de l'âme se présente sous deux grands aspects que vous avez examinés l'un après l'autre avec un grand soin ; je viens après vous jeter un simple regard sur ce double sujet.

Et d'abord que devons-nous entendre par l'âme ? car pour mon compte je n'admets pas qu'on puisse se dispenser de se mettre d'accord sur la signification des mots avant d'entrer en discussion sur les choses et les idées. Si la philosophie perd son temps en de stériles disputes, c'est principalement parce qu'elle néglige cette précaution.

Qu'est-ce donc que l'âme ? Je suis fâché de ne pouvoir répondre à cette question sans mettre un instant le pied dans la querelle brûlante, plus brûlante aujourd'hui que jamais, qui divise les penseurs en deux camps ennemis.

Il est une classe d'esprits, et c'est de beaucoup la plus nombreuse, qui, susceptibles d'être très heureusement doués à tous autres égards, sont sans goût, sans curiosité pour les vérités fondamentales, et s'en tiennent pour ainsi dire à celles qui se montrent à la surface. Pour cette classe d'esprits, il n'y a au monde, ils en sont intimement convaincus, qu'une seule réalité, la réalité des *objets*, de la matière, c'est-à-dire de ce qui tombe sous l'appréciation des sens. Pour eux, tout le reste n'est qu'*abstraction*, chimère, néant.

Je dois avouer tout de suite que cette manière de voir a pour elle l'immense majorité des savants ; mais les majorités et les savants peuvent se tromper, et c'est ce qui a eu lieu ici, certainement.

La physique, la physique elle-même, nous enseigne que le témoignage de l'apparence, alors même que celle-ci a toute la force de la plus irrésistible évidence, doit être tenu pour suspect et sévèrement contrôlé. Quoi de plus évident que la marche du soleil et du ciel entier au-dessus de nos têtes ? Cette évidence, les yeux de tous les hommes ne l'ont-ils pas proclamée en tous temps et en tous lieux ? en est-il une autre de plus imposante ? Et elle n'est pourtant qu'une illusion, la science nous l'a démontré. Je vois une autre illusion dans cette certitude apparente, si saisissante aussi : à savoir, qu'il n'existe et ne saurait exister que des objets.

Les objets, ou la matière, c'est tout ce que nous sentons et percevons, ou concevons comme pouvant être perçu d'une façon sensible. La notion d'objet suppose donc une sensation, une perception, une conception. Mais qu'est-ce que tout ceci ? Serait-ce autant d'attributs de l'objet lui-même ? Cette sensation, cette conception ne prouveraient-elles autre chose que l'objet senti, perçu, conçu ? Pour mon jugement, elles prouvent encore autre chose : elles prouvent qu'en face de la chose sentie, perçue et conçue, il y a une chose qui sent, perçoit, conçoit.

A parler rigoureusement, il faut dire que le fait de sentir, percevoir, concevoir, constitue, lui seul, un fait absolument fondamental, le seul que l'observation immédiate nous donne ; mais si de ce fait fondamental et seul premier nous nous croyons en droit de conclure à l'existence d'un fait consécutif (un fait que la raison seule peut saisir, qu'on ne l'oublie pas) appelé l'*objet* de la sensation, de la perception, de la conception, *a fortiori* et *a priori* devons-nous reconnaître aussi que, sous cette perception, sous cette sensation, sous cette conception, existe un *sujet* ; et ce *sujet*, c'est ce qu'en d'autres termes on appelle l'*âme* ou le *moi*.

On me répondra peut-être que le sujet n'est nié par personne. Soit, mais, ce qui revient au même, ce qui est plus grave que de nier le sujet, c'est de voir en lui, non un coefficient, mais un produit, de l'objet ; c'est de faire naître ce qui sent de ce qui est senti, ce qui perçoit de ce qui est perçu, ce qui conçoit de ce qui est conçu ; et tel est le faux dogme sur lequel repose le matérialisme.

Cette doctrine récuse le témoignage de l'analyse métaphysique qui la condamne ; elle se réclame, au contraire, et hautement, des sciences physiques ; mais elle s'abuse : celles-ci ne lui sont pas plus favorables.

D'une part, la physiologie expérimentale et pathologique des sensations, d'autre part les hautes spéculations sur la constitution absolue de la matière, auxquelles les physiciens et les chimistes se sont vus poussés presque malgré eux par leurs récentes découvertes (voyez Chevreul, Tyndall, Joule, Grove, Berthelot, Clausius, etc.), ont conduit la science à une conclusion des plus inattendues : de toutes les propriétés qualitatives de la matière, ces propriétés qui la faisaient jusqu'ici tout ce qu'elle est, il n'en est pas une seule, non, pas une, qui lui appartienne véritablement, et que, chose plus merveilleuse encore, elle n'ait empruntée à l'Ame, au Sujet, auquel il se trouve qu'elles appartiennent toutes intrinsèquement et exclusivement ; voilà ce qui est maintenant une vérité scientifique reconnue. Dès lors comment l'âme, le moi, le sujet serait-il engendré par la matière, quand la matière semble s'abîmer, s'engloutir et disparaître tout entière en lui !

Cependant je n'entends pas donner complètement tort au matérialisme et me ranger sans réserve du côté de son rival : je crois qu'ils tiennent chacun à la main une des deux moitiés de la vérité ; il n'y a plus selon moi qu'à rapprocher ces deux fragments par leurs points d'adaptation pour réaliser le grand *desideratum* philosophique et amener les deux écoles à l'unité de foi.

Revenons aux physiciens. Vous savez, mon cher ami, que pour les plus illustres d'entre eux, ceux auxquels la physique et la chimie contemporaines doivent leurs plus utiles acquisitions, la matière n'existe plus qu'à l'état de concept mathématique. En elle, ils ne voient plus qu'une infinité de *centres géométriques* qui sont ses atomes absolus, et représentent des forces pures, élémentaires, indivisibles, immatérielles, inextinguibles, dont les combinaisons seules, pouvant seules être dissoutes, sont seules périssables.

Or, comment les spiritualistes métaphysiciens qui sont à la hauteur de cette question abstruse, tels que Leibniz, par exemple, formulent-ils le concept de l'âme objectivement considérée ? Justement, exactement, comme ces physiciens penseurs formulent leur concept de l'élément de la matière, et cela assurément sans accord préétabli. L'âme, disent les spiritualistes, est une *force simple*, une *substance immatérielle* et *immortelle*, c'est-à-dire insécable, et par conséquent indestructible ; et Leibniz, serrant de plus près la définition, ajoute qu'elle est une *monade*, c'est-à-dire une partie sans parties, une partie infinitésime, un centre géométrique dynamique. L'identité des deux conceptions est donc parfaite. Cette rencontre inespérée de l'analyse psychologique et de l'analyse physique et chimique qui, parties de deux points si opposés, suivant des voies si différentes, et s'ignorant l'une l'autre, aboutissent un jour au même terme, c'est-à-dire à deux solutions du problème ontologique qui se vérifient l'une l'autre et qui en réalité n'en font qu'une, c'est un résultat admirable, un événement immense, j'ose le dire, dans les fastes de la pensée humaine.

Bref, la détermination objective de l'âme, telle qu'elle est donnée par les spiritualistes métaphysiciens, et la détermination du principe élémentaire de la matière, telle que nos physiciens (qui se croient, je gage, des matérialistes) l'ont obtenue, ne présentant à elles deux qu'une seule et même formule, il est raisonnable, il est au moins plausible, d'en inférer qu'une seule substance première, qu'une seule espèce d'élément ontologique primordial existe. Qu'il soit appelé âme, monade ou atome absolu, il importe peu ; ce qui est important, c'est de savoir que cet élément irréductible porte en soi les attributs du sujet, les facultés psychiques, et engendre, par ses combinaisons variées avec les unités similaires, toutes les formes diverses de la matière.

Il est aisé maintenant de faire la part respective de tort et de raison entre le Spiritualisme et le Matérialisme.

Le premier a soutenu à bon droit que l'âme est simple, immatérielle, immortelle (précisément ce que les physiciens disent aujourd'hui de l'élément de la matière), mais il s'est fourvoyé en jugeant que ces attributs étaient inconciliables avec l'unité de substance entre l'âme et la matière. Il a donc inventé l'irréductible dualité de substance, il a imaginé la *transcendance* et a rejeté l'*immanence* ; voilà sa faute.

Le matérialisme, lui, a bien mérité pour avoir porté le drapeau de l'unité ontologique, de l'unité de substance ; mais le salut de ce grand principe était-il attaché à la négation de l'immatérialité et de l'indestructibilité du sujet sentant et pensant ? Non, pas plus qu'à la négation de l'immatérialité et de l'indestructibilité des atomes dynamiques ou forces élémentaires de la matière. En faisant sortir l'âme de la matière au lieu de faire sortir la matière de l'âme, son élément, le matérialisme a pris le produit pour le facteur, le tout pour la partie, l'effet pour la cause. Encore une fois, pardonnons-lui cette méprise, toute fâcheuse qu'elle est, en faveur de sa ferme adhésion au salutaire dogme de l'Unité.

Que les Matérialistes renoncent donc à considérer l'âme, le *moi*, le sujet, comme une force composée, et condamnée partant à la destruction ; que les Spiritualistes, de leur côté, s'accoutument à voir dans ces forces simples, immatérielles et immortelles que la haute physique nous présente aujourd'hui comme les éléments infinitésimaux de la matière, autant de forces douées de subjectivité, autant de *forces-moi*, autant d'âmes ; et dès lors entre les deux doctrines hostiles la paix sera faite, l'accord sera consommé, grâce au mutuel sacrifice que chacune d'elles aura su faire de sa part d'erreur.

47. Je me hâte d'aller au devant des conclusions exagérées auxquelles les principes que je viens de poser pourraient entraîner. Que les spiritualistes y prennent garde : l'immortalité de l'âme, telle qu'elle est généralement entendue parmi eux, et telle qu'elle doit être pour fournir un appui aux conséquences d'ordre moral tirées de ce dogme (et formant en réalité toute sa valeur pratique),

n'est point du tout celle que l'ontologie nous démontre. Je ne puis m'empêcher d'introduire ici une nouvelle distinction métaphysique, au risque d'abuser de la permission d'être abstrait que nos lecteurs peuvent être disposés à m'accorder.

Il y a une identité et une immortalité *substantielles* ; c'est celle de l'âme considérée en tant que monade, en tant qu'atome individuel. On conçoit en effet que tout atome individuel reste éternellement lui-même, en ce sens qu'il ne saurait jamais cesser d'être *soi* et devenir *un autre*. Mais cet atome, cette monade, cette âme individuelle, en tant que sujet sentant, pensant, aimant, voulant, connaissant, a, à un moment donné, une certaine manière déterminée de sentir, de penser, d'aimer, de vouloir, elle a en elle un certain ensemble d'affections, d'aversions, d'idées, de connaissances et de souvenirs, qui lui sont actuellement propres et qui la différencient d'avec ses pareilles ; c'est ce qui constitue son *caractère personnel*, son *identité formelle*[1].

Cela posé, si par immortalité de l'âme on entend l'inaltérable conservation de son identité formelle, je le répète, il ne faut chercher aucun argument en faveur de cette thèse dans les démonstrations de l'ontologie, et c'est abusivement que nos philosophes arguent en sa faveur de ces démonstrations, dont ils compromettent ainsi l'autorité. Cette thèse n'est pas du ressort de la métaphysique, c'est un dogme purement religieux ; je m'expliquerai à cet égard tout à l'heure. Mais cet abus des vérités ontologiques, qui soulève contre elles les protestations du matérialisme, et

---

1. Une comparaison prise dans un autre ordre de faits peut faciliter l'intelligence de cette distinction. Une molécule d'eau est susceptible des trois états physiques : gazeux, liquide et solide. Or, y a t-il donc identité entre cette molécule d'eau liquide, et la molécule de vapeur d'eau ou de glace qui va lui succéder par transformation ? Oui ; cependant il faut distinguer : il y a identité *substantielle*, mais il n'y a pas identité *formelle*.

perpétue un différend ne tenant en réalité qu'à un malentendu, doit être mis nettement à découvert ; ce sera le moyen de le faire cesser.

Pour juger sainement la question de l'immortalité de l'âme sous ses aspects divers, il est un point capital qu'il faut préalablement fixer : il faut se demander de quelle condition dépend l'*identité formelle*, et, cette condition reconnue, se demander ensuite si celle-ci est immuable, si elle ne peut changer. Il faut procéder de la sorte, on le comprend, pour arriver à se faire une opinion nette et raisonnée, une opinion intelligente et saine, au sujet de la perpétuité inaltérable, indéfectible, de notre *forme* personnelle, cette prétention fondamentale et distinctive du spiritualisme religieux, que la philosophie s'est avisée de prendre à son compte sans avoir aucun appui à lui fournir.

Oui, assurément, l'âme est inétendue, en sa qualité de force élémentaire, en sa qualité d'atome absolu ; mais, pour être privée d'étendue, elle n'en a pas moins pour cela une *situation* dans l'espace ; le point central d'une sphère est, lui aussi, inétendu, mais sa situation n'en est pas moins réelle et précise au lieu d'intersection des diamètres. De même de l'âme.

Nous savons que, chez l'homme, tout au moins, et chez les animaux supérieurs, elle est au centre d'une agglomération organisée que nous appelons le cerveau ; nous savons qu'elle n'est point ailleurs. Tel est son milieu matériel prochain. Or, si ce milieu n'a pas le pouvoir de constituer *substantiellement* l'âme, ce qu'il est absurde d'admettre, je crois l'avoir établi, en revanche c'est ce milieu qui donne à l'âme *sa forme actuelle*. Ainsi, c'est l'organisme humain qui fait de notre âme une *âme humaine*, c'est l'organisme du singe qui fait de l'âme de cet animal une *âme de singe*, comme c'est encore l'organisme de l'enfant qui fait *l'âme d'enfant*, et l'organisme de la femme qui donne à celle-ci une *âme de femme*, etc., etc.

Cette proposition est-elle douteuse ? Elle me semble incontestable en présence des faits d'observation physiologique que les matérialistes s'évertuent à opposer à leurs contradicteurs et que ceux-ci s'obstinent à ne pas voir. Ces faits attestent tout au moins que l'état formel de l'âme est étroitement lié à l'état de l'organisme, à l'état du cerveau notamment, au point que la moindre lésion, la moindre altération survenue dans la constitution moléculaire de cet organe peut suffire pour dénaturer complètement notre être moral, pour faire instantanément, par exemple, un idiot d'un homme de génie ; que dis-je ? pour changer sur le champ la personne humaine en une bête farouche, ou bien en un animal stupide, ou bien encore en quelque chose qui semble appartenir à ces formes tout à fait infimes de la vie animale qui confinent aux végétaux !

La considération d'un tel fait aurait dû inspirer plus de réserve aux spiritualistes, elle aurait dû les pénétrer de la nécessité de résoudre les objections physiologiques, objections qu'on essayerait en vain de tourner, et devant lesquelles force est de s'arrêter si on ne peut réussir à les aplanir ; enfin, elle aurait dû leur suggérer la réflexion suivante qui se présente d'elle-même :

Si certains changements, relativement insignifiants, qui surviennent dans l'économie du milieu organique de notre âme, suffisent pour la transformer, suffisent pour troubler et altérer son identité formelle au point de changer nos affections en aversions, au point de nous dépouiller de toutes nos lumières acquises, au point de nous faire perdre toute mémoire du passé, au point de nous faire oublier qui nous sommes, au point de nous précipiter au plus bas degré de la dégradation intellectuelle et morale, et jusqu'au pied de l'échelle animale, — si, dis-je, une simple altération dans les conditions normales de ce milieu organique de notre âme suffit pour affecter celle-ci aussi profondément dans sa forme, combien plus son identité formelle n'a-t-elle pas à redouter d'un changement dans son milieu matériel tel que celui que la mort lui réserve, d'un changement qui ne porte plus seulement sur quelques détails de l'organisme, mais qui consiste dans la destruction complète de cet organisme ?

Vainement essaiera-t-on de mettre en avant que l'âme, par la mort, s'affranchit de la matière et de ses influences : dans quel lieu de l'espace pourrait-elle donc se rendre qu'elle n'y rencontre encore la matière, et que cette matière ne l'y enveloppe et l'enserre de toutes parts ? Elle aura donc toujours un milieu matériel, quoi qu'il arrive ; et, maintenant, est-il à supposer qu'elle gagne à passer d'un milieu organisé dans un milieu inorganique, amorphe, alors que l'étude des animaux nous a appris que le développement des facultés sensorielles, intellectuelles et passionnelles est en raison du degré d'organisation de ces êtres ? Est-il surtout permis de supposer que l'âme, si profondément altérée par la modification la plus légère qui survient dans son milieu actuel, passera de ce milieu dans un milieu tout autre sans que l'identité de sa forme, de sa modalité, en soit atteinte ?

La métaphysique spiritualiste ne peut rien contre ces difficultés, c'est un sujet, je le répète, qui n'est pas de son ressort ; mais la religion, qui l'a précédée, est venue de bonne heure suppléer à cette impuissance du raisonnement en apportant un système *eschatologique* qui prétend tirer ses principes d'une expérience spéciale, l'expérience du miraculeux, du surnaturel. C'est là du reste une croyance qui paraît aussi ancienne que l'homme ; on la rencontre au berceau de toutes les sociétés anciennes, on la trouve aussi chez toutes les peuplades sauvages existantes; en voici en deux mots la théorie, telle qu'elle se laisse entrevoir dans les traditions aryennes, sémitiques et chinoises, telle qu'on peut l'entendre développer de vive voix chez les Peaux-Rouges de l'Ouest des Etats-Unis, et telle qu'elle s'est produite à diverses époques au sein de la civilisation, et avec un caractère laïque, sous la plume de certains adeptes.

Ce que nous appelons le corps de l'homme ne serait, suivant cette doctrine, qu'une simple et passagère enveloppe, une sorte de gangue de l'organisme véritable. Celui-ci, formé d'une matière éthérée, vivrait sous cet encroûtement temporaire comme un prisonnier dans sa prison, ou, pour prendre une comparaison plus scientifique, tel que le papillon potentiel dans son étui de chrysalide. La mort serait la mise en liberté de cet organisme permanent qui, une fois dégagé de ses entraves, irait vivre, sans cesser d'être lui-même, mais d'une vie pour ainsi dire plus vivante, au sein d'un monde d'une constitution en tout analogue à la sienne, et dont le monde que notre œil contemple actuellement ne serait en quelque sorte que l'ombre.

Cette conception d'origine religieuse, je dirai, si mieux vous aimez, d'origine *superstitieuse* (Cicéron assure qu'elle est fille des visions nocturnes [1]), quelque fragile qu'elle puisse être dans le fond, a du moins un mérite, c'est d'être une réponse congruente, sinon concluante, aux objections précises de la physiologie contre le dogme de l'immortalité formelle, tandis que tous les arguments de l'eschatologie philosophique laissent la difficulté intacte et passent à côté de la question.

1. On trouvera plus loin, en note, le passage auquel il est fait allusion ici.

J'ose le déclarer, c'est là une hypothèse qui se présente appuyée sur certaines présomptions analogiques, sur une sorte de vraisemblance séduisante, sur une apparence de *naturel* en son surnaturalisme même, et, de plus, sur des allégations de faits universellement observés, allégations que l'état actuel de la physiologie mentale n'autorise plus à rejeter sans examen ; je dis enfin que c'est une hypothèse respectable, digne d'être sérieusement discutée. Elle est d'ailleurs la seule, qu'on y songe bien, offrant à l'homme, sous une forme consistante et saisissable, je dirai plus, sous une forme raisonnable, ces consolations de l'espérance, en face de la mort, que le spiritualisme ontologique et moraliste s'efforce vainement de lui procurer.

Cette antique doctrine d'un autre monde et d'une autre vie, qui paraît être pour ainsi dire innée dans l'homme, et qui n'a jamais pu être entièrement étouffée par les croyances artificielles que la philosophie et la politique ont entrepris de lui substituer, exerça son prestige sur l'esprit de Fourier ; il l'embrassa sans réserve, il s'appliqua à l'étendre, à la systématiser et à la rationaliser. Faut-il l'en blâmer ? Je ne le pense pas. En ceci, comme sur bien d'autres points, il peut bien se faire que son jugement doive être un jour infirmé par la science ; mais, la science n'étant pas encore en mesure de se prononcer, et, jusque-là, le champ étant ouvert aux hypothèses, Fourier a opté pour celle qu'il jugeait la plus conforme aux indications de l'analogie et aux instincts de l'humanité.

Je n'examinerai pas en ce moment de plus près cette hypothèse d'un double monde et d'une double vie. Je désirerais bien toutefois la mettre aux prises avec certaines considérations nouvelles et certains faits de physiologie peu connus qui me paraissent lui créer des difficultés redoutables¹, mais j'en ai dit assez, j'en ai trop dit sans doute, sur la question de l'essence et de l'immortalité de l'âme ; il est temps de passer à l'étude de ses facultés. D'ailleurs, c'est seulement par ce dernier côté que la psychologie se rattache directement et nécessairement à la science sociale.

(Les deux articles qui précèdent, primitivement publiés dans une revue phalanstérienne, *La Science sociale*, étaient le prélude d'une étude psychologique étendue que certaines circonstances, qu'il est inutile de faire connaître ici, empêchèrent l'auteur de poursuivre.)

---

1. Ces difficultés gisent dans cette double considération : à savoir, *primo*, que l'être humain est polyzoïquement et polypsychiquement constitué, et que le fonds principal et presque total de nos acquisitions mentales a exclusivement pour dépositaires les centres psychiques subordonnés ou *sous-moi* autrement désignés sous le nom collectif de *subconscience* ; *secundo*, que, soit par la décapitation, soit par l'ablation des lobes cérébraux sur le vivant, une entière séparation s'opère entre le centre de la conscience proprement dite et les centres subconscients, lesquels peuvent continuer à vivre isolément après la mort du premier, d'où il appert que les éléments de notre système polypsychique ne constituent point cette unité mentale indissoluble qui semble être une condition absolue de la perpétuité de notre identité formelle. (N. de la 2ᵉ édit.)

DEUX LETTRES APOLOGÉTIQUES
SUR
LE POLYZOÏSME

I

A M. LE DOCTEUR SALES-GIRONS, DIRECTEUR DE LA *Revue Médicale*.

Très honoré confrère,

48. N'aurais-je point qualité, par hasard, pour défendre le *Polyzoïsme*, que vous avez malmené si fort dernièrement? Mon droit et mon devoir, ou je m'abuse, sont clairs comme le jour, et vous ne sauriez les contester. Je ne suis pas seulement le parrain de la nouvelle doctrine (le mot *polyzoïsme* a paru pour la première fois dans une lecture sur la *Pluralité animale dans l'Homme*, que j'ai faite, l'an dernier, à la Société d'Anthropologie); j'en suis aussi le père! Je ne lui ai pas donné simplement son nom, ce serait peu; de plus, elle me doit ses principes.

Rappelez-vous — car, je le sais, vous faites à mes diverses publications la faveur de les lire attentivement, bien qu'elles n'aient point obtenu encore celle d'être mentionnées dans votre journal —, rappelez-vous, dis-je, que c'est à l'encontre de tous nos maîtres en physiologie, matérialistes ou spiritualistes, organicistes, vitalistes ou positivistes, que j'ai affirmé le premier, et hautement, la proposition suivante : *L'organisme humain est une association d'unités animales distinctes, individuellement pourvues de tous* les *éléments essentiels de la vie, mais groupées en un ensemble hiérarchique et harmonieux sous la direction suprême d'un Chef.*

M. Flourens, allant au devant de cette conclusion, avait nié, de la façon la plus catégorique et la plus entière, que la multiplicité animale, évidente dans l'organisation des animaux inférieurs, existât également chez les animaux à vertèbres ; son disciple, M. Lacaze-Duthiers, le distingué professeur du Muséum, a reproduit cette déclaration du maître ; M. Carpenter, en Angleterre, et, en France, MM. Cl. Bernard, Longet, Lélut, Vulpian, etc., ont posé en principe la même restriction, soit explicitement, soit d'une manière implicite. Mais, quel autre physiologiste s'est donc prononcé avant moi contre ce dogme classique ? Oui, Monsieur, c'est bien à moi, à moi seul, que vous devez attribuer, je ne dirai pas tout l'*honneur*, car vous n'en voyez aucun en ceci, mais, si vous voulez, toute l'*indignité* de cette innovation audacieuse.

Permettez donc, on ne saurait attendre moins de votre loyauté parfaite, que je vienne faire entendre à vos lecteurs quelques mots de justification en faveur de cet infortuné Polyzoïsme mis par vous au rang des derniers criminels. Voici, en effet, ce que vous en dites : « Ce n'est pas l'abrutissement de la science, c'est la dégradation du sens commun. Il vaudrait mieux dire d'un pareil système : ce n'est rien ! » (*Revue Médicale* du 15 novembre 1868, p. 524.)

Un premier tort que le polyzoïsme peut vous imputer, et ceci doit me dispenser de pousser plus loin l'énumération de ses griefs, c'est de l'avoir représenté tout autre qu'il n'est en réalité ; c'est de mettre sur son compte les erreurs d'autrui, erreurs dont il est tellement loin d'être responsable qu'il en est l'antithèse même. Me loger, moi et mon polyzoïsme, à l'enseigne du « Positivisme matérialiste » !

Non, cher Monsieur, je ne saurais souffrir en silence un pareil traitement, aussi injuste que cruel. Qui donc, s'il vous plaît, qui plus que votre humble serviteur s'est attaché, s'est acharné (le mot n'est pas trop fort) à démasquer les pauvretés orgueilleuses, les faussetés palpables, mal déguisées sous de pompeux paralogismes, de cette soi-disant philosophie positive qui m'est toujours apparue comme la négation même de toute philosophie? Répondez, je vous prie.

Je ne suis point spiritualiste, je l'avoue : je repousse l'hypothèse manichéenne de deux essences premières, radicalement opposées et irréductibles ; mais je me déclare tout aussi peu pour le matérialisme, lequel, à mon avis, prend le problème ontologique précisément à rebours, voyant l'effet là où est la cause, et la cause dans ce qui est purement effet. Je ne me dis pas non plus organiciste ; et vitaliste, pas davantage ; et c'est ainsi que je suis hors de toutes les églises, orthodoxes ou hétérodoxes, et que, pour mon malheur, et pour mes péchés sans doute, je me vois seul en face du monde philosophique entier tourné contre moi. Que suis-je donc ? ou plutôt qu'est-elle, cette nouvelle philosophie d'où est sorti ce polyzoïsme que vous avez jugé digne de vos anathèmes ? L'un des vôtres, un illustre philosophe, un médecin spiritualiste, un écrivain religieux, le célèbre et regrettable Buchez, vous a répondu à ma place ; et voici la même réponse, mais plus concise et plus nette, telle que l'a donnée un autre spiritualiste, homme de votre bord, mais critique aussi impartial qu'intelligent. Permettez-moi de transcrire ici les conclusions de son examen de mes travaux, publié dans la *Revue Contemporaine*, numéro du 15 avril 1863. Ces conclusions, toute question personnelle mise à part, vous paraîtront dignes, j'en suis sûr, d'être méditées et d'être consignées dans l'histoire de la philosophie médicale de ce temps :

« Il est donc vrai de dire avec les *Organicistes* », écrit M. le professeur Alaux, « qu'il existe une matière organique vivante : tous les éléments du corps sont des forces conscientes, principes de vie, susceptibles d'être assujetties à un principe supérieur, de manière à former un système organique, ou de devenir elles-mêmes, chacune pour sa part, un principe supérieur, centre d'un système organique. Et il est vrai de dire avec les *Vitalistes*, comme avec les partisans de cette doctrine célèbre, que, sous le nom de *Duodynamisme*, combattit ici même M. le docteur René Briau, dans une étude claire et forte, où il défendait l'animisme contre les uns et contre les autres, qu'il y a une ou plusieurs forces distinctes de l'âme : ce sont des âmes subordonnées, principes de systèmes subordonnés, dont l'ensemble constitue tout le système du corps humain. Il est vrai enfin de dire, avec les *Animistes*, que l'âme est le principe de la vie du corps, car elle fait un seul corps vivant d'une foule de moindres corps vivants, mais qui ne vivraient pas dans l'état où ils se trouvent s'ils ne vivaient l'un par l'autre, liés par une solidarité profonde, dont l'âme reine est l'unique principe : *anima forma corporis*, dit la théologie.

» Les trois solutions qui se disputent le terrain de la science à propos de ce difficile problème sont mises d'accord par une quatrième, laquelle se rattache à la grande école leibnizienne, car elle n'est, comme le fait remarquer M. Buchez, qu'une variété de la monadologie. »

Cette *quatrième solution*, synthèse conciliatrice de toutes les antinomies ontologiques, c'est celle que j'ai présentée, dès 1855, dans mon *Electrodynamisme Vital* (sous le pseudonyme de *Philips*), puis dans mes *Essais de Physiologie philosophique* (Paris, 1866), et tout dernièrement dans une brochure intitulée : *La Philosophie physiologique et médi-*

cale à l'*Académie de Médecine* (Paris, 1868), où se trouve un Mémoire que j'ai lu il y a deux ans à l'Académie, ainsi qu'une Réponse au Rapport qui en avait été fait par M. le Dʳ Chauffard. L'appréciation de Buchez, à laquelle l'écrivain de la *Revue Contemporaine* fait allusion, est relative à un travail présenté par moi à la Société médico-psychologique (séance du 24 décembre 1860), et dont le célèbre philosophe avait été chargé de rendre compte; il portait ce titre : *De l'Influence réciproque de la Pensée, de la Sensation et des Mouvements Végétatifs.*

Cependant, ne murmurons pas trop contre la destinée : si le sentier du novateur est loin d'être semé de roses, je commence, quant à moi, à cueillir quelques doux dédommagements pour les dures épines de cette carrière. Si, jusqu'à ce jour, j'ai eu péniblement à lutter contre la détraction, et, qui pis est, contre le silence, j'ai eu aussi de précieux suffrages à enregistrer çà et là. Et voici maintenant que le dernier numéro de votre honorable *Revue* m'apporte une nouvelle consolation, une satisfaction bien vive, à laquelle, je le confesse, se mêle un grain d'orgueil triomphateur.

Votre recueil m'apporte donc l'heureuse nouvelle que mes idées viennent de conquérir un de leurs plus dignes et plus robustes adversaires, une intelligence vraiment métaphysicienne, et, à mon avis, l'une des meilleures dont la philosophie française ait le droit d'être fière. M. Tissot, dont j'avais discuté vivement le système ontologique dans mes *Essais* (voir p. 136 et suivantes), vient de publier dans vos colonnes une profession de foi dans laquelle il me donne gain de cause; car cette profession de foi nouvelle de mon ancien antagoniste est la proposition même que je soutenais contre lui, il y a deux ans, et que je tourne et retourne à satiété depuis plus de quinze ans, dans tous mes écrits. Permettez-moi de transcrire ici quelques-unes des déclarations les plus remarquables contenues dans la lettre de votre éminent correspondant :

« ... La *matière*... principe parfaitement inconnu en soi, n'est, avec le principe pensant lui-même, qu'une espèce d'un genre supérieur. C'est dans les profondeurs insondées, et peut-être insondables, de ce genre commun, qu'est, à mon avis, le secret de la conciliation du matérialisme et du spiritualisme... Au fond, tout est simple et en quelque sorte spirituel ; mais il y a, dans ce spiritualisme universel, de profondes et incontestables différences dans les *manifestations* (c'est M. Tissot qui souligne). C'est par ce côté-là que les thèses du matérialisme et du spiritualisme reprennent leur raison d'être. Mais c'est beaucoup, c'est immense de les avoir réduites à ce point. »

Ce genre supérieur, qui réunit l'esprit et la matière comme congénères, c'est l'*atome absolu*, c'est ce que les grands physiciens penseurs de notre époque appellent encore un *centre de forces*, principe inétendu, immatériel, auquel ils ramènent toute la matière (voir l'*Eloge historique de Faraday*, par M. Dumas). Dans la discussion que je rappelais tout à l'heure, j'ai soutenu, et contre M. Tissot, parlant au nom du spiritualisme animique, et contre un de ses contradicteurs, avocat du matérialisme, que l'idée d'*esprit* et l'idée de *matière* se ramènent logiquement, l'une et l'autre, à ce primordial et irréductible concept, à cette *force-principe*, et qu'en cette force simple, élément commun et unique de toute substance, élément insécable et impérissable, résident, d'une manière intrinsèque et exclusive, tous les attributs du moi, toutes les propriétés constitutives de l'âme. Et en quoi donc l'éminent philosophe de Dijon se sépare-t-il aujourd'hui de cette doctrine ? En rien, car ses restrictions sont de pure forme;

et tout au plus pour ménager une transition entre ses deux opinions, l'ancienne et la nouvelle, dont l'une, à vrai dire, n'est que le développement logique de l'autre.

M. Tissot est donc avec moi contre vous, et j'en suis heureux et fier, c'est naturel ; mais ma satisfaction reste incomplète : laissez-moi donc m'unir de cœur aux paroles qui terminent la lettre de mon illustre allié, pour espérer avec lui que la vérité à laquelle il a noblement rendu les armes vous subjuguera aussi à votre tour.

24 décembre 1868.

II

Au directeur des *Annales Médico-psychologiques*.

La Chaldette-les-Bains (Lozère), le 25 août 1869.

Mon cher Directeur,

49. Je viens répondre à une critique, et vous m'en accorderez le droit, j'en suis sûr, qui m'est adressée dans les *Annales médico-psychologiques* de juillet dernier (me trouvant en voyage, elles me sont parvenues tardivement).

Il faut que M. Foville ait lu mon mémoire sur le *polyzoïsme*[1] avec bien peu d'attention et bien peu de bienveillance pour y avoir découvert les inconséquences qui m'attirent ses reproches. Notre collègue termine son appréciation de mon étude par ces mots :

---

1. Voir mes publications ayant pour titre : *La philosophie physiologique et médicale à l'Académie de Médecine*, Paris 1868, et *Les origines animales de l'Homme éclairées par l'anatomie et la physiologie comparatives*, Paris, 1871.

« En vérité, s'est-il écrié, il est facile de triompher quand on s'en prend ainsi à des ennemis absents. » Que notre honorable collègue me permette de lui retourner son observation ; elle lui est applicable on ne peut mieux, vous allez en juger.

Voici en deux mots quelle est la thèse que j'ai développée dans le mémoire dont il s'agit.

Je pose en fait que chacun des centres nerveux du cordon médullaire est un petit cerveau, et qu'il possède comme tel tout ce qu'il y a d'essentiel dans les attributions du grand centre céphalique lui-même ; autrement dit, je soutiens que ces centres nerveux subordonnés sont les sièges d'autant de centres psychiques en tout comparables au centre psychique principal qui occupe le cerveau, et que nous appelons *le moi*.

En second lieu, j'ai avancé qu'à chacun de ces cerveaux inférieurs correspond une portion de l'organisme total qui elle-même est un véritable organisme entier, en ce sens qu'une telle partie réunit tous les éléments essentiels du mécanisme vital. Et enfin j'ai ajouté que ces organismes élémentaires, dont chacun a pour cerveau un centre médullaire distinct, sont les représentants, sont les homologues exacts des *zoonites* ou animaux élémentaires dont tout animal individuel, chez les invertébrés, n'est qu'une *colonie* (Lacaze-Duthiers), au dire unanime des naturalistes contemporains.

Or, ces propositions, émises pour la première fois par moi il y a quinze ans[1], ne devaient rencontrer que peu de faveur auprès de nos physiologistes officiels (lesquels changent visiblement d'opinion ou de tactique à cet égard

---

[1] Voir mon ouvrage intitulé : *Électro-dynamisme vital* (sous le pseudonyme de J.-P. Philips). 1 vol. in-8, Paris, 1855.

depuis quelque temps[1], et j'avais dû m'appliquer à étayer mon principe de toutes les preuves, directes ou indirectes, que la science pouvait me fournir. J'avais employé entre autres l'argument suivant :

Reconnaître, disais-je, que les centres nerveux des systèmes réflexes sont assimilables au cerveau sous le triple rapport histologique, organologique et physiologique, ainsi que de nos jours tout le monde l'admet, et nier en même temps, comme le fait la physiologie classique, que ces cerveaux inférieurs soient pourvus de l'activité psychique, c'est-à-dire de la conscience, du *moi*, est aussi irrationnel que de faire du *moi* l'attribut propre du cerveau de l'homme à l'exclusion du cerveau de toutes les autres espèces animales.

L'école de Descartes et celle de Buffon, continuais-je, ont énergiquement et obstinément soutenu le « pur automatisme des bêtes »; et aujourd'hui une telle opinion est rejetée par tous les savants comme une erreur insigne. Eh bien, en soutenant le *pur automatisme* des systèmes réflexes, c'est-à-dire en soutenant que le cerveau céphalique est le seul qui possède la conscience, le sentiment, la volonté, le moi, et que les petits cerveaux médullaires sont des mécanismes inconscients, la physiologie du dix-neuvième siècle commet à son tour une autre inconséquence choquante, en tout pareille à celle qu'elle reproche si justement à la physiologie et à la philosophie des deux siècles passés.

Tel était mon raisonnement, assez clairement exposé, je crois. Eh bien, M. Foville a vu là une tentative absurde dont le but serait d'établir que les physiologistes contemporains ont tort en professant l'automatisme des bêtes !

1. Consulter, entre autres documents récents, le *Discours* de réception de M. Cl. Bernard à l'Académie française (Voir ci-après, p. 125).

Et alors mon critique indigné de s'exclamer en ces termes :

« Mais où M. Durand (de Gros) a-t-il jamais vu ou entendu soutenir les énormités auxquelles il s'attaque ?... Qui a jamais soutenu que les animaux, surtout les animaux supérieurs, n'eussent pas à un certain degré des facultés intermédiaires à la sensation et à l'action, et comparables par conséquent, sinon assimilables, à la pensée et à l'intelligence ? etc., etc. »

Soit dit encore une fois pour que notre honorable collègue le comprenne bien, il ne s'agissait pas pour moi d'accuser la physiologie contemporaine de croire à l'automatisme des bêtes ; tout au contraire, mon argumentation consistait à lui démontrer qu'elle tombe dans une grande inconséquence en condamnant avec mépris les anciens partisans de l'automatisme des bêtes, d'une part, et, d'autre part, en posant elle-même en principe l'automatisme des centres nerveux de la moelle. Est-ce clair ?

Rappelons en passant à M. Foville, qui semble l'avoir oublié, que ce préjugé scientifique, connu sous le nom d'automatisme des bêtes, et qualifié par lui d'*énormité*, était bien l'opinion de la science officielle au dix-huitième siècle. Réaumur ne fut-il pas traité d'*imbécile* par le grand Buffon pour avoir osé se séparer sur ce point de la doctrine orthodoxe d'alors ?

Et maintenant, mon cher Directeur, je ne trouve plus rien d'étonnant à ce que M. Foville, envisageant mes idées à travers un verre qui possède à un tel point la propriété de défigurer les objets, n'ait pu réussir à apercevoir *les caractères et les conséquences que j'attribue au polyzoïsme humain*. Si mon honorable critique est véritablement désireux de s'éclairer à cet égard, il n'a qu'à se donner la peine de relire mon mémoire dans les *Bulletins de la So-*

ciété d'*Anthropologie* avec le soin qu'il a négligé d'apporter à une première lecture, sur laquelle il s'est cru en droit de me juger et de me condamner. Pour décider M. Foville à me donner cette juste réparation, je crois utile de mettre sous ses yeux les lignes suivantes dans lesquelles la *Revue Anthropologique* (*Anthropological Review*) de Londres, numéro d'avril 1869, p. 196, résume son appréciation de mon travail :

« *Poloyzïsme*, tel est le titre d'une communication très intéressante de M. Durand (de Gros). Si l'auteur de ce travail réussit à établir sa théorie, nul doute qu'elle ne produise dans la science une révolution d'une importance immense, car elle renverse ce qui depuis longtemps était passé à peu près à l'état de dogme. »

(« Polyzoism » is the title of a most interesting paper by M. Durand (de Gros). If the author of the contribution can establish his theory, it will undoubtedly be a revolution in science of immense importance : for it would reverse what has been considered almost a dogma for a long period, etc. »)

M. CLAUDE BERNARD PSYCHOLOGUE

> L'esprit qu'on veut avoir gâte celui qu'on a.
> BOILEAU.

50. Nous n'avons jamais marchandé l'éloge à M. Claude Bernard ; car, en ce qui touche à la plus grande partie de ses travaux, il n'a pas de plus sincère admirateur que nous. Mais, à l'occasion, nous ne lui avons pas non plus épargné le blâme[1]. Son discours de réception à l'Académie française est pour nous une invitation nouvelle et pressante d'user à l'égard de l'illustre savant de notre habituelle franchise, de cette indépendance et de cette impartialité d'appréciation qui ne font acception de personne ; car, en nous, le critique ne connaît d'autre ami que le vrai, et, s'il a des haines vigoureuses, c'est contre le faux, contre le faux qui triomphe et qui se drape dans la renommée et les honneurs.

* *

51. Le discours de M. Bernard est un manifeste de physiologie philosophique, et un tel acte n'eût pas manqué d'avoir un grand retentissement parmi les physiologistes et les philosophes, si les premiers étaient moins étrangers à toute philosophie, et si les seconds n'étaient, sauf quelques exceptions trop rares, tout aussi peu familiarisés avec les connaissances physiologiques. C'est en effet une doctrine nouvelle, radicalement nouvelle, dans la science académi-

---

1. Voir mes *Essais de physiologie philosophique*.

que et dans la bouche de l'illustre professeur, que celle qu'il est venu proclamer à la plus haute tribune de l'Institut. Quelle est l'essence de cette conception, dont l'objet est la loi fondamentale du mécanisme de la vie ainsi que les rapports généraux existant entre les organes et les forces premières qui les animent ? Quels sont et le principe et l'origine de cette théorie, et de quels éléments s'est-elle enrichie ou appauvrie en s'éloignant de sa source et quittant son lit naturel pour entrer dans le canal intellectuel du célèbre expérimentateur, canal si bien fait d'ailleurs pour la répandre et la faire pénétrer chez tous les esprits ? Nous allons examiner rapidement ces points divers.

*
* *

52. La profession de foi de M. Bernard contient, entre autres déclarations, la suivante :

« La physiologie », dit-il, « établit clairement que la conscience a son siège exclusivement dans les lobes cérébraux ; mais quant à l'intelligence elle-même, si on la considère d'une manière générale et comme une force qui harmonise les différents actes de la vie, les règle et les approprie à leur but, les expériences physiologiques nous démontrent que cette force n'est point concentrée dans le seul organe cérébral supérieur, et qu'elle réside, au contraire, à des degrés divers, dans une foule de centres nerveux inconscients, échelonnés tout le long de l'axe cérébro-spinal, et qui peuvent agir d'une façon indépendante, quoique coordonnés hiérarchiquement les uns aux autres. » (Discours à l'Académie française, dans la *Revue des Cours scientifiques* du 29 mai 1869.)

L'intelligence, définie « une force qui harmonise les différents actes de la vie, les règle et les approprie à leur but, etc. »; mais c'est du stahlisme pur, sans que l'auteur s'en doute! Non, c'est pis encore ; car si Stahl prétendait que l'âme est l'ouvrière des opérations de la vie végétative, sans s'expliquer autrement, et si ses disciples modernes, les animistes de l'école de M. Tissot ou de M. Bouillier, cherchent à lever la grosse difficulté de leur doctrine en représentant l'âme, en tant que ressort présumé des fonctions nutritives, comme une force sans conscience, c'est à l'illustre physiologiste contemporain qu'il était réservé d'expliquer la vie par l'action d'une *intelligence inconsciente* ! Et dire que notre physiologiste psychologue n'a pas ressenti le moins du monde le choc renversant de ces deux idées si incompatibles !

Oui bien, non content de faire présider l'intelligence à la digestion, à la circulation, à la saccharification, etc., M. Bernard la sépare réellement, tout ce qu'il y a de plus réellement, c'est-à-dire anatomiquement, de la conscience ; et de ces deux attributs de l'esprit il fait deux locataires de l'encéphale séparés l'un de l'autre par d'épaisses cloisons, l'un habitant le bel étage de la demeure cérébrale, l'autre se voyant relégué au rez-de-chaussée de la maison, et jusque dans les caves et les appartenances. « La conscience », assure-t-il, « a son siège exclusivement dans les lobes cérébraux », et il ajoute : « L'intelligence n'est pas concentrée dans le seul organe cérébral supérieur, elle réside, au contraire, à des degrés divers, dans une foule de centres nerveux inconscients… »

Ce passage suscite encore une réflexion ; M. Bernard entend-il donc dire que c'est *une même* intelligence *individuelle* qui résiderait à la fois, et par ubiquité, dans les lobes cérébraux et dans chacun des « centres échelonnés tout le long de l'axe cérébro-spinal » ? Une telle proposition, pour quiconque possède les premiers éléments de la psychologie, est évidemment absurde, au même degré que celle de l'intelligence inconsciente. J'aime mieux m'imaginer que M. Bernard a attaché à ses paroles la seule signification qu'il ne soit pas impoli de leur supposer : en déclarant que l'intelligence n'est pas concentrée sur un seul point du système nerveux, mais qu'elle réside à la fois dans les différents organes centraux du système, à des degrés divers, l'éminent physiologiste aura voulu dire sans doute que *des intelligences de degrés divers* résident dans nos diverse entres nerveux ; tout comme en disant que l'intelligence n'est pas particulière à un seul homme, mais est départie à tous, on entend attribuer à chaque homme une intelligence entière et propre, et non un fragment d'une intelligence commune.

Mais si tel est le sens de la déclaration de M. Bernard, — et nous venons de voir que, si elle a un sens, elle ne saurait en avoir un autre —, cette déclaration est une affirmation solennelle du *polyzoïsme* ; et ce principe nouveau, pour lequel j'étais seul à combattre depuis quinze ans, aura trouvé ainsi un deuxième champion dans l'illustre et puissant chef des physiologistes français.

Que M. Bernard renonce, s'il a pu concevoir une telle pensée, à se figurer l'intelligence comme une substance diffuse dont tout l'axe cérébro-spinal serait pénétré, tel qu'un morceau de sucre est imbibé par un liquide ; une telle conception est une interprétation psychologique grossière, barbare, puérile, d'un fait d'observation physiologique dont nous avons donné le premier une explication péremptoire. Que M. Bernard rejette également l'erreur manifeste d'une intelligence en dehors du *moi*, cette autre énormité psychologique dont on ne peut se rendre compte que par l'ignorance de la valeur des mots. Enfin, que M. Bernard dégage sa pensée des ténèbres qui l'enveloppent encore, et du tissu de méprises et d'incongruences où elle est enlacée comme en un réseau; qu'il formule ensuite cette pensée, libre d'erreurs et d'entraves, avec précision et avec franchise, et le grand académicien est dès lors l'adepte et l'avocat irrésistible de ma théorie de la constitution polyzoïque de l'organisme humain ; avec moi, alors, et à l'encontre de toute la science classique et de tous les systèmes de philosophie présents et passés, il soutient que l'homme individuel ne renferme pas un *moi* unique, mais qu'il renferme une collection hiérarchique de *moi* distincts correspondant à la collection hiérarchique des centres nerveux.

Oui, soit dit sans aucune ironie, M. Cl. Bernard est en voie de se faire mon disciple ; la citation qui précède le démontre, et la suivante en est le complément décisif :

« ..... De cette manière », poursuit l'orateur, « s'explique ce fait étrange d'une grenouille décapitée qui écarte avec sa patte la pince qui la fait souffrir[1]. On ne saurait admettre que ce mouvement si bien approprié à son but soit un acte volontaire du cerveau ; il est évidemment sous la dépendance d'un centre qui, siégeant dans la moelle épinière, peut entrer en fonction, tantôt sous l'influence centrale du sens intime et de la volonté, tantôt sous l'influence d'une sensation extérieure ou périphérique.

» Chaque fonction du corps possède ainsi son centre nerveux spécial, *véritable cerveau inférieur*, dont la com-

---

1. Le docteur Carpenter, dans ses *Principles of Human physiology* (7e éd., p. 583), donne une variante de cette expérience, qui fait encore mieux ressortir le caractère sensitif, volitif et intellectif des mouvements procédant des centres nerveux de la moelle :

« Si l'on décapite une grenouille et si ensuite on applique de l'acide acétique sur le condyle interne de son fémur, l'animal essuiera l'acide avec sa patte du même côté ; mais si cette patte vient à être amputée, la grenouille, après quelques efforts infructueux et une courte période d'hésitation, exécutera la même action avec la patte du côté opposé. »

plexité correspond à celle de la fonction elle-même. Ce sont là les *centres organiques fonctionnels*, qui ne sont point encore tous connus, et dont la physiologie expérimentale accroît chaque jour le nombre. Chez les animaux inférieurs ces centres inconscients constituent seuls le système nerveux ; etc. » (*Ib.*)

De cet exposé expérimental et des conclusions théoriques qui l'accompagnent élaguons l'absurdité parasite que nous avons déjà mise à nu, celle de l'*inconscience* de l'intelligence, de la volonté et de la sensibilité ; ensuite redressons-y cette expression malsonnante de « sensation extérieure ou périphérique », autre barbarisme psychologique qui atteste que le grand savant (qui sera peut-être aussi un jour un grand philosophe, mais ne l'est point encore) en est toujours à confondre, malgré des avertissements réitérés, la *sensation*, fait subjectif, avec l'*impression*, fait objectif.

Les formules de M. Bernard ainsi épurées conformément aux règles du bon sens philosophique, son jugement sur l'expérience de la grenouille décapitée revient rigoureusement à dire que, dans cet animal sans tête, qui cherche à écarter avec sa patte la pince qui le fait *souffrir*, le membre ainsi mis en mouvement agit sous l'influence d'une sensibilité, d'une volonté et d'une intelligence constituant un *moi*, une individualité psychique, une âme particulière, autre que l'âme cérébrale, et ayant pour siège, pour cerveau propre, l'un des centres nerveux de la moelle, l'un de ces centres du système réflexe, qui sont de « VÉRITABLES CERVEAUX INFÉRIEURS ».

Nous allons examiner maintenant quelques autres points de la profession de foi psycho-physiologique du savant récipiendaire.

*
* *

53. C'est avec une satisfaction aussi vive que naturelle que nous avons entendu M. Cl. Bernard venir mettre le poids de son témoignage du côté d'une autre de nos thèses, qui se rattache du reste à celle dont il vient d'être question. Il s'agit de ma théorie de l'*organe* et de la *fonction*, publiée pour la première fois en 1855, dans un gros volume in-8° portant pour titre *Electrodynamisme vital*, et rééditée depuis dans plusieurs autres ouvrages, entre autres dans les *Essais de physiologie philosophique*, sans que mention en ait été faite dans aucun des traités que la physiologie de l'Académie et de la Faculté a produits durant ce long intervalle.

Nous avions écrit : « par *fonction*, il faut entendre toute *opération entière* du travail vital, c'est-à-dire toute opération de l'économie constituant la mise en rapport des centres vitaux avec les agents physiologiques du dehors, et ayant pour résultat la modification de ceux-ci par les premiers, ou, *vice versa*, la modification des premiers par les seconds. »

J'ajoutais : « la fonction ainsi définie, j'appelle *organe entier* la réunion des pièces organiques essentielles qui concourent à l'exercice de la fonction, c'est-à-dire qui servent de moyen mécanique entre les deux *pôles fonctionnels*, entre la puissance et la résistance, entre le centre dynamique vital et l'agent physiologique extérieur. Et maintenant, disais-je, une expression générale commune est applicable à la composition de tous les organes, les éléments essentiels de chacun d'eux pouvant se ramener aux termes suivants :

« 1° Un *centre nerveux*, organe sécréteur de la force nerveuse, et siège d'un *centre psychique*, d'un *moi* distinct ;

« 2° Un organe conducteur de l'action vitale, le *nerf* ;

« 3° Un *apparatus* périphérique, ou *organe différentiel*, mettant chaque nerf spécial en rapport exclusif avec son *agent* correspondant. »

Et maintenant : « Chaque fonction du corps possède son centre nerveux spécial, véritable cerveau inférieur, etc. » ; ainsi s'exprime à son tour M. Bernard, faisant de la sorte adhésion à l'un des points les plus originaux et les plus saillants de ma doctrine organologique.

Espérons que ce premier pas tout facile dans la voie que nos sueurs ont ouverte et aplanie ne sera pas le dernier ; espérons que M. Cl. Bernard arrivera par degrés à embrasser dans son entier, dans sa totalité systématique, notre formule analytique de l'organe et de la fonction, et qu'il ne se passera pas trop de temps avant qu'il rédite sous ses puissants auspices notre distinction de l'*organe différentiel*, dont l'originalité et les applications fécondes n'attendent que son suffrage pour être dignement reconnues.

. . . .

La haute ambition de M. Claude Bernard, lui qui marche à la tête d'une *science conquérante* (c'est ainsi qu'il caractérise la physiologie), devrait, ce me semble, dédaigner d'arracher subrepticement et par parcelles l'héritage de voisins obscurs et faibles qui n'ont pas l'éclat de la renommée et des hautes positions officielles pour les protéger contre l'usurpation ; que ne s'approprie-t-il leur domaine d'un seul coup, en bloc, sans lui faire subir un morcellement destructeur ? Tel que l'aigle, aigle lui-même, il devrait fondre sur sa proie, et l'enlever entière et vivante au bout de ses serres.

Autrement dit, M. Bernard, à notre humble avis, entend mal les intérêts de sa gloire : il estropie, il écartèle, il met en lambeaux les idées d'autrui pour les leur ôter ; prendre le tout dans son intégrité, sans en briser l'unité, sans le défigurer, sans le gâter, ferait mieux l'affaire de tout le monde : celle du ravisseur d'abord, dont la conquête ne serait plus illusoire. Et, de son côté, l'auteur dépouillé aurait moins à souffrir (et par suite il crierait un peu moins peut-être), n'ayant pas le double chagrin de se voir enlever l'honneur de son œuvre, et de voir cette œuvre déshonorée.

*
* *

54. En parlant des moteurs instinctifs, qu'il place très justement dans les centres nerveux supérieurs du système réflexe, M. Cl. Bernard s'exprime ainsi :

« Il y a donc », dit-il, « des intelligences innées ; on les désigne sous le nom d'*instincts*. Ces facultés inférieures des centres fonctionnels et des centres instinctifs... »

Encore un non-sens psychologique des plus choquants. *Intelligence innée* ! quel sens raisonnable pourrait-on trouver, en effet, à une telle expression, alors surtout qu'on prend soin de nous prévenir que, par intelligence, on entend, non pas un *acte*, mais une *faculté*, la faculté de comprendre ? Y aurait-il donc certaines facultés intellectuelles qui ne seraient pas innées, c'est-à-dire qui seraient un produit tout artificiel de la discipline ?

Non, chacun sait, et cela est élémentaire, que les facultés mentales, de même que les fonctions, sont parties constitutives de l'être humain, que l'éducation et l'exercice ont seulement le pouvoir de les modifier, de les fortifier, de les instruire, et qu'il y aurait folie à croire qu'à l'aide d'un procédé quelconque on les puisse faire surgir du néant.

Pousser le manque de critique psychologique aussi loin, et décider avec cette assurance, cette autorité, des questions dont on ne comprend pas même l'énoncé, n'est-ce point bien fait pour nous surprendre de la part d'un si éminent adepte de la méthode positive? Du reste, M. Bernard renonce bravement au bénéfice du doute, et il interdit au bénévole critique toute complaisance dont celui-ci pourrait vouloir user à son égard à la faveur d'un texte équivoque; il nous expose son erreur sans voiles, et semble même se complaire à nous la découvrir dans ce que sa nudité a de plus choquant, de plus cru. Il poursuit en ces termes :

« .... Aussi », dit-il, « allons-nous voir, à mesure que les fonctions des sens et du cerveau s'établissent, apparaître dans ce dernier des centres nerveux fonctionnels et intellectuels de nouvelle formation réellement acquis par le fait de l'éducation. » Il dit ailleurs en précisant, pour qu'on ne s'y trompe pas : « Parmi tous les centres nerveux acquis, celui de la parole est sans contredit le plus important. »

Des centres nerveux réellement acquis par le fait de l'éducation ! Cette fois, ce ne sont plus seulement des *facultés* que l'art peut créer en notre âme, ce sont des *organes* qu'il peut ajouter à notre corps. Est-il bien possible que M. Bernard ait voulu dire ce qu'il a dit ? car ici il ne se borne pas à nier l'évidence psychologique, c'est aux vérités les plus matérielles et les plus élémentaires de la physiologie elle-même qu'il vient jeter un démenti...

Que de fautes encore, et contre la grammaire psychologique et contre le rudiment physiologique, n'aurions-nous pas à relever dans cette seule phrase, si nous l'examinions en détail ! Quoi de plus vicieux, quoi de plus illogique, quoi de plus faux, que l'opposition ou le rapprochement établis entre les *fonctions des sens* et les *fonctions du cerveau* ? entre les *centres fonctionnels* et les *centres instinctifs* ? entre les *centres nerveux fonctionnels* et les *centres nerveux in-*

tellectuels? De telles fautes sont de celles qui sautent aux yeux, et ce serait presque faire injure à l'intelligence du lecteur que de les analyser.

*
* *

55. Empruntons encore au Discours de M. Bernard quelques citations qui pourront se passer de commentaire après ce qui vient d'être dit :

« L'organisation nerveuse de l'homme », dit-il, « se ramène définitivement à quatre ordres de centres : les centres fonctionnels [Qu'est-ce que des centres *fonctionnels* ? Y aurait-il donc des centres sans fonctions ? Par cette expression si singulièrement choisie, l'auteur, j'imagine, a entendu désigner les centres nerveux qui président aux opérations de la vie végétative], les premiers formés, tous inconscients [N'oublions pas que, tout *inconscients* qu'il les prétend, M. Bernard leur accorde la sensibilité, la volonté *et l'intelligence*] et doués de manifestations irrésistibles et fatales ; les centres intellectuels acquis [des organes acquis !] d'une manière volontaire et libre [Et le *déterminisme*, donc ? M. Cl. Bernard, qui, comme on sait, s'en est fait le champion, et je suis loin de l'en blâmer, aurait-il donc sacrifié cette conviction scientifique sur l'autel des saines doctrines philosophiques de l'Académie française ? Il faut le croire], mais devenant par l'habitude plus ou moins automatiques et involontaires. Enfin, au sommet de toutes ces manifestations se trouve l'organe cérébral supérieur du sens intime auquel tout vient aboutir. C'est dans ce centre de l'unité intellectuelle qu'apparaît la conscience [L'intelligence ne fait donc plus bande à part de la conscience, comme il a été dit plus haut ?], qui, s'éclairant sans cesse aux lumières de l'expérience de la vie, etc... » (*op. cit.*, p. 405).

Écoutons à présent cette définition de la Conscience :

« Maintenant, quelle idée le physiologiste se fera-t-il sur la nature de la conscience ? il est porté d'abord à la regarder comme l'expression suprême et finale d'un certain ensemble de phénomènes nerveux et intellectuels [Les phénomènes intellectuels ne sont donc plus des phénomènes nerveux ? mais alors pourquoi supposer nerveux ceux de la conscience ? et n'est-ce pas une idée bien baroque de concevoir la conscience comme un amalgame d'intelligence et de nerfs ?], car l'intelligence consciente supérieure [On voit encore par ce passage que M. Bernard admet bien réellement une intelligence inconsciente] apparaît toujours la dernière, soit dans le développement de la série animale, soit dans le développement de l'homme. Mais, dans cette évolution, comment concevoir la formation du sens intime et le passage, si gradué qu'il soit, de l'intelligence inconsciente à l'intelligence consciente ? [Est-ce clair, cette fois !] Est-ce un développement organique naturel et une intensité croissante des fonctions cérébrales qui fait jaillir l'étincelle de la conscience, restée à l'état latent jusqu'à ce qu'une organisation assez perfectionnée puisse permettre sa manifestation [Ici M. Bernard côtoie de très près une vérité de premier ordre presque universellement méconnue des physiologistes], et est-ce pour cette raison que nous voyons la conscience se montrer d'autant plus lumineuse, plus active et plus libre qu'elle appartient à un organisme plus élevé, plus complexe, c'est-à-dire qu'elle coexiste avec des appareils intellectuels inconscients [Des appareils intellectuels, *hélas* ! — des appareils intellectuels inconscients, *hold* !] plus nombreux et plus variés ?... » (*Ibid.*).

Ailleurs :

« … Il y a, dans toutes les fonctions du corps vivant, sans exception, un côté idéal et un côté matériel [*Idéal* et *matériel*, encore là une antithèse difficile à saisir]. Le côté idéal de la fonction se rattache par sa forme à l'unité de plan de création ou de construction de l'organisme, tandis que son côté matériel répond, par son mécanisme, aux propriétés de la matière vivante. » (*Ib.*)

« Le côté idéal de la fonction se rattache par sa forme… » La forme de quoi ? de la fonction, ou de son côté idéal ? Et, soit dans un cas, soit dans l'autre, que faut-il entendre ici par la *forme* en tant qu'opposée à *mécanisme* ? Et comment comprendre que la Forme, dans la fonction, fasse dépendre celle-ci de l'*Idéal*, c'est-à-dire, comme on nous l'explique, de *l'unité de plan de la création*, et que, par son Mécanisme, la fonction appartienne à la *Matière* ? Et même, en admettant que le terme *forme*, associé au terme *fonction* comme régime, puisse signifier autre chose que le terme *mécanisme*, n'est-il pas d'observation vulgaire que c'est par son mécanisme organique que la fonction se distingue des simples propriétés de la matière brute dont ces organes sont formés ?

En vérité, il faut le croire, M. Cl. Bernard aura ambitionné les lauriers littéraires et philosophiques de M. Charles Robin. La confusion et l'incorrection dans les idées comme dans le style qui distinguent le célèbre micrographe positiviste à un si haut degré, sont passées tout entières sous la plume de notre illustre physiologiste de l'Académie française. Des hommes d'autant d'esprit ne devraient-ils pas avoir celui de se taire sur des matières dont ils ignorent jusqu'au premier mot ?

56. Voici maintenant la caractéristique différentielle des

sciences physiologiques et des *sciences métaphysiques*, d'après notre auteur :

« Les sciences physiologiques », dit-il, « rattachent l'étude des facultés intellectuelles aux conditions organiques et physiques qui les expriment, tandis que les sciences métaphysiques négligent ces relations pour ne considérer les manifestations de l'âme que dans la marche progressive de l'humanité ou dans les aspirations éternelles de notre sentiment. » (*Op. cit.*, p, 406.)

Encore une opposition bien irrationnelle que celle de la physiologie et de la métaphysique. La physiologie, et la physique proprement dite elle-même (malgré l'antithèse des mots), ont leur métaphysique, la métaphysique n'étant pas autre chose que la théorie des principes, soit qu'on les considère universellement, absolument, soit qu'on les considère relativement à un ordre donné de connaissances spéciales.

Au fait, le sens que M. Cl. Bernard donne ici abusivement au mot *métaphysique* est celui de *psychologie*. Or les spéculations du psychologue ne consistent pas à « ne considérer les manifestations de l'âme que dans la marche progressive de l'humanité, ou dans les aspirations éternelles [Que fait ici ce mot *éternelles* ?] de notre sentiment. » Si l'illustre physiologiste, au lieu d'entreprendre d'inventer la philosophie à nouveaux frais et de toutes pièces, sans avoir égard à ce qui s'en était dit et fait avant lui, eût condescendu à prendre connaissance des quelques principes, assez rares, il est vrai, mais d'autant plus faciles à apprendre, sur lesquels les philosophes sont parvenus à se mettre d'accord, il aurait su que ce qui distingue l'observation psychologique, c'est qu'elle opère par la réflexion de l'esprit sur lui-même, autrement dit, par voie subjective ; tandis que l'analyse physiologique des opérations mentales procède objectivement, c'est-à-dire en étudiant l'esprit dans ses manifestations extérieures et ses moyens organiques. Or il se trouve précisément que Flourens, dans ses travaux de psychologie, assez mauvais d'ailleurs, avait insisté particulièrement sur cette distinction, qui est un pont-aux-ânes philosophique ; son panégyriste (le Discours de M. Bernard était consacré à l'éloge de M. Flourens, qu'il a remplacé à l'Académie française), pour s'épargner de fâcheuses bévues, n'avait donc qu'à rester un peu moins étranger aux œuvres de celui dont il célébrait les mérites scientifiques et littéraires.

*
* *

57. Les citations qui précèdent suffisent pour faire apprécier les qualités du morceau de littérature didactique par lequel M. Cl. Bernard a inauguré son fauteuil à l'Académie française ; je demanderai maintenant pourquoi les conceptions philosophiques dont ce style est le vêtement si bien adapté n'auraient pas à leur tour la vertu d'ouvrir à l'illustre et heureux récipiendaire les portes d'une troisième académie, celle où le docteur Lélut représente si dignement la psychologie physiologique à côté de MM. Paul Janet, Ch. Lévêque, Franck, Vacherot, etc..... Pourquoi pas ? *Audaces fortuna juvat.*

LE LIBRE ARBITRE ET LES MÉDECINS

OBSERVATIONS SUR LA THÈSE DU DOCTEUR GRENIER

(Rapport à la Société Médico-psychologique)

58. La brochure[1] dont je vais dire quelques mots est une thèse d'étudiant qui a eu la singulière fortune de susciter un orage dans les régions de la politique, et, chose non moins sérieuse, de provoquer l'État à intervenir pour apprécier et redresser les doctrines de notre enseignement médical.

La question du *libre arbitre* relève-t-elle de la science du médecin? rentre-t-elle logiquement dans le cadre de ses études, et sied-il à une Faculté de médecine d'admettre ses candidats à soutenir devant elle l'opinion, quelle qu'elle soit, qu'ils peuvent s'être faite sur un tel sujet? La mesure qui a frappé M. Grenier et ses examinateurs a répondu par la négative; mais autre, j'imagine, sera la réponse de tout médecin comprenant les hautes attributions de son art et ayant à cœur d'en voir la dignité maintenue.

Oui, certes, le médecin a le droit, et, qui plus est, c'est pour lui un devoir professionnel, d'examiner, de sonder, d'agiter le problème philosophique de la liberté morale; en effet, on paraît l'avoir oublié, au nombre des obligations, si honorables, mais si lourdes, que la société lui impose, il compte celle d'éclairer la justice sur ce même problème chaque fois qu'un tel problème, sortant de l'abstraction

---

1. *Etude médico-psychologique du libre arbitre humain*, par J. P. GRENIER. Paris, 1868, br. in-8°, de 104 pages (chez Adrien Delahaye, place de l'École de Médecine).

pure, vient à se formuler dans les faits, vient à prendre corps dans un cas légal. Quand les actes d'un homme tombent sous l'appréciation de la justice, civile ou criminelle, et que juges et jurés se prennent à douter si cet homme a agi, oui ou non, dans l'exercice de ce qu'on nomme son *libre arbitre*, c'est nous qu'on appelle, nous seuls, pour venir mettre fin à cette perplexité, pour venir prononcer en dernier ressort une décision d'où dépendent la fortune, la liberté, l'honneur et la vie des citoyens; — et il nous serait interdit de nous rendre compte de ce que le monde entend par ce mot de libre arbitre; et l'examen des principes de cette branche principale de la médecine légale serait interdit dans les écoles où nous nous préparons à remplir les rigoureux devoirs de notre état ! Une telle prétention tombe devant le bon sens. Il est de la logique la plus élémentaire que celui à qui incombe le mandat de juger de la présence ou de l'absence actuelle d'une certaine condition mentale chez un individu déterminé sache d'abord en quoi une telle condition consiste, abstraction faite de tout cas particulier, c'est-à-dire qu'il connaisse les lois du diagnostic psychologique dont on le requiert de faire l'application.

On objecte qu'il existe sur la question du libre arbitre une opinion toute faite, une doctrine établie, loi fondamentale de la morale et de l'ordre social, que la médecine légale est tenue, elle aussi, de respecter et de prendre pour règle. A ceci je serais, pour ma part, disposé à répondre : « Cette doctrine (ceci soit dit sans vouloir en rien préjuger pour le moment, quant au fond) est une croyance *a priori* dont les principes théoriques ont été établis, sont exposés et défendus par la théologie et la métaphysique, sans que la science médicale ait pris à cette œuvre aucune part. Que dès lors les docteurs dont la société tient la théorie pour vraie et indiscutable reçoivent aussi d'elle la mission d'en faire l'application qu'elle comporte aux difficultés de la pratique judiciaire ; que les tribunaux prennent leurs experts de psychologie légale parmi les docteurs en théologie ou les docteurs en philosophie, et qu'ils laissent le médecin à ses malades ; car la raison, la conscience et la dignité de celui-ci lui défendent de prendre pour guide, dans l'exercice de son grave ministère, les injonctions de la foi aveugle au lieu des lumières du savoir raisonné. »

Le travail de M. le docteur Grenier n'aurait-il d'autre mérite que celui d'être une ferme revendication des droits naturels de la médecine sur le domaine des sciences morales, qu'il aurait acquis un titre à la sympathie du corps médical. Oui, nous le répétons, le sujet de cette thèse tant blâmée était légitime, car il constitue incontestablement un point de science médicale. A notre avis, l'auteur n'aurait fourni prétexte à la censure, et à la mesure dont il a été frappé, que si, en traitant cette question, licite, mais délicate et scabreuse, il se fût livré à des intempérances de langage et à des provocations inutiles, alors que, plus que jamais, il convenait d'apporter dans la discussion la réserve et la modération qui sont le propre du véritable esprit scientifique. L'auteur de l'*Etude sur le libre arbitre* a-t-il manqué à ces hautes et strictes convenances ? Non : le ton de cet écrit laisse bien sans doute à désirer parfois, mais c'est là un défaut de forme qu'il faut mettre sur le compte de l'inexpérience du jeune écrivain ; le sentiment qui respire dans tout son travail est celui d'un zèle sincère de la vérité et d'une bienveillance générale qui n'exclut point les adversaires de doctrine.

***

59. La brochure de M. Grenier peut se diviser en deux parties.

Dans la première, il présente un résumé instructif des opinions et systèmes divers auxquels a donné naissance la notion du libre arbitre depuis l'époque, d'ailleurs assez ancienne, où cette question est entrée dans les préoccupations de la philosophie. L'auteur fait ressortir sans peine le caractère arbitraire et contradictoire de ces jugements, et il nous signale les conséquences malfaisantes, parfois atroces, que l'inexorable logique des théoriciens en a tirées pour la morale positive, pour le droit pénal, pour les institutions politiques et sociales. Œuvre de fausse science et de barbarie, ce confus amalgame de décisions dogmatiques de toute sorte, qui constitue la doctrine orthodoxe du libre arbitre, ne saurait en vérité s'imposer à l'esprit du médecin, formé à l'austère discipline des sciences certaines ; et le médecin ne saurait accepter de tels principes comme règle absolue de sa conduite professionnelle.

Dans la seconde partie de son écrit, l'auteur fait appel aux connaissances physiologiques et pathologiques pour en obtenir la clef de ce mystère de la psychologie et de la morale, que les controverses des théologiens et des philosophes semblent n'avoir eu pour effet que de rendre plus impénétrable encore.

Certes, c'est une des plus funestes et moins pardonnables erreurs de la métaphysique, d'avoir voulu résoudre à elle seule les problèmes de psychologie et d'éthique sans consulter la science de l'organisme humain sur les fonctions de l'organe de la pensée. Mais est-ce à dire pour cela que le physiologiste et le pathologiste réunis puissent à eux deux réaliser ce que le psychologue métaphysicien a follement tenté d'accomplir avec ses insuffisantes lumières ? M. Grenier juge bien fondée une telle prétention, qui est celle, il faut le dire, de toute la corporation des physiologistes contemporains, à quelques très rares exceptions près. Nous croyons, nous, que c'est encore là une fâcheuse illusion.

Cette illusion, nous l'avons souvent fait remarquer [1], se montre toute nue dans un fait que chacun peut aisément constater ; ce fait, c'est une radicale impuissance à exposer l'analyse des fonctions nerveuses dans un langage qui ne soit à la fois inintelligible et absurde ; et cette impuissance, fruit d'une insuffisance de notions psychologiques et ontologiques, se découvre avec la plus indigente nudité dans les œuvres de nos premiers maîtres. Si ceux-ci ont quelque droit de sourire en considérant l'ignorance confiante et sereine avec laquelle nos psychologues de profession font table rase des données les plus positives de la physiologie qui viennent démentir leurs dogmes accrédités, ils leur offrent à leur tour mainte occasion de représailles.

Pour arriver à se rendre compte du mécanisme psychologique, de son jeu et de ses effets, il y a deux choses, deux ordres de faits à observer concurremment : il y a les faits subjectifs, c'est-à-dire ce que notre esprit peut étudier en soi-même, dans son for intérieur, par une réflexion de la pensée sur elle-même ; il y a ensuite les faits objectifs, c'est-à-dire ceux qui s'observent par l'exercice externe de nos sens et constituent ce que nous appelons notre organisme ainsi que les agents du dehors qui mettent en jeu cet organisme, le modifient, et agissent par lui sur notre état psychique.

Ces deux études complémentaires ont été poursuivies jusqu'ici isolément et sont restées étrangères l'une à l'autre ; aussi n'ont-elles produit chacune qu'une science boiteuse. Ce n'est pas avant que psychologues et physiologistes aient appris à s'écouter mutuellement et à s'entendre

---

1. Voir nos *Essais de physiologie philosophique*, pages 126, 131, 333, 448, 533 et *passim*.

pour mettre en commun leurs acquisitions respectives, que la psychologie et la morale pourront se constituer scientifiquement. Mais aussi, j'en ai la conviction, ce moment venu, les malentendus qui divisent les écoles en matérialistes et spiritualistes, en confesseurs et en négateurs du libre arbitre, seront bien près de se dissiper. Ceci est une thèse que je me propose de développer un jour, et je compte profiter de cette occasion pour m'acquitter plus dignement envers M. Grenier. Je ne veux pas cependant poser la plume sans avoir signalé l'importante conclusion qui termine son estimable essai.

*
* *

60. Le matérialisme et le fatalisme professés par notre confrère ne sont pas de ceux qui éteignent les généreux élans et les nobles espérances : après avoir invoqué les précieux témoignages de la science contemporaine pour établir que l'être moral, comme l'être physique, est soumis, d'une manière inévitable, à l'action modificatrice des milieux, notre auteur en conclut fort intelligemment que son devoir et son intérêt prescrivent à la société de donner le pas à la morale préventive sur la morale répressive, c'est-à-dire d'améliorer de toutes ses forces son organisation de façon à substituer à des conditions totalement délétères pour la moralité, des conditions nouvelles favorables à la pratique du bien. Sur ce point, nous donnons notre entière et cordiale adhésion aux vues et aux vœux du docteur Grenier.

PSYCHOLOGIE ET MORALE

DE LA SUBCONSCIENCE.

(Congrès international de Neurologie de 1897.)

61. Avant tout, que doit-on entendre par la *Subconscience* ?

Cette question s'est montrée embarrassante à ce point que jusque dernièrement la science, sans excepter ses maîtres les plus illustres, Claude Bernard notamment, n'avait su y répondre que par cette définition bizarre, que la subconscience est une conscience inconsciente.

Les phénomènes de la suggestion hypnotique, ayant fini par s'imposer à l'attention des savants, sont venus grossir dans une proportion énorme le problème de l'automatisme réflexe, en y introduisant une masse de données et, en même temps, de difficultés d'un caractère entièrement nouveau. Ce problème, qui était regardé jusque-là comme purement physiologique, est devenu psychologique pour une part au moins égale. Son intérêt s'en est accru d'autant, on l'a creusé avec ardeur, et finalement on a si bien fait que le mystère s'est dégagé sensiblement de ses ténèbres.

Une hypothèse, ou plutôt toute une construction théorique sur la nature de l'activité réflexe, avait été nettement et explicitement exposée dès 1855 [1]. Mais cette conception avait devancé l'heure : elle fut très mal accueillie.

---

[1]. Voir mon *Electrodynamisme vital*, Paris, 1855.

Maintenant, la faveur générale vient à elle par un brusque retour de fortune, et tout le monde commence à y voir, sinon la solution cherchée, du moins une voie inespérée vers ce but.

La doctrine dont il s'agit, en train d'être réhabilitée après 40 ans de proscription, se résume dans la proposition suivante : Les centres subcérébraux du système réflexe sont, comme le cerveau lui-même, le siège d'un principe subjectif qui leur est inhérent, c'est-à-dire d'un quelque chose d'homogène à ce que nous appelons notre moi, notre conscience, notre âme, ou, en d'autres termes, d'une individualité sentante, pensante et voulante, enfin, d'une véritable personnalité psychologique.

A cette thèse, si paradoxale au premier abord, la zoologie comparative apporte un appoint de démonstration singulièrement précieux : elle nous révèle, dans les centres nerveux échelonnés le long de l'axe céphalo-rachidien des Vertébrés, les homologues et les représentants phylogéniques des ganglions cérébroïdes des Annelés, dont chacun est à proprement parler un cerveau pour le zoonite ou le zoïde formateur, c'est-à-dire pour l'individualité animale élémentaire dont il fait partie.

L'organisme humain est donc *polyzoïque* et *polypsychique*, et là est l'explication pleinement satisfaisante de cette contradiction apparente, qui semble d'abord insoluble, d'actes vitaux d'un côté manifestement empreints de sensibilité, de volonté et de discernement, et, d'un autre côté, s'accomplissant à notre insu, en dehors de ce qu'on nomme la conscience, et se montrant indépendants de cette dernière à ce point qu'ils persistent, qu'ils continuent de se produire après l'ablation des hémisphères cérébraux, après la décapitation même de l'animal.

Quel est exactement le rôle, quels sont au juste les attributions, dans l'économie, de ces moi multiples dont se compose la subconscience, et vis-à-vis desquels le moi proprement dit n'est qu'un *primus inter pares* ? Quelle est leur psychologie, quelles sont leurs facultés, quelles sont leurs mœurs ? Quelle est leur pathologie ? Quelle doit être leur éducation, leur direction, leur hygiène, leur thérapeutique ? A un point de vue moral, que sommes-nous pour ces associés, nos semblables de nature, sinon nos égaux, et que *devons-nous* être pour eux ? Ces questions m'apparaissent comme autant de corollaires inévitables de la thèse du polyzoïsme et du polypsychisme une fois acceptée.

※

62. Depuis que Baillarger, il y a de cela un demi-siècle, signala le premier « l'automatisme de l'âme », une scrutation rigoureuse des faits anciens et des faits nouveaux a établi deux points d'importance capitale pour la psychologie et la psychiatrie :

Premièrement, les moi secondaires anatomiquement et physiologiquement représentés par les centres subordonnés du système cérébro-spinal, exercent une influence continue et décisive sur les états mentaux du moi proprement dit. C'est en partie et presqu'entièrement par eux que *je* sens comme je sens ; que *je* pense comme je pense ; que *je* suis ce que je suis ; que *je* me détermine dans tel ou tel sens ; que *je* me conduis de telle sorte et non autrement, cependant que je vis dans l'illusion de croire que tout en moi est spontané, et que ce que je veux est librement voulu.

Secondement, ces moi de la subconscience ne se contentent pas d'être les souffleurs cachés, les suggesteurs secrets de nos sentiments, de nos souvenirs, de nos pensées, de nos résolutions ; il y a plus : ils peuvent en certains cas se substituer à la superconscience, la reléguer au second plan, et entrer directement en rapport avec le monde extérieur par le double canal des organes des sens et des organes du mouvement. Le fait est surabondamment attesté par une multitude d'observations devenues classiques [1].

Je me permets de soumettre ces simples considérations aux méditations de ceux d'entre nous qui se sentent suffisamment qualifiés pour trancher souverainement les questions de responsabilité.

La doctrine du polypsychisme ne soulève pas d'ailleurs que des difficultés de médecine légale. Au praticien elle propose le problème, aussi inquiétant qu'inattendu, de savoir si, dans les opérations chirurgicales, l'anesthésie présumée de la superconscience est une garantie suffisante que le fer et le feu n'atteindront pas la sensibilité de la subconscience, et que celle-ci ne souffrira pas d'autant plus peut-être que celle-là aura été mise seule à l'abri de la douleur.

Je m'arrête, mon dessein n'ayant pas été d'offrir ici une véritable étude sur la psychologie et la morale de la subconscience, mais seulement de signaler à la science ce nouveau champ de recherches, qui me paraît présenter un haut et vaste intérêt.

1. Voir mon ouvrage *Le merveilleux scientifique*, 1 vol. in-8°, Paris, 1891, pages 241-245 ; et ma brochure *Les mystères de la suggestion*, Paris, 1896.

L'AME DEVANT LA SCIENCE

RAPPORT A LA SOCIÉTÉ MÉDICO-PSYCHOLOGIQUE DE PARIS

(Séances des 20 mars et 26 avril 1869.)

> ...Tum cumprimis, ratione sagaci
> Unde anima atque animi constet natura videndum.
> LUCRÈCE, l. I, v. 131.

Messieurs,

63. Le dernier numéro des *Annales médico-psychologiques* récemment publié m'a appris que dans votre séance du mois de juillet (1868), à laquelle je n'étais pas présent, la Société m'avait chargé de lui rendre compte d'un livre intitulé *L'âme, démonstration de sa réalité déduite des effets du chloroforme et du curare sur l'économie animale*, par M. Ramon de la Sagra, membre correspondant de l'Institut [1].

Je me suis mis à l'œuvre aussitôt pour m'acquitter de cet honorable mandat, mais non sans regretter de l'avoir ignoré si longtemps et d'avoir pu paraître coupable d'une négligence qui serait sans excuse en présence du mérite de l'ouvrage et des titres scientifiques de l'auteur. Voici mon travail.

I

64. Le livre de M. Ramon de la Sagra m'a paru instructif et digne d'intérêt ; et j'éprouve d'autant plus de plaisir

---

[1] Un vol. in-18, librairie Germer-Baillière.

à vous le faire connaître, que cet écrit, à côté d'opinions que je serai forcé de combattre, affirme avec énergie certains principes qui me sont particulièrement chers, et que pendant longtemps j'ai défendus seul.

Bien irréfléchie, bien aveugle à mon sens est la médecine si elle ne voit pas que la constitution d'une saine métaphysique s'offre en ce moment comme une condition *sine qua non* de ses développements futurs ! La métaphysique, qu'une certaine école s'est plue à confondre avec les divagations des métaphysiciens, est en soi, c'est-à-dire quant à son domaine et quant à son but, une science légitime et positive entre toutes ; car elle est la science des principes, et tout système de connaissances dont les principes restent obscurs, indéterminés, incertains, repose, cela est évident, sur une base non scientifique, une base mouvante, sur laquelle on ne saurait bâtir que des édifices éphémères [1].

---

1. Nous trouvons les déclarations suivantes dans une puissante discussion de la philosophie d'Hamilton, par John Stuart Mill, le représentant le plus éminent du positivisme anglais, et dans lequel nous venons d'être aussi heureux que surpris de rencontrer un métaphysicien de première force :

« England is often reproached by continental thinkers with indifference to the higher philosophy. But England did not always deserve this reproach and is already showing by no doubtful symptom, that she will not deserve it much longer. Her thinkers are again beginning to see, what they had only temporarily forgotten, that the difficulties of Metaphysics lie at the root of all science ; that those difficulties can only be quieted by being resolved, and that until they are resolved, positively whenever possible, but at any rate negatively, we are never assured that any human knowledge, even physical, stands on solid foundations. » (*An Examination of Sir William Hamilton's Philosophy*, by JOHN STUART MILL, 3e édit., Londres, 1867, p. 2.)

(Les penseurs du continent reprochent souvent à l'Angleterre son indifférence en matière de haute philosophie. Cependant l'Angleterre n'a pas toujours mérité ce reproche, et elle montre déjà, par des signes qui ne sauraient laisser aucun doute, qu'elle est décidée à ne pas le mériter plus longtemps. Ses penseurs commencent de nouveau à s'apercevoir, ce qu'ils

La pathologie est une de ces sciences : elle ignore ses principes, et, qui plus est, elle se pare en quelque sorte de cette ignorance. Mais n'en est-elle pas cruellement punie, condamnée qu'elle est à se débattre impuissante dans les entraves d'une inextricable logomachie ? Il s'agissait dernièrement à l'Académie de médecine de juger une question en apparence des plus simples ; elle consistait à savoir si une certaine disposition convulsive produite artificiellement chez les animaux comportait ou ne comportait pas la dénomination d'épilepsie. Les uns opinaient pour l'affirmative, d'autres se prononçaient pour la négative.

Toutefois, du choc de ces opinions ne jaillit pas la solution cherchée, mais il en sortit un autre enseignement qui n'eût pas été sans fruit s'il ne fût passé inaperçu : c'est que la question débattue et toutes questions analogues sont insolubles et dénuées de sens, étant formulées dans des termes non définis qui laissent à chacun pleine licence de les interpréter à sa guise.

Et par quel miracle, en effet, aurait-on réussi à se mettre d'accord sur le point de savoir si le cas proposé était ou n'était pas de l'épilepsie, alors que ce mot *épilepsie* manquait d'une signification arrêtée, et que les différents contendants le prenaient dans des acceptions différentes ?

Le débat devait être stérile et interminable comme serait celui de deux astronomes qui, sans s'être préalablement mis d'accord sur la valeur conventionnelle du mot soleil, et l'un entendant effectivement désigner le soleil par ce nom, tandis que ce même nom serait appliqué par l'autre

avaient momentanément oublié, que *les difficultés de la métaphysique sont à la racine de toutes les sciences ; qu'on ne peut se soustraire à ces difficultés qu'en les résolvant, et que, d'ici à ce qu'elles soient résolues, positivement quand ce sera possible, mais tout au moins d'une manière négative, nous ne serons jamais assurés qu'aucune connaissance humaine, même dans l'ordre physique, repose sur des fondements solides.*)

à la lune, je suppose, mettraient en discussion si le soleil est un corps lumineux par émission ou par réflexion, s'il tourne autour du globe terrestre ou si c'est la terre qui tourne autour de lui, etc. Vaines paroles, efforts perdus, que tous les efforts et que toutes les paroles qui seraient alors prodigués de part et d'autre pour arriver à une entente sur ce point de science et pour en dissiper l'obscurité !

Or ce n'est pas le mot épilepsie seulement qui est équivoque et vague en pathologie. Non certes ; c'est aussi la plupart des dénominations nosologiques, et c'est enfin et surtout le terme premier du vocabulaire médical, le mot MALADIE.

Ce terme est encore à l'état d'énigme, le sens en est douteux et changeant, nul ne sait au juste ce qu'il signifie, et c'est sur un tel brouillard que tous les systèmes de médecine ont été bâtis. Il n'est point exagéré de dire, et il faut oser dire cette humiliante vérité, que *la pathologie ignore jusqu'au premier mot de ce qu'elle enseigne* !

Et que dirons-nous, Messieurs, de la physiologie, de notre glorieuse Physiologie Expérimentale, si fière de sa supériorité ? Il y a quinze ans, nous nous sommes permis d'imprimer que cette science, faute d'avoir défini ses termes premiers, faute d'avoir établi ses notions fondamentales avec précision et solidité, était encore dans sa période de confusion limbique. Comme il fallait s'y attendre, venant d'un simple et humble mortel, ce jugement, que nous avons plusieurs fois réimprimé depuis, n'éveilla que des sourires ; mais voici qu'un physiologiste académicien, le physiologiste le plus renommé de l'époque, trouve bien d'épouser notre opinion et de la faire sienne ; espérons que le monde savant, cette fois, va lui faire un meilleur accueil. « En physiologie », a écrit M. Cl. Bernard dans son *Rapport sur les pro-*

grès de la physiologie générale en France, « nous en sommes aujourd'hui au temps où en était l'alchimie avant la fondation de la chimie. »

Si effectivement la physiologie n'est pas constituée, qu'on le sache, c'est qu'elle a dédaigné jusqu'ici de se donner son vrai fondement, celui qui consiste dans la définition de ses termes principaux, dans une analyse rigoureuse et approfondie des notions qui se cachent sous ces termes et que ces derniers enveloppent dans leur propre obscurité. Se figure-t-on que la science des organes et des fonctions en soit encore à ne pas connaître ce qu'est une fonction, ce qu'est un organe? Rien de plus vrai pourtant : elle ne sait rien de ces choses et, qui pis est, n'en veut rien savoir. De telles préoccupations passent pour ne pas être scientifiques : c'est de l'abstraction, dit-on, c'est de la métaphysique ; car notre physiologie expérimentale est loin d'avoir répudié la devise que son fondateur lui a donnée dans ces mémorables paroles : « Des expériences », s'écriait Magendie, « rien que des expériences, *sans mélange de raisonnement*[1] ! »

A plus forte raison encore cet expérimentalisme radical se prononcera-t-il contre toute immixtion ontologique et psychologique. Il y a deux ans, la médecine enseignante, par l'organe d'un des professeurs les plus autorisés de l'École de Paris, formulait la déclaration de principes suivante, assurément digne d'être conservée dans les annales de la science : « A la question : êtes-vous spiritualiste ou matérialiste, voire même animiste ? je répondrais simplement : je suis pathologiste, ces gros mots ne sont pas à l'usage de notre science. Elle n'a rien à voir dans les idées qu'ils représentent, dans les questions qu'ils soulèvent.

---

[1] *Éloge de Magendie*, par Cl. Bernard.

La théologie et la psychologie ne nous regardent pas [1]. »

J'en demande tous les pardons à M. le professeur Béhier — car c'est lui que nous venons d'entendre —, mais c'est juste le contre-pied de ses dires qu'il nous faudra prendre pour avoir l'expression exacte de la vérité. Oui, assurément, la psychologie regarde la médecine, et à tel point que, sans médecine pas de psychologie, et sans psychologie pas de médecine.

La science du psychologue, en effet, n'est qu'un fragment de science, un avorton de science, une science boiteuse et borgne, tant que le psychologue reste étranger à la connaissance des liens physiologiques qui unissent le moral et le physique l'un à l'autre par une dépendance si étroite ; aussi longtemps qu'il néglige d'étudier le mécanisme organique par l'intermédiaire duquel la pensée s'exerce et entre en rapport avec son objet ; aussi longtemps qu'il refuse de s'initier aux lois de cette intime solidarité qui fait dépendre, qui fait souffrir ou fait profiter notre état psychique des modifications bonnes ou mauvaises survenant dans notre état somatique ; aussi longtemps, en un mot, qu'il dédaigne de se faire physiologiste et pathologiste, aimant mieux suivre la direction tracée par un certain Manuel de Philosophie universitaire où l'incompétence psychologique du médecin est magistralement prononcée [2].

Et, à son tour, comment l'homme dont c'est la mission de soigner les maladies mentales, dont c'est la mission de décider les questions judiciaires de responsabilité morale et de libre arbitre, serait-il à la hauteur de ses graves devoirs s'il s'interdisait de connaître l'économie de cette organisation psychique dont il est appelé à rétablir l'harmonie

---

1. Leçon d'ouverture de M. le docteur Béhier, professeur à l'Ecole de Médecine de Paris, dans la *Gazette des Hôpitaux* du 14 février 1867.
2. *Manuel de Philosophie* de MM. Saisset, Jacques et Jules Simon.

troublée, dont il est appelé à apprécier l'état chez les personnes, et à constater, s'il y a lieu, les désordres [1] ?

Et comment conçoit-on encore que le physiologiste puisse arriver à comprendre le mécanisme du système nerveux de la vie de relation sans s'occuper des facultés et des actes psychiques, qui sont la raison même d'un tel mécanisme et qui peuvent seuls nous indiquer la fonction, nous expliquer la disposition et l'agencement de ses rouages divers ?

Le philosophe qui conteste les attributions psychologiques du médecin, et le médecin qui en consent l'abandon, font l'un et l'autre acte d'inintelligence profonde. Et ils ne se trompent pas d'une manière moins grave, Messieurs, et ils n'égarent pas la science dans une erreur moins funeste quand ils soutiennent encore que les questions ontologiques ne sont pas de notrer essort. Ou de telles questions sont insolubles et oiseuses, ou c'est au médecin surtout qu'il appartient de les éclairer. Toutes les grandes difficultés de la physiologie, de la pathologie et de la thérapeutique se rattachent en effet au grand problème ontologique, et en même temps c'est dans la médecine que sont les données de ce problème souverain [2].

Nous le disons depuis de longues années en nous efforçant de le faire comprendre, et vous nous permettrez de le répéter ici : la théorie générale de la Fonction et de l'Organe donne la clef de toutes les grandes questions en suspens dans la Physiologie, la Pathologie et la Thérapeutique.

1. « L'esprit dépend si fort du tempérament et de la disposition des organes du corps, que, s'il est possible de trouver quelque moyen de rendre communément les hommes plus sages et plus habiles qu'ils ne l'ont été jusqu'ici, c'est dans la médecine qu'il faut le chercher. » Descartes (*Discours de la méthode*, 6e partie).

2. « Il n'appartient qu'à celui qui a pratiqué la médecine d'écrire de la métaphysique. » Diderot.

Or cette analyse nous met en présence de la distinction des deux principes essentiels qui concourent dans le mouvement vital (comme aussi peut-être dans tout autre mouvement) : le principe qui meut et le principe qui est mû, celui qui sent et celui qui est senti ; ou, en d'autres termes, le Sujet et l'Objet, l'Esprit et la Matière.

C'est surtout dans l'analyse critique des actions nerveuses de la vie animale que le physiologiste se voit amené tout droit, et bon gré, mal gré, en face de l'antinomie ontologique. Force est en effet au plus pur expérimentaliste, au plus grossier matérialiste, de compter ici avec les notions de sensibilité, d'intelligence, de conscience, de subjectivité, d'objectivité, de facultés, de sensation, de perception et d'impression, de sujet et d'objet. Quoi qu'il fasse, et quoi qu'il en ait, il ne peut échapper à la nécessité d'user de ces mots. Cependant, pour les employer avec discernement, les comprendre d'abord, s'en faire une idée juste et nette serait nécessaire ; c'est-à-dire qu'il faudrait dégager les notions que ces mots impliquent, élucider ces notions ténébreuses et les amener à l'état de connaissances claires et précises. Mais, je le répète, cette étude nous amène au cœur de l'ontologie, et l'homme de la physiologie actuelle ne craint rien autant que de s'entacher de métaphysique. Que fera-t-il alors ? Il se décidera à parler quand même et à tout hasard une langue dont les délicates nuances et les distinctions fines et rigoureuses échappent entièrement à son esprit qui ne s'est habitué qu'au rude maniement des faits bruts ; et il arrive alors que ce langage au sens inconnu projette son obscurité sur les faits eux-mêmes que l'observateur a sous les yeux.

Ces faits deviennent équivoques, confus, inintelligibles, à l'instar des expressions qui les représentent ; le savant le plus exercé ne s'y reconnaît bientôt plus, et les explications et formules auxquelles il essaye de les soumettre ne sont, notre devoir est de le dire, qu'un pêle-mêle de méprises, de contre-sens et de non-sens. Je ne sache rien qui soit humiliant pour l'orgueil expérimentaliste et positiviste à l'égal de ces tristes essais d'analyse physiologico-psychologique.

Notre auteur, qui est un philosophe doublé d'un savant, a été vivement frappé de cette impuissance de la science d'observation à se diriger dans l'étude des fonctions cérébrales, à en saisir les lois les plus simples et les plus apparentes, à les exposer avec quelque logique ; et il a reconnu comme nous la cause de cette infirmité scientifique dans l'oubli et le dédain de toute critique métaphysique chez nos modernes savants.

Mais M. Ramon de la Sagra, après avoir mis le doigt sur la plaie, nous en apporte-t-il le remède ? Redresse-t-il les erreurs, comble-t-il les lacunes qu'il signale avec tant d'à-propos ? Il nous montre les névrologistes errant de la façon la plus malheureuse pour avoir omis de fixer les notions ontologiques qui leur servent de point de départ ; mais l'auteur a-t-il réussi à donner ces déterminations, à établir ces principes dans lesquels l'analyse physiologique posséderait enfin l'indispensable et sûre boussole qui lui avait manqué jusqu'à ce jour ?

J'ai le regret de l'avouer, cette partie de l'œuvre de M. Ramon de la Sagra me satisfait moins que ses aperçus critiques.

Cependant, hâtons-nous de le dire, et veuillez en prendre bonne note, le travail dont il est ici question nous est présenté par l'auteur comme un simple fragment détaché d'une étude plus considérable, encore inédite. Espérons que la publication nouvelle qui vous est annoncée viendra combler nos *desiderata*. Mais, en attendant, ce n'est qu'en lui-même que nous devrons apprécier le livre qui fait l'objet de ce rapport, et notre devoir sera d'en signaler les imperfections avec le même soin que les mérites.

L'auteur nous déclare tout d'abord le but qu'il se propose. Son entreprise est ambitieuse, mais il l'expose sans détour et avec une franchise virile. L'objet de son livre est de démontrer *la réalité de l'âme*, et c'est dans la considération des phénomènes de l'anesthésie qu'il prendra ses preuves.

Nous devons commencer par exprimer un regret : c'est que notre philosophe, qui a si bien senti et fait si vivement ressortir cette faute capitale des physiologistes de ne point définir les termes sur lesquels roulent leurs démonstrations, ait négligé de prêcher d'exemple. M. Ramon de la Sagra ne nous apprend nulle part ce qu'il entend au juste par l'âme, quelle est l'idée précise que ce mot représente pour lui. Aussi, avant de discuter et ses preuves de la réalité de l'âme, et ses critiques des erreurs où sont tombés suivant lui les savants pour avoir méconnu cette vérité première, nous croyons indispensable de suppléer nous-mêmes à cette omission de l'auteur, c'est-à-dire de commencer par indiquer aussi nettement que possible ce qu'il a dû entendre par le mot âme, à en juger d'après le contexte de sa dissertation.

⁎

65. Les mots, on ne saurait trop le répéter avec tous les traités de logique (dont les auteurs ne sont pas toujours les derniers, malheureusement, à transgresser leurs sages préceptes dans la pratique), les mots, dis-je, n'ont qu'une valeur conventionnelle, et, tant qu'un mot n'est pas expressément défini, discuter sur la chose que ce mot est censé représenter, c'est égarer, et nous-mêmes, et ceux qui nous

écoutent, dans un dédale d'énigmes et de méprises ; c'est épaissir de ténèbres factices l'obscurité inhérente aux questions qu'on entreprend d'élucider.

L'*âme* sera donc tout ce qu'on voudra, car un tel vocable, ainsi que tout autre mot du dictionnaire, peut être appliqué à la représentation d'une idée quelconque, d'un objet quel qu'il soit ; seulement, celui à qui il plaira de consacrer ce signe à telle ou telle application sera tenu de préciser cette application arbitraire, de la faire connaître nettement, et de se conformer ensuite rigoureusement à la convention établie.

« Il n'y a rien de plus permis », dit Pascal, « que de donner à une chose, qu'on a clairement désignée, un nom, tel qu'on voudra ; il faut seulement prendre garde qu'on n'abuse de la liberté qu'on a d'imaginer des noms en donnant le même à deux choses différentes. Ce n'est pas », ajoute Pascal, « que cela ne soit permis, pourvu qu'on n'en confonde pas les conséquences, et qu'on ne les'étende pas de l'une à l'autre. Mais, si l'on tombe dans ce vice, on peut lui opposer un remède très sûr et très infaillible, c'est de substituer mentalement la définition à la place du défini, et d'avoir toujours la définition si présente que, toutes les fois qu'on parle, par exemple, de nombre pair, on entende précisément que c'est celui qui est divisible en deux parties égales, et que ces deux choses soient tellement jointes et inséparables dans la pensée, qu'aussitôt que le discours exprime l'une, l'esprit y attache immédiatement l'autre ; car les géomètres et tous ceux qui agissent méthodiquement n'imposent de noms aux choses que pour abréger le discours, et non pour diminuer ou changer l'idée des choses dont ils discourent ; car ils prétendent que l'esprit supplée toujours la définition entière aux termes courts, qu'ils n'emploient que pour éviter la confusion que la multitude des paroles apporte. » (*Pensées* de Pascal, art. 1er.)

Je cite tout au long ce passage, le salutaire précepte qu'il renferme n'ayant jamais été plus nécessaire et en même temps plus négligé que dans le sujet qui nous occupe. Où sont en effet ceux qui, se conformant à la recommandation de l'illustre géomètre, se donnent jamais le soin d'avoir présente à l'esprit la définition du mot *âme* quand ils font usage de ce mot? Ils sont rares ; aussi ce n'est pas « pour éviter la confusion » que ce mot paraît être employé : de même que le mot *Dieu*, auquel il est étroitement allié, il semble n'avoir été créé que pour accroître le trouble des idées. Cependant, il en est de ce terme comme des termes les plus obscurs de la science : ils recouvrent les vérités les plus importantes, et c'est pour cela que les vagues notions que les hommes y ont rattachées méritent d'être scrutées et tirées au clair.

Voyons donc ce qui se cache au fond de cette vieille dénomination d'âme. Je dois renoncer à donner ici une histoire complète de ce mot, c'est-à-dire des idées plus ou moins disparates qu'il a représentées tour à tour ou concurremment. Ce serait toutefois une étude bien instructive, mais il faut savoir se borner. Je vais donc m'attacher simplement à dégager dans son expression essentielle, et aussi rigoureusement que possible, la commune acception entrevue sous le nom d'âme, mais sous des aspects plus ou moins opposés, et avec une pénétration diverse, par la généralité des psychologues et des ontologistes.

Il est une *âme* dont la réalité est admise unanimement et sans conteste ; c'est celle qui représente la catégorie formée de l'ensemble des facultés de sentir et de penser. Cette âme n'est niée par personne, par les matérialistes pas plus que par les spiritualistes, et pas plus que sont niées l'irritabilité, la contractilité ou la motilité. Ce principe scientifique, sur lequel tout le monde est d'accord, sert de base à la Psychologie Descriptive ou d'observation (la *psychologie expérimentale* des auteurs). C'est là un terrain neutre où les deux écoles peuvent travailler de concert sans rien sacrifier des croyances qui les divisent. Déjà même on peut voir ce champ livré à une culture intelligente et active à laquelle concourent les disciples de Reid et les disciples de Gall, des spiritualistes français, tels que votre regretté collègue Adolphe Garnier, et des positivistes anglais de diverses nuances, tels que MM. Bain, Bailey, Stuart Mill, Herbert Spencer ; et où la médecine aliéniste de tous les pays commence à prendre la part qui lui revient dans une telle œuvre, une part éminente.

Cependant, le vrai philosophe, le physiologiste, le médecin, ne sauraient longtemps se borner à constater simplement des phénomènes psychiques, à les décrire et à les classer : la connexion si manifeste, si intime, si importante, qui tout d'abord s'observe entre ces phénomènes et l'organisme, et le cerveau d'une manière toute spéciale, conduisent naturellement, logiquement, et j'ajoute *inévitablement*, à s'imposer une tâche nouvelle. Quelle est la relation exacte qui unit ces actes aux organes ? Quelle est la cause vraie de ces actes, c'est-à-dire quelle idée doit-on se faire de leur origine, de la puissance dont ils sont les effets, et du *modus agendi* de cette puissance ? Telle est la question que notre intelligence est amenée forcément à se faire, et c'est surtout au physiologiste qu'elle s'adresse impérieusement, car, avant de l'avoir résolue, je l'ai déjà dit ailleurs, il est pour celui-ci une multitude de difficultés fondamentales qu'il ne lui est pas possible de démêler ; sans cette solution, il ne peut arriver à une notion exacte de la fonction et de l'organe, il ne peut arriver à tirer l'analyse des actions nerveuses du labyrinthe de méprises et de contradictions où elle s'est enfermée. Tandis que le psychologue peut à la rigueur se borner à faire de la psychologie descriptive, le physiologiste ne peut faire de la physiologie sans interroger et faire parler l'étiologie psychologique, la psychologie ontologique.

Et maintenant, c'est ici qu'éclate le procès entre le matérialisme et le spiritualisme, c'est ici que le mot *âme* revêt un sens nouveau, et que la réalité de l'âme, ainsi entendue, devient un grave sujet de litige. Pour l'un, les faits de sentir et de penser sont essentiellement et entièrement dus à des propriétés correspondantes inhérentes à la *matière cérébrale*, tout comme les contractions musculaires ont leur cause et leur explication adéquates dans la contractilité de la fibre musculaire. C'est ainsi que s'expriment les philosophes de l'école positiviste française, qui sont, quoi qu'ils en disent, les plus purs comme les plus savants interprètes du matérialisme contemporain. « Le cerveau pense comme le foie sécrète la bile », disent-ils encore pour donner à leur pensée une expression franche et catégorique. Et quelle masse de faits, si imposante et si irrésistible en apparence, n'apportent-ils pas à l'appui de leur proposition ! Ces faits sont tellement indéniables, et sur une première et superficielle vue paraissent si probants, si décisifs, que l'ignorance, l'aveuglement invétéré des préjugés ou la mauvaise foi semblent seuls capables de résister à l'éloquence de pareilles preuves.

A l'évidence de *fait* alléguée par le matérialisme les spiritualistes opposent une évidence de *raison*, et soutiennent, avec une conviction non moins résolue, que la sensibilité et la pensée, que la conscience, en un mot, ne peut appartenir intrinsèquement à une parcelle de matière quelconque, et est attachée à une substance distincte du corps, à une substance immatérielle, c'est-à-dire inétendue ; et c'est cette substance qu'ils appellent *l'âme*.

Telle est l'âme dont la réalité forme le sujet du débat qui met aux prises les deux écoles.

Je crois, quant à moi, que les considérations mises en avant de part et d'autre ont une valeur scientifique réelle ; mais les conséquences respectives qu'on en déduit me paraissent outrées, et c'est par suite de cet abus que ces deux ordres de propositions ont l'air de mutuellement s'exclure, quand, dans le fond, telle est du moins ma manière de voir, ils se complètent.

J'ai vu en Afrique une montagne dont les deux versants offrent entre eux un saisissant contraste. D'un côté, ce sont de délicieux vergers, des coteaux riants, des vallons ombreux où courent de frais ruisseaux, c'est un pays enchanté ; de l'autre, ce ne sont que des rochers abruptes, des pentes arides et coupées par des ravins affreux. Spiritualistes et matérialistes me font l'effet de deux voyageurs qui, venant d'explorer ma montagne, mais chacun d'eux sous un seul et différent aspect, se figureraient et décriraient ce qu'ils ne connaissent pas d'après ce qu'ils ont observé, et porteraient sur le tout deux jugements contradictoires, tous deux vrais cependant en tant que restreints à leur véritable objet respectif, mais l'un et l'autre ayant le défaut capital d'embrasser les deux faces d'un ensemble, quand, en réalité, ils ne s'appliquent, l'un comme l'autre, qu'à une seule.

Plus sages, nos voyageurs se fussent bornés à décrire ce qu'ils avaient observé, si mieux ils n'ayaient aimé se livrer de part et d'autre à une exploration entière, ce qui eût achevé de mettre d'accord et leurs impressions et leurs récits. Que les explorateurs de la montagne ontologique agissent de même : qu'ils en fassent tout le tour, qu'ils la parcourent en tout sens, et nous aurons alors une ontologie synthétique où les opinions simplistes et antinomiques du matérialisme et du spiritualisme viendront se concilier et se réunir en une harmonieuse unité.

*
* *

66. Dans toutes les sciences dites expérimentales, tout le monde en est aujourd'hui d'accord, le fait d'observation, le fait d'expérience, telle est la seule base certaine de toute connaissance scientifique, de toute connaissance sûre, en qui l'homme puisse mettre sa confiance sans danger. Je partage pleinement cet avis. Oui, j'adopte ce principe, j'y adhère sans réserve, en le prenant dans son énonciation générale. Oui, je regarde le fait d'expérience comme la seule notion directement donnée, et la seule qui soit l'attestation irréfragable et infaillible du vrai réel. Mais combien nos expérimentalistes ne se montrent-ils pas superficiels dans leur critique de la connaissance en croyant voir le fait d'expérience là où ils nous le montrent ! « Le soleil est un disque lumineux qui circule au-dessus de nos têtes, de l'est à l'ouest, en douze heures en moyenne. » Voilà une vérité d'observation s'il en fut, semble-t-il, et que le témoignage unanime des hommes a proclamée pendant des milliers d'années ; comment se fait-il pourtant que la science ose nous dire que cette vérité établie par l'observation est une erreur démontrée par la raison ? Et comment se fait-il que tout le monde, ainsi que la science, finisse par donner tort sur ce point à l'observation ?

Ce qu'il est rigoureusement vrai d'affirmer, ce qui est le fait d'observation véritable, qu'on le comprenne bien, ce n'est pas celui qui s'énonce en disant : « Le soleil est un disque, etc. » ; c'est le fait qui devrait s'énoncer ainsi : « J'ai la sensation d'un disque brillant que je désigne par le nom de soleil, et telle qu'elle me fait apparaître ce disque comme se mouvant de l'est à l'ouest, etc. »

Voilà, Messieurs, dans quels termes l'expérimentaliste doit renfermer l'affirmation de son expérience s'il veut rester dans les strictes limites de la donnée expérimentale, c'est-à-dire dans l'absolue certitude.

Je vois tomber une pomme, le bruit d'un coup de canon frappe mon oreille ; d'après la loi de l'empirisme, je ne puis rigoureusement dire : « Je vois tomber une pomme », si ce n'est dans le sens de : « j'ai la sensation de voir tomber une pomme ». Et je ne puis non plus affirmer légitimement que « j'entends un coup de canon », si ce n'est dans l'acception étroitement réservée de : « j'ai la sensation du son d'un coup de canon ».

Bref, j'accepte, malgré son exagération apparente, le principe posé par l'empirisme pur, qu'on ne peut affirmer comme certain que le fait expérimental ; mais je rappelle les empiriques à l'observance de leur loi, et je leur déclare qu'ils la méconnaissent dans l'application totalement. Ce qu'ils nous présentent comme des faits *observés*, ce ne sont en réalité, en toute rigueur, que des faits *conjecturés* ; ce ne sont pas des observations, ce sont des inductions qu'ils tirent de l'observation, sans qu'ils se rendent compte de cette opération de leur esprit. J'ai la sensation d'un disque lumineux de 30 ou 40 centimètres de diamètre, cheminant dans le ciel du levant au couchant, voilà ce qui est absolument vrai, voilà ce que je suis entièrement en droit d'affirmer, toujours d'après le principe posé par la doctrine expérimentaliste de la certitude. Mais si je dis : « Un disque chemine dans le ciel, etc. », j'affirme au delà de ce que je sais, et je m'expose à me tromper ; et, à preuve, c'est que je me trompe en effet dans l'espèce. Et si en disant : « Une pomme tombe », je ne me trompe pas (en supposant qu'en effet je ne me trompe pas en ceci), ce n'est pas que mon jugement ne dépasse les limites de la certitude empirique, ce n'est pas que je ne fasse une induction et une conjecture ; non, mais c'est que cette conjecture a rencontré juste, voilà tout.

Inutile, je crois, de multiplier les exemples à l'appui de cette thèse : j'ai telle et telle sensation, j'ai telle et telle idée, j'ai telle et telle émotion, voilà la seule connaissance qui soit immédiate et certaine, voilà l'unique vérité proprement expérimentale et digne de créance absolue.

Laissez-moi m'appuyer ici sur l'opinion d'un savant aliéniste, avec lequel je n'ai pas toujours le bonheur de me trouver en accord d'idées et de sentiments, mais dans lequel je me complais, je l'avoue, à contempler le rare et trop rare exemple d'un physiologiste, d'un savant accrédité, ayant une entente parfaite des choses de la métaphysique : « Nous ne sommes sûrs, ce qui s'appelle sûrs, *clamante conscientia*, c'est le cas de le dire, que de notre propre sensibilité », dit M. le docteur Lélut dans sa *Physiologie de la Pensée* (Paris, 1862, 2ᵉ édition, p. 101). Le mot *sensation* eût remplacé ici, je crois, avec avantage, le mot *sensibilité* ; mais cette sentence n'en est pas moins un axiome doré, digne d'être tracé sur le frontispice de tous les laboratoires qui servent de sanctuaire à notre philosophie soi-disant expérimentale et positive.

Je sens, je pense, telle est donc notre seule certitude, certitude immédiate, vraiment expérimentale et seule digne de ce qualificatif. De ce fait primitif, de ce fait, je le répète, seul d'observation réelle, seul de certitude indubitable, un grand fait secondaire découle par voie d'induction : le fait d'une *cause* de laquelle émanent cette sensation et cette pensée.

Et cette cause se dédouble en deux facteurs : le Sujet et

l'Objet ; c'est-à-dire : ce qui sent et pense, ce qui est senti et pensé. Mais au fond ce ne sont là que deux vues de l'esprit, deux hypothèses, qu'il n'existe aucun moyen de vérifier [1].

Cependant, et tout en se disant bien que le fait de sentir et de penser, le fait de conscience en un mot, est en toute rigueur le seul fait vraiment positif et hors de conteste, et que les deux conceptions corrélatives du sujet et des objets ne sont après tout que des idées d'idées, nous nous dirons que toute la science est fondée sur cette création idéale, et que les rapports ou lois intrinsèques que la logique établit entre ces idées ne sont pas moins nécessaires et impératives, et n'ont pas moins de puissance vis-à-vis de nous,

---

1. Nous croyons devoir citer ici, à l'appui de nos opinions, le jugement d'un auteur illustre en grand crédit chez les hommes de science, le chef du positivisme anglais. On lit ce qui suit dans l'excellente traduction française due à M. Louis Peisse, du *Système de Logique* de John Stuart Mill (t. 1, p. 65).

« Il n'y a pas la moindre raison de croire que ce que nous appelons les qualités sensibles de l'objet soient le type de quelque chose d'adhérent à la chose, ou qui ait quelque affinité avec sa nature propre. Une cause, en tant que cause, ne ressemble pas à ses effets, un vent ne ressemble pas à la sensation de froid, ni le chaud à la vapeur d'eau bouillante. Pourquoi donc la matière ressemblerait-elle à nos sensations ? Pourquoi la nature intime du feu ou de l'eau ressemblerait-elle à l'impression que ces objets font sur nos sens ? et sur quels principes sommes-nous autorisés à conclure des effets quelque chose touchant la cause, sauf ceci, qu'elle est une cause adéquate à ses effets ? *On peut donc établir comme une vérité évidente par elle-même et admise par tous les auteurs dont il y ait maintenant à tenir compte, que nous ne connaissons du monde extérieur et ne pouvons en connaître absolument rien.* »

Citons encore ici les paroles d'un autre savant anglais des plus illustres, heureusement rappelées par M. Ramon de la Sagra. Sir Humphry Davy, dans un de ses Mémoires sur les effets physiologiques du protoxyde d'azote, décrit ainsi l'état mental où il s'est senti à l'issue d'une expérience qu'il venait de faire sur lui-même de l'action de ce gaz ;

« Je me promenais, dit-il, dans l'appartement, indifférent à ce qui se disait autour de moi. Enfin, je m'écriai, avec la foi la plus vive et l'accent le plus pénétré : « Rien n'existe que la pensée ! l'univers n'est composé que d'idées, d'impressions, de plaisirs et de souffrances. »

que si elles régissaient véritablement les réalités supposées, les réalités apparentes qui nous sont représentées par leurs concepts ; de telle sorte que, en ce qui a rapport à la conduite ordinaire de la vie, la question de la réalité absolue devient oiseuse. Analysons donc les idées des choses comme si les choses, au lieu d'être une fiction ou tout au moins une notion d'ordre purement logique, étaient la réalité même ; le résultat de nos spéculations et notre conduite à tenir seront les mêmes dans tous les cas.

*
* *

67. Or, l'idée de ce qui est en moi, qui est moi, l'idée du sujet, et l'idée de ce qui est hors de moi, de ce qui n'est pas moi, l'idée des objets, comportent sans doute un caractère commun, celui de *force* ; mais aux objets seuls nous attachons un autre caractère, celui de *l'étendue*. Les objets se présentent donc à notre conception comme une catégorie essentiellement formée des qualités de force et d'étendue, et cette catégorie a été désignée par l'appellation de *matière*.

Et maintenant, une nouvelle question se présente pour celui qui poursuit dans ses derniers confins l'analyse de la connaissance. Quel rapport y a-t-il entre le *moi*, entre le sujet, et cette matière ? Nos expérimentalistes, nos prétendus empiriques, dont l'esprit illusionné, lâchant la proie pour l'ombre, laisse échapper la seule vraie donnée de l'expérience, le phénomène subjectif, pour se rejeter sur un douteux reflet de cette vérité, la réalité objective ; nos expérimentalistes, dis-je, n'hésitent pas à fondre le sujet dans l'objet, dans la matière, car cette matière, c'est la seule chose qu'ils aperçoivent, leur faible discernement analytique ne leur ayant pas permis de s'aviser de leur être propre, de l'être sentant et pensant, bien autrement certain que la chose sentie et pensée, laquelle n'en est qu'une émanation inductive. Incapables de se rendre compte de la filiation de leurs idées, ils prennent l'idée mère pour l'idée fille et l'idée fille pour l'idée mère. Aveugles à cette évidence que l'idée du monde sensible et intelligible, l'idée de la matière, naît de la sensation et de l'intelligence, ils renversent le rapport naturel de ces deux termes et font de la sensation et de l'intelligence un produit de la matière ; et, méprise plus prodigieuse encore, ce produit, pour eux, est contingent, éventuel, la matière ne le réalise que dans certains cas, dans certaines conditions rares, exceptionnelles ; de telle sorte que, à leur sens, le seul essentiel et nécessaire se métamorphose en accident !

Mais descendons de quelques degrés de ces hauteurs abstraites où, comme au sein d'une atmosphère trop subtile, l'esprit respire difficilement, se sent mal à l'aise et ne peut soutenir une station prolongée.

Les matérialistes soutiennent donc que les phénomènes subjectifs, autrement dit *psychiques*, sont un effet de la matière, c'est-à-dire le résultat du concours de certaines parties matérielles. Sans s'élever aux considérations les plus transcendantes de la métaphysique, leurs contradicteurs trouvent dans l'ordre mathématique, et dans un ordre de faits encore moins abstrait, des arguments victorieux contre cette thèse.

Les spiritualistes affirment que l'âme, c'est-à-dire la cause efficiente et intrinsèque des actes psychiques, ne peut se concevoir autrement que comme une substance simple, inétendue et, conséquemment, immatérielle. Ils disent, ou pourraient dire : « Le fait psychique, le fait de conscience se passe sans doute dans l'espace, dans un espace circonscrit et déterminé, dans ce que nous appelons le corps, et tout particulièrement dans cette portion du corps nommée le cerveau ; mais le point précis où ce fait se passe, le siège intime de la conscience, ne saurait être un point matériel, ce ne peut être qu'un point rigoureusement géométrique. En effet, tout le monde conviendra qu'il serait absurde de dire que le centre des opérations psychiques de Jacques se trouve dans Pierre ; car Jacques et Pierre étant deux individus distincts, s'il y a conscience chez l'un et chez l'autre, cela fait deux consciences étrangères l'une à l'autre, et cela partant ne saurait constituer une conscience unique et identique. Or, n'est-il pas évident que cette impossibilité mathématique de faire participer deux individus à une seule et même conscience est tout entière dans l'impossibilité de diviser la conscience individuelle par un intervalle quelconque, sans faire de cette conscience unique plusieurs consciences distinctes et différentes, c'est-à-dire sans détruire son individualité, son identité ? »

Ainsi, le fait de conscience ne peut avoir pour gîte qu'un lieu inétendu, car si ce lieu était étendu chacune des parties de ce lieu serait elle-même siège de conscience, c'est-à-dire siège d'une conscience individuelle nécessairement autre que celle qui siégerait dans chacune des autres parties ; d'où forcément autant de centres de perceptions psychiques que de divisions possibles dans le lieu présumé de la conscience. Ce lieu, le lieu de la conscience individuelle, de l'unité psychique, du moi, ne peut être donc qu'inétendu, il ne peut être qu'immatériel. Donc, ce n'est pas la matière, ce n'est pas un assemblage de parties étendues qui peut sentir, qui peut penser, ce n'est pas la matière, qui peut être sujet de sensation et de pensée ; et dès lors il devient tout aussi peu exact, tout aussi naïf de croire que le cerveau sent et pense que d'attribuer aux piles génératrices d'électricité d'un télégraphe électrique la génération des idées exprimées dans le télégramme [1].

1. La psychologie matérialiste de nos physiologistes procède d'une méprise radicale consistant à prendre la perception elle-même pour un objet de perception extérieur à l'observateur et extérieurement observable comme tout ce qui appartient au monde objectif, alors qu'elle est l'acte même de percevoir, l'acte du sujet percevant, entièrement renfermé en lui et absolument inaccessible à toute observation étrangère.

Que tout phénomène psychique — sensation, volition, pensée, — s'accompagne d'un phénomène physiologique consistant en une modification quelconque de la matière cérébrale, il n'en faut point douter. Mais ce concomitant matériel et matériellement sensible ou concevable de l'acte de conscience, n'est pas cet acte de conscience lui-même. Celui-ci ne peut être directement observé que par son sujet, par son agent conscient ; ce n'est que dans ses concomitances matérielles, physiologiques, et partant indirectement, qu'il devient objectivement observable. Mais ces concomitances matérielles du phénomène psychique n'ont avec lui aucun rapport de nature. En existe-t-il aucun entre l'onde éthérée dite lumineuse et la sensation de lumière ? Non, aucune, physiciens et physiologistes en sont aujourd'hui tous d'accord.

Eh bien, on ne saurait découvrir une hétérogénéité moindre et moins absolue entre le phénomène *tout subjectif* de sensation, de volition, de pensée, et le phénomène *tout objectif* de sécrétion, de combinaison chimique ou de vibrations présenté par le cerveau. Confondre deux choses de nature si opposée constitue une méprise incommensurablement plus forte que celle du singe de la fable prenant le Pirée pour un nom d'homme.

On nous dit : « Faites-nous voir une âme, et nous y croirons. »

Cette demande ne comporte qu'une réponse ; c'est une autre demande, que voici :

« Faites-moi voir une pensée, une volition, une sensation, et je croirai que ces phénomènes psychiques ne sont qu'une modalité de la matière. »

Les physiologistes arguent encore contre l'existence propre de l'âme et en faveur de leur doctrine qui attribue au cerveau lui-même la capacité de sentir et de penser, de ce que la *psyche* cesse par intervalles de manifester cette propriété essentielle, d'où ils concluent qu'elle cesse d'être, et qu'en réalité elle n'est autre chose que l'action cérébrale.

Mais alors il faudrait nier aussi l'existence du cerveau comme machine à sentir et à penser, puisque son activité sensorielle et mentale est également sujette à intermittences.

L'énergie cesse-t-elle d'être, parce qu'elle est temporairement réduite à la potentialité pure ? Non, il est reconnu qu'elle reste entière, intacte.

Et l'intervention d'une cause éventuelle venant déterminer une énergie potentielle à passer à l'actualité peut-elle être dite créatrice de cette énergie? On sait le contraire. Eh bien, il en est pareillement du principe dynamique qui se manifeste à soi-même par la conscience, autrement dit l'âme : le cerveau n'est que l'instrument de rapport, la machine au moyen de laquelle l'âme agit sur les forces ambiantes et est actionnée à son tour par elles. (Note de le 2e édition.)

68. Ainsi, le principe conscient, le principe psychique est une force distincte de la matière, l'âme est distincte des organes, l'âme est une force inétendue. Mais s'ensuit-il donc, ainsi que le prétendent les spiritualistes, que l'âme ou esprit et la matière soient l'une vis-à-vis de l'autre dans le rapport de deux principes antagonistes, primordiaux et réciproquement irréductibles? Assurément non. Décomposons l'idée de la matière, et cette analyse nous donne des éléments qui se confondent avec l'idée de l'âme elle-même. En effet, la conception de la matière comme une force étendue se ramène rigoureusement à la conception d'un assemblage, d'une pluralité de forces simples, de forces inétendues.

Veuillez suivre encore le raisonnement suivant :

Toute portion de matière est essentiellement et nécessairement constituée par une réunion de parties, car si elle n'avait point de parties elle ne serait pas matière. Mais la réunion de ces parties suppose une force motrice qui les rapproche et les retient ensemble. Cette force motrice est donc antérieure à l'agrégation qu'elle détermine et soutient ; mais en même temps elle est nécessairement présente dans la plus petite parcelle imaginable de matière. Dès lors, en supposant la matière divisée à l'infini, nous concevons qu'elle se résout et se détruit par la séparation de ses éléments. Mais que reste-t-il après cet anéantissement idéal de la matière ? ou, si l'on veut, qu'existe-t-il avant l'existence de la matière ? Je réponds : Il subsiste ce qui lui est constamment, éternellement antérieur, c'est-à-dire les forces motrices qui la précèdent et dont elle est le produit.

Les éléments constituants de la matière sont donc ces

forces elles-mêmes, c'est-à-dire des forces inétendues, simples, indestructibles, immortelles, et la conception mathématique du principe de la matière se trouve de la sorte coïncider exactement et se confondre entièrement avec la conception de l'âme immatérielle à laquelle le spiritualisme classique reste obstinément attaché.

Là, Messieurs, est la solution de l'antinomie ontologique, solution conciliatrice qui met d'accord les deux doctrines ennemies en les complétant l'une par l'autre. Avec le matérialisme, reconnaissons qu'il n'y a qu'une substance, et reconnaissons en même temps que le spiritualisme était fondé à soutenir que le principe de la pensée est une substance immatérielle.

L'immatériel fait le fond tout entier de la matière ; ce sont les physiciens eux-mêmes qui, en suivant leurs propres voies d'analyse, sont arrivés aujourd'hui à cette conclusion. Un de nos écrivains les plus distingués [1] écrivait il y a quelque temps : « Plusieurs physiciens du premier ordre admettent aujourd'hui que les molécules(?) matérielles(?) ne sont que des centres géométriques d'attractions ou de répulsions... et M. Berthelot, dans un mémoire récent, présentait une théorie de la matière toute mathématique et tout abstraite, etc. » Et maintenant voici ce que nous apprend un illustre chimiste français de l'opinion d'un très illustre chimiste anglais sur le sujet qui nous occupe : « Il ne croyait même pas », dit M. Dumas en parlant de Faraday, « à l'existence de la matière, loin de lui tout accorder... Ce que l'on appelle la matière n'était à ses yeux qu'un assemblage de centres de forces. » DUMAS (*Éloge historique de Faraday*).

Oui, les corps ne sont que des assemblages de centres

---

1. M. H. Taine. Voir ci-dessus, p. 93.

dynamiques, des assemblages de forces pures ; et le corps vivant n'est lui-même qu'un assemblage de ces forces, mais il en est un assemblage *systématique*, et elles y sont *organisées*. Quant à l'âme, elle n'est elle-même qu'une de ces forces constituantes ; mais en elle se centralise l'organisation tout entière dont elle fait partie ; elle en est le lien général, la clef de voûte, le chef.

Le corps agit sur l'âme, et l'âme réagit sur le corps ; et, comme les spiritualistes le croient, c'est bien entre l'immatériel et le matériel, entre l'inétendu et l'étendu, entre le simple et le multiple, entre l'impérissable et le périssable, que le conflit de la vie a lieu ; car, d'un côté, nous avons une force simple, un centre dynamique indivisible, comme eût dit Faraday, une monade, comme disait Leibniz ; de l'autre, nous avons une agrégation de centres dynamiques, une agrégation de forces simples, agrégation qui n'existe que par le rapprochement et la combinaison de ses éléments, et qui se trouve anéantie par leur séparation.

Mais les matérialistes n'en sont pas moins fondés à soutenir que l'esprit n'est pas d'une autre essence que la matière, puisque celle-ci, ramenée à son élément composant (je ne dis pas *intégrant*), se résout en atomes-esprit, et que le conflit mutuel du corps et de l'âme n'est que le conflit d'une force simple avec un assemblage d'autres forces simples ses pareilles.

*
* *

69. Nous possédons maintenant une définition, un principe précis et lumineux, qui peut nous permettre de comprendre la question que M. de la Sagra s'est proposé de résoudre ; qui peut nous permettre de juger avec intelligence, et les solutions de ce philosophe, et les doctrines des physiologistes auxquelles s'adressent ses critiques. Le

résultat de cet examen sera, si je ne m'abuse, de constater l'insuffisance de conceptions antagonistes ayant toutes plus ou moins leur part de vérité, et par conséquent une raison d'être, mais réclamant une conception supérieure plus large qui les mette d'accord en leur apportant leur complément nécessaire.

Au nombre des griefs énumérés par M. R. de la Sagra contre la philosophie, ou plutôt contre le manque absolu de philosophie, de nos physiologistes, il en est de très réels; mais le critique n'a pas assez précisé ses motifs de reproche. Or il n'aurait pu le faire qu'à la condition d'avoir déterminé avec justesse et netteté l'opposition des deux notions d'esprit et de matière, d'âme et d'organisme, précaution première et indispensable qu'il a trop négligée, ainsi que nous l'avons dit en commençant.

Confondre la *sensation*, acte subjectif, acte de conscience, avec l'*impression*, acte de la matière ambiante sur la matière de l'organisme, sur les nerfs; attribuer la sensibilité, en tant que faculté subjective, en tant que propriété de la conscience, l'attribuer, soit à des nerfs, soit à la matière vésiculaire du cerveau, soit à toute autre partie corporelle, d'une manière intrinsèque; s'oublier, avec certains auteurs, jusqu'à poser en fait l'existence d'une sensibilité dénuée de perception, et parler, ainsi que le fait un savant médecin cité par M. R. de la Sagra, parler, dis-je, de *douleurs dont on n'a pas conscience*! tout cela est assurément de la barbarie philosophique s'il en fut. Au point de vue de la rigueur ontologique, un tel langage, de telles énonciations sont quelque chose de véritablement monstrueux[1].

---

1. Cicéron, dans le passage suivant, se montre bien supérieur sur ce point capital de psychologie et de physiologie à nos physiologistes psychologues :

Nos enim ne nunc quidem oculis cernimus ea quæ videmus. Neque enim est ullus sensus in corpore; viæ quasi quædam sunt ad oculos, ad

Cependant, le matérialisme physiologique n'est pas seul à avoir tort en ceci ; ses adversaires et ses critiques ont aussi leur part dans ces erreurs. N'envisageant, de côté et d'autre, les questions que d'une manière fragmentaire, n'en voyant, les uns, que ce que l'observation immédiate leur en découvre ; les autres, que certains rapports dont une analyse rationnelle les amène à comprendre la nécessité, — leurs contradictions réciproques n'ont d'autre effet que de les confirmer dans leurs jugements respectifs. Ce serait aux philosophes, dont le point de vue domine celui de la pure science d'observation, et dont c'est le métier d'enseigner la méthode, ce serait leur devoir de chercher le nœud du différend qui les sépare des physiologistes, pour arriver à le délier. Mais la philosophie ne fait que serrer ce nœud de plus en plus en refusant de descendre de ses hautes abstractions pour suivre les savants dans leurs analyses ; pour se familiariser avec les données complexes des questions que la nature vivante et réelle leur pose ; pour les aider à pénétrer le sens profond et caché de ces questions ; pour s'instruire à son tour, en face de la pratique, des complexités et des multiples difficultés du problème de l'homme, que le pur spéculatif ne soupçonne pas ; et pour arriver, par ce concours de lumières complémentaires, à la solution inutilement poursuivie de part et d'autre.

Nous allons voir que, sous les plus grossiers barbarismes psychologiques de la langue des physiologistes et des médecins, se laissent entrevoir des vérités nouvelles d'un grand prix, des vérités cherchant à se faire jour, mais auxquelles, dans son insuffisance philosophique, le savant n'a

---

aures, ad nares, a sede animi perforatæ : itaque sæpe aut cogitatione aut aliqua vi morbi impediti, apertis atque integris et oculis et auribus, nec videmus, nec audimus, ut facile intelligi possit animum et videre et audire, non eas partes quæ quasi fenestræ sunt animi. (Tuscul., I. 46.).

pu parvenir à donner une forme logique, un corps viable.

Oui, certes, une sensation sans conscience, c'est-à-dire une sensation qui ne se sent pas, c'est contradictoire dans les termes ; et une *douleur non perçue*, est une énormité. Mais les métaphysiciens, au lieu de se borner à accueillir avec un sentiment de révolte ou de dédain ce malsonnant langage, ne devaient-ils pas plutôt se dire que des savants illustrés par nombre de découvertes ne peuvent être des insensés, et que les faits physiologiques énoncés par eux sous une forme illogique peuvent n'en avoir pas moins de valeur pour cela au fond, n'en être pas moins très réels, n'en être pas moins très fidèlement observés, tout en ayant été défigurés en passant par des intelligences que leurs habitudes toutes matérielles ont rendues peu propres à des notions d'un ordre plus subtil ?

Ainsi, en affirmant que le *sensorium commune* s'étend du cerveau tout le long de la moelle, et jusqu'à son extrémité inférieure, en affirmant l'existence de sensations sans perception et de douleurs non senties, et autres propositions semblables qui font frémir les philosophes, la Physiologie Expérimentale défend contre la Philosophie une découverte des plus importantes pour la science de l'organisation humaine, une découverte capitale, et certainement l'une de celles qui feront le plus d'honneur au savoir contemporain.

Cette découverte, les expérimentateurs, livrés aux seules ressources de leur esprit, ne peuvent venir à bout de la dégager pleinement ; aux préjugés vulgaires, dont ils ne sont nullement exempts, joignant un manque absolu de critique métaphysique, ils sont dans l'impuissance de saisir la signification vraie des faits placés sous leurs yeux. Et d'autre part les métaphysiciens, dont le devoir serait de s'instruire de ces faits par une enquête personnelle afin d'en trouver la clef, les rejettent *a priori* comme faux, sur le seul énoncé. En travail d'une vérité nouvelle, la science expérimentale ne peut accoucher sans l'aide de la métaphysique ; et celle-ci refuse son concours... !

Un médecin aliéniste (nous l'avons déjà cité plus haut) qui réunit à un degré remarquable les aptitudes et les connaissances philosophiques à celles du pathologiste et du physiologiste, M. Lélut, exemple rare ! n'ayant entrevu aucun moyen de conciliation possible entre les témoignages de l'observation physiologique et ceux de la raison métaphysique, a pris parti pour cette dernière. L'intuition métaphysique a été si vive et si impérative dans cet esprit, qu'en lui l'observateur s'est rendu au philosophe.

Cependant, un tel sacrifice n'était pas nécessaire. Au lieu de juger les faits d'après les formules impropres et, si l'on veut, ridicules, dont l'expérimentalisme, dans son ignorance philosophique, les a affublés, et de répudier ces faits, ainsi travestis, comme incompatibles avec l'évidence rationnelle, il eût mieux valu laisser là les mots, aller droit à la chose, l'envisager sans prévention, l'accepter telle qu'on la trouvait, telle qu'elle était, et s'appliquer ensuite à résoudre la contradiction (qui ne pouvait être qu'apparente) éclatant entre cette vérité d'observation certaine et une vérité d'intuition non moins certaine. En suivant cette voie, l'auteur de la *Physiologie de la Pensée* fût arrivé à un résultat scientifique et philosophique que d'autres ont atteint et auquel je ne me sens pas personnellement assez étranger pour en faire l'éloge en toute liberté.

Que l'encéphale est siège de conscience, siège de sensibilité et de pensée, c'est ce que tout le monde reconnaît aujourd'hui, qu'on soit physiologiste ou psychologue, qu'on soit matérialiste ou spiritualiste. Et cette vérité est si certainement établie, qu'une tête de chien décapité, une tête complètement isolée du tronc, a continué, c'est M. Cl. Bernard qui nous l'assure, à offrir des signes irrécusables de sensibilité et d'intelligence durant l'espace de temps assez long où la vie y était artificiellement entretenue par la transfusion d'un sang artériel étranger [1].

> Et caput abcissum, calido viventeque trunco,
> Servat humi voltum vitalem oculosque potentes,
> Donec reliquias animai reddidit omnes.

Une autre expérience, et celle-ci ce sont tous les physiologistes qui l'ont répétée, démontre d'une manière non moins ostensible que si la tête séparée du tronc peut continuer à manifester l'entière possession du pouvoir de sentir, de comprendre et de vouloir, le tronc isolé de cette tête nous offre, de son côté, toutes les marques extérieures de la présence en lui de ce même pouvoir.

En face de ces irrécusables témoignages de l'expérience, beaucoup de physiologistes, et des plus célèbres, n'ont pas hésité à en conclure que la sensibilité, l'intelligence et la volonté ne résident pas uniquement dans l'encéphale, mais que ces puissances existent aussi dans la moelle épinière. Ici une difficulté se présentait, difficulté toute superficielle pourtant ; mais elle a suffi pour troubler nos savants et les dérouter.

L'encéphale étant simplement isolé de la moelle épi-

---

[1]. Voir la *Revue des Deux-Mondes* du 16 décembre 1867. Nous citerons encore une expérience semblable de M. Brown-Séquard, mentionnée comme il suit dans la *Gazette médicale* de Paris du 9 avril 1870 : « Enfin, un jour, ayant décapité un chien de son laboratoire, il (Brown-Séquard) injecta dans la tête séparée du tronc du sang oxygéné et défibriné. Cette tête inerte s'anima sous l'influence de cette injection, et les yeux se tournèrent vers Brown-Séquard, lorsque celui-ci prononça le nom du chien. De cette expérience l'éminent physiologiste se croit en droit de conclure que, si on pouvait remplacer le cœur par un système propre à entretenir la circulation, on pourrait prolonger la vie dans cette tête décapitée. »

nière par une section, une compression ou une altération pathologique quelconque de cet axe nerveux, voici, après cela, ce qui s'observe : tandis que les membres recevant leur innervation de la portion de la moelle isolée répondent aux excitations dont ils sont l'objet par des réactions motiles d'un caractère visiblement intentionnel, volitif, intelligent, ou dénotant de la douleur, la région de la tête, quoique vivante et animée, et jouissant de son intégrité psychique, ne semble participer en rien aux actes de conscience manifestés dans l'autre région du corps ; et quand, dans certains cas pathologiques, l'expérience a pu être faite sur l'homme, on a eu alors une preuve irréfragable que tel est bien réellement le fait, le sujet déclarant se sentir étranger aux actes de sensation et de volition apparentes manifestés par ses membres [1].

En présence de cette conjoncture perplexe, en présence de deux faits qui semblent en contradiction directe l'un avec l'autre, les physiologistes se sont divisés. Les uns, et c'est je crois le plus grand nombre, ont adopté un moyen terme étrange, qui a soulevé contre eux, comme je l'ai dit plus haut, la révolte du sens métaphysique : ils ont admis une *sensibilité sans conscience*.

Et qu'on n'aille pas penser que ce soit un infime vulgaire scientifique qui aurait embrassé une telle opinion ; loin de là, ce sont des savants au nombre desquels figurent des

---

(1) On lit dans les *Principles of Human Physiology* du docteur W. Carpenter, 7e édition, Londres, 1869, p. 583 :

« L'auteur », écrit M. Carpenter en parlant de lui-même, « est informé par son ami M. Paget, que, parmi les notes laissées par John Hunter, se trouve la relation d'un cas de paraplégie dans lequel Hunter, paraît-il, aurait été témoin de mouvements réflexes des jambes où la sensation n'avait aucune part. Quand on demandait au malade s'*il sentait* l'irritation au moyen de laquelle les mouvements étaient excités, il faisait cette réponse significative, tout en regardant ses membres : « Non, Monsieur, mais si
» bien *mes jambes*, comme vous voyez. »

noms comme ceux de Claude Bernard et de Longet, ce qui est tout dire [1].

C'est à l'adresse de ce groupe de physiologistes que M. Lélut a formulé le reproche que voici, reproche en soi parfaitement inattaquable, et que nous nous sommes plu à citer :

« Il y a une première proposition », a écrit M. Lélut, « un premier fait plutôt à énoncer, que ne contestera aucun philosophe, mais que méconnaissent et obscurcissent, comme nous l'avons déjà vu, de la manière la plus étrange, un grand nombre de physiologistes. Il n'y a sensibilité que là où il y a sentiment, conscience, le moindre degré de conscience. Ce sont là notions vulgaires qu'on ne devrait pas avoir à rappeler. » (*Physiologie de la Pensée*, 2ᵉ édit., t. I, p. 101.)

Cependant les faits, ces faits que certains physiologistes expliquent par la *sensibilité et la volonté sans conscience*, n'en existent pas moins ; ils sont là, et M. Lélut, excellent métaphysicien, est en même temps un physiologiste observateur trop instruit, trop expérimenté et trop judicieux pour songer à les nier. Quel parti prendra-t-il donc, lui et

---

[1]. Depuis que les lignes qui précèdent ont été écrites, M. Cl. Bernard a cru devoir aggraver encore ses torts à l'égard de la psychologie rationnelle, disons mieux, à l'égard de la psychologie raisonnable. Son *Discours* de réception à l'Académie française contient, entre autres propositions éminemment peu philosophiques, la déclaration suivante : « La conscience a son siège exclusivement dans les lobes cérébraux ; l'intelligence n'est pas concentrée dans le seul organe supérieur, elle réside au contraire, à des degrés divers, dans une foule de centres nerveux inconscients. »

Voilà donc cette fois l'intelligence elle-même (ce n'est plus seulement la sensibilité) qui peut se trouver isolée de la conscience ; et les centres de la moelle épinière sont *intelligents*, mais ne sont pas *conscients* !... Après cela, il n'y a plus, comme on dit vulgairement, qu'à tirer l'échelle ! — Voir ci-dessus, p. 126.

le groupe qu'il représente ? Dans les actes révélateurs d'une sensibilité et d'une volonté étrangères au cerveau, d'une sensibilité et d'une volonté spinales, ils ne verront qu'une apparence trompeuse, qu'un vain simulacre de l'exercice de tels pouvoirs ; ils n'y verront qu'une réaction purement mécanique des centres de la moelle, un effet de pure *excitabilité* simulant la sensibilité. Ce sont des mouvements *réflexes*, disent-ils encore ; ce sont des actes *automatiques*, et rien de plus, assurent-ils. « L'automate est excité », disait Gratiolet, « il ne sent point. L'*excitabilité* appartient à la moelle ; la *sensibilité* dépend d'un autre appareil, le cerveau. » (*Anatomie comparée du Système Nerveux*, t. II, p. 6.)

Rien de plus arbitraire, rien de plus insoutenable qu'une pareille distinction. Avec un peu d'attention, chacun pourra voir, s'il veut bien soulever pour un moment le bandeau du préjugé, chacun, dis-je, reconnaîtra que la thèse de l'automatisme appliquée à l'interprétation des actes de sensibilité et de volonté apparentes propres au système nerveux spinal a tous les défauts, toutes les faiblesses de la même thèse appliquée par Descartes, et par Buffon à sa suite, à l'explication des actes analogues de sensibilité et de volonté apparentes se rattachant au cerveau des bêtes.

Pour les deux grands hommes que je viens de nommer, le cerveau du chien était un pur automate, autant que la moelle épinière de l'homme est un pur automate aux yeux de Gratiolet et de M. Lélut. Ceux-ci posent pour règle que, au cerveau appartient la sensibilité ; à la moelle, l'excitabilité. Pareillement, l'Histoire naturelle du XVIIIe siècle disait : « Au cerveau de la Bête appartient l'excitabilité ; au cerveau de l'Homme seul appartient la sensibilité [1]. »

---

1. Le plaidoyer suivant contre le dogme du « pur automatisme des bêtes » se lit dans les *Lettres Philosophiques sur l'intelligence et la*

Aujourd'hui, Messieurs, est-il un vrai savant qui ne rougît d'avoir pu partager le grossier préjugé du « pur automatisme des bêtes », à la suite du grand Buffon lui-même? Un jour, et ce jour, j'en ai la confiance, n'est plus éloigné, le pur automatisme de la moelle épinière aura le même sort et sera rejeté à son tour de la science, d'une voix unanime, comme une dernière superstition philosophique dont chacun regrettera et s'étonnera d'avoir été longtemps le tributaire.

La vérité est, Messieurs (et si je parle ce langage assuré, c'est que mes affirmations reposent sur une monta-

---

perfectibilité des animaux, de Georges Leroy (édit. de 1802, p. 237):

« M. de Buffon », dit ce pauvre Leroy, « dans son *Discours sur les animaux*, p. 23, t. IV, de l'édition in-4°, s'exprime ainsi : « L'animal est au
» contraire un être purement matériel, qui ne pense ni ne réfléchit, et qui
» cependant agit, et semble se déterminer. Nous ne pouvons pas douter que
» le principe de la détermination ne soit dans l'animal un effet purement
» mécanique, et absolument dépendant de son organisation, etc. »

Leroy reprenant : « Quoi! s'écrie-t-il, nous sommes témoins d'une suite d'actions dans lesquelles se marquent visiblement la sensation actuelle d'un objet, une autre sensation rappelée par la mémoire, la comparaison entre elles, une impulsion alternative qui en est le signe évident, une hésitation sensible, enfin une détermination, puisqu'il s'ensuit une action qui n'aurait pas lieu sans elle ; et, pour expliquer ce qui est simple, ce qui est conforme à ce que nous éprouvons nous-mêmes, nous aurons recours à des ébranlements mécaniques incompréhensibles? Assurément nous ignorons ce qui produit la sensation, et en nous-mêmes et dans tous les êtres animés. Il y a bien d'autres choses que nous sommes condamnés à ignorer ; mais, le phénomène une fois donné, nous en connaissons les produits, et il me paraît impossible de les confondre avec les *résultats mécaniques*, quelque multipliés qu'on les suppose. »

Ainsi, il y a à peine cent ans de cela, la science académique soutenait l'opinion absurde du *pur automatisme des bêtes*, avec la même assurance qu'elle met aujourd'hui à soutenir le pur automatisme des énergies motrices de la moelle ; et il se trouva un modeste observateur qui, n'étant pas même académicien, et n'écoutant que le bon sens, osa combattre ce préjugé stupide des oracles de la science, et à cet effet eut à mettre en œuvre tout un appareil d'argumentation que nous sommes réduits à reproduire mot pour mot à notre tour, et en plein déclin du dix-neuvième siècle, à l'encontre d'un préjugé et en faveur d'une vérité en tout semblables. — Voir ci-dessus, p. 116 et suiv.

gne de preuves auxquelles la critique a vainement essayé de faire brèche), la vérité, je le répète, c'est que la moelle épinière, telle que le cordon ganglionnaire des animaux articulés, forme une série de centres nerveux, de petits cerveaux pourvus, comme le grand cerveau lui-même, de tous les attributs essentiels de ce dernier ; c'est-à-dire que chacun de ces centres nerveux spinaux est, comme le centre nerveux encéphalique, le siège du principe qui sent, comprend, s'émeut et veut, le siège d'un centre psychique, le siège d'un moi distinct, le siège d'une âme, pour appeler les choses par leur nom.

N'est-il pas absurde, tranchons le mot, de dénier à ces centres nerveux, histologiquement, organologiquement et fonctionnellement semblables au cerveau, et offrant comme lui les marques extérieures de la présence du pouvoir sentant et voulant ; n'est-il pas absurde, n'est-il pas du dernier arbitraire de leur refuser la possession réelle de ce pouvoir?

Je l'affirme donc hautement — après l'avoir surabondamment prouvé dans plusieurs écrits, et par des preuves dont la solidité a défié toute contradiction —, l'organisme humain, l'organisme des Vertébrés, ainsi que l'organisme des Invertébrés (où le fait est trop patent pour qu'on ait cru pouvoir le nier), l'organisme humain, disons-nous, n'est pas la résidence d'un moi unique régnant sur un désert ; ce que nous appelons le *moi*, notre moi, notre âme, n'est que le chef — *primus inter pares* — de toute une hiérarchie d'individualités psychiques échelonnées depuis les ganglions encéphaliques et la moelle allongée, jusqu'à l'extrémité inférieure de l'arbre spinal.

Cette grande vérité établie, les deux doctrines en lutte pour l'explication des actions réflexes caractérisées par l'apparence de la sensibilité et de la volonté, sont mises d'accord entre elles. Oui, il y a sensibilité et volonté dans la moelle, dirai-je, et en une multitude de points de cette moelle ; mais si les actes de ces *sensoria* et de ces volontés particuliers ne s'attestent pas à la conscience cérébrale, il ne s'ensuit pas qu'ils soient en eux-mêmes inconscientiels. Ils ne sont conscients, et ne peuvent être conscients que vis-à-vis d'eux-mêmes.

Les sensations et les volitions de Paul peuvent-elles donc être présentes en la conscience de Pierre? Il serait absurde de le supposer. Et, secondement, de ce que Pierre n'a pas conscience des sensations éprouvées par Paul, il serait insensé d'en conclure que Paul a des sensations dénuées de conscience, ou que ces sensations ne sont pas réelles, mais purement apparentes, et que Paul n'est qu'un pur automate.

Oui, encore une fois, il y a un siège et siège multiple de sensation et de volition dans la moelle, dirons-nous avec les uns ; et, avec les autres cette fois, nous ajoutons : *non*, il n'y a pas de sensation et de volition sans conscience, pas plus qu'il n'existe de cercle carré ou de clarté noire.

Et enfin nous résumons ce débat, et nous concluons en érigeant un principe lumineux et conciliateur, en affirmant cette loi fondamentale de l'organisation de l'homme, jusqu'à ce jour méconnue, qui peut se résumer en un mot : Polyzoïsme.

Cette solution, qui n'est pas une hypothèse d'expédient, mais une rigoureuse interprétation des faits, découlant librement de ces faits, de soi-même et avec une nécessité logique et une clarté d'évidence auxquelles rien ne résisterait si l'aveugle obstination du préjugé ne résistait à tout ; cette solution générale vient lever une foule de difficultés secondaires de toute sorte, jusqu'ici le désespoir du physiologiste, du psychologue et du médecin.

La dissertation de M. R. de la Sagra va nous fournir l'occasion d'en examiner à cette lumière un certain nombre des plus importantes.

．·．

70. Cependant, avant d'entrer dans la discussion des doctrines de détail, il nous reste encore à fixer quelque grand principe.

Notre savant auteur s'élève avec force contre la localisation organique des facultés de l'âme. Suivant une opinion généralement reçue, cette hypothèse lui paraît du matérialisme pur.

Certes, la manière dont les physiologistes s'y prennent pour énoncer cette thèse donne prise grandement à la critique métaphysique. Fractionner matériellement le moi, et en disperser les facultés aux quatre coins de l'organisme, c'est assurément, nous espérons l'avoir fait comprendre, une erreur grossière, une énormité. Toutefois, de cette nouvelle erreur psychologique des physiologistes nous dirons ce que nous avons déjà dit de celle que nous venons de discuter sous le nom de *sensibilité sans conscience*: ici encore nous avons affaire à une vérité d'observation très réelle, mais envisagée par la science à travers la cataracte de son discernement métaphysique, c'est-à-dire confusément aperçue et comme dans un brouillard, et rendue en un langage impropre qui la défigure.

La critique métaphysique, dans ce cas comme dans le précédent, au lieu de venir en aide aux hommes d'observation, au lieu de venir s'instruire de leur découverte, et les aider à s'en rendre un compte exact, a jugé le fait, suivant sa coutume, sur la formule vicieuse de l'expérimentalisme, *e prima facie*, et l'a rejetée sans autre examen.

De là il est résulté que les expérimentalistes ont tenu à

leur thèse plus fort que jamais, et ont senti s'accroître leur éloignement pour cette métaphysique qui prétend décider de tout *a priori*, et qui, rencontrant dans les découvertes de la science des vérités de fait inconciliables avec ses dogmes préétablis, prend superbement sur elle de déclarer ces faits nuls et non avenus.

Les Métaphysiciens sont parfaitement fondés à soutenir que le fractionnement matériel du moi, et le partage réel de ses facultés entre les diverses parties du corps, sont une impossibilité évidente, une incongruité ; mais ils ont tort de ne pas soupçonner une vérité sous cette erreur, et de ne se pas mettre en peine de la découvrir et de la dégager en faisant concourir à cette fin l'analyse expérimentale et l'analyse rationnelle.

Oui, l'âme, le moi est matériellement insécable ; aucun intervalle, aussi petit qu'on le suppose, ne peut exister entre les facultés composantes de notre être psychique ; cet être psychique, ce moi, cette âme, ne peut, nous l'avons montré, se concevoir dans l'espace que comme occupant un lieu inétendu, une situation pure, à l'instar de l'atome absolu, à l'instar du centre mathématique.

Et, d'autre part, l'observation physiologique met hors de doute qu'une corrélation fonctionnelle spéciale et distincte unit respectivement les différentes facultés de l'âme à des régions distinctes de l'encéphale, et jusqu'aux différents viscères et à différentes circonscriptions de la surface extérieure du corps.

Ces deux propositions ne semblent-elles pas contradictoires ? Elles le paraissent assurément, mais la contradiction n'est qu'apparente : une des plus belles tâches de la Physiologie Philosophique est de nous donner le mot de cette énigme.

Je sais tout ce qui a été dit contre la doctrine de Gall, et aux objections qu'elle a rencontrées j'en pourrais ajouter moi-même de nouvelles; mais pouvons-nous nier la division cérébrale des organes de la sensation? Pouvons-nous nous refuser à reconnaître que les impressions visuelles, les impressions auditives, olfactives, gustatives, tactiles, etc., vont à l'âme par des voies nerveuses distinctes et suivant des directions distinctes? Pouvons-nous ne pas reconnaître que l'appareil génital est en corrélation élective et précise avec la faculté psychique de l'amour, et que la même corrélation élective et exclusive s'observe entre certaines autres facultés passionnelles et certains muscles de la vie animale ou de la vie végétative, l'état d'excitation de celles-là amenant invariablement chez ceux-ci un état de contraction, de tonicité ou de relâchement?

Ce serait contester les vérités les mieux établies. Mais alors, dira-t-on, les divisions qualitatives de l'âme immatérielle, les divisions d'une chose inétendue, peuvent donc présenter une correspondance et une coïncidence exactes avec les divisions de l'étendue, avec des sections matérielles de l'organisme? Et tout d'abord une pareille supposition se présente comme un défi à l'évidence mathématique. Et pourtant, Messieurs, il n'en est rien; la conciliation de ces deux concepts n'est pas rationnellement impossible, et, qui plus est, elle constitue un problème fort légitime, tout à fait sérieux, contre lequel il y a à faire converger les rayons de la Métaphysique et ceux de la Physiologie. C'est là, du reste, ce que plusieurs physiologistes philosophes ont tenté, et entre autres l'illustre Johannes Mueller, dans un ouvrage classique (*Manuel de Physiologie*) qui se trouve entre les mains de tous nos étudiants. On y lit ce qui suit:

« L'hypothèse d'Herbart, relativement aux monades et

à la matière, explique l'action de l'âme sur la matière, sans que cette âme soit elle-même matière, puisqu'il ne s'agit plus que d'un être simple agissant sur d'autres êtres simples. Mais quand on cherche à expliquer la formation dans la monade mentale d'idées d'objets qui occupent de l'étendue dans l'espace, en conséquence de changements survenus dans les parties de l'organisme, et l'action de cette même monade sur des sommes entières de fibres organiques, on rencontre des difficultés insolubles. Le problème de tous les temps a été de concevoir comment l'affection des parties du corps occupant une certaine position relative, par exemple celle de particules de la rétine rangées les unes à côté des autres, peut procurer à l'âme, qui est simple et non composée de parties, la perception d'objets ayant de l'étendue dans l'espace et une forme particulière. » (*Manuel de Physiologie* de Jean Mueller ; édition française de M. Littré, t. II, page 538.)

Laissez-moi vous citer maintenant un autre physiologiste (vous me dispenserez de le nommer) auquel le remarquable morceau que je viens de reproduire inspirait les considérations suivantes :

« La question », dit cet autre physiologiste métaphysicien, « ne me paraît pas insoluble au même degré qu'à l'auteur des lignes qu'on vient de lire. Je crois même que, renfermée dans les termes où il l'a posée, elle est susceptible d'une réponse vraiment concluante.

» Supposons une sphère englobant une série d'autres sphères concentriques de plus en plus petites. Géométriquement parlant, il est certain qu'une telle série peut se prolonger à l'infini : en d'autres termes, on conçoit l'existence d'une sphère indéterminée surpassant en petitesse la plus petite sphère déterminée imaginable.

» Or, cette mathématique impossibilité d'arriver par la pensée à un dernier terme dans cette progression sans fin de petitesse possible, c'est précisément ce qui a donné lieu au concept de l'*infinitésime* ou *infiniment petit*. Car l'idée de l'infini est essentiellement négative, privative, comme cela a été soigneusement expliqué par Leibniz [1].

» Ainsi, cette négation de la possibilité d'une réduction déterminée dernière de la sphère s'est convertie dans notre esprit, pour la commodité de la pensée et de l'expression, en un objet fictif que nous nommons la sphère infinitésime. Cela posé, quand nous affirmons que la sphère infinitésime est indivisible, insécable et inétendue, cela revient à dire — nous ne devons pas perdre ceci de vue un instant — cela revient à dire que toute sphère déterminée, si petite que l'imagination se la représente, ayant été réduite et ramenée par la pensée aussi près de son centre qu'il plaira, une sphère reste encore néanmoins autour de ce centre.

» La sphère peut donc être réduite sans fin, mais ne saurait être détruite jamais. Il est dès lors quelque chose d'essentiellement central qui recule à mesure qu'on s'en approche davantage, et qui échappe à toute division matérielle, à toute mesure, à toute destruction. Tel est le point central de la sphère ou sphère concentrique infinitésime.

» Or, nous concevons l'âme comme ayant les propriétés géométriques de ce centre de sphère..... Venons mainte-

---

1. « *Ego philosophice loquendo non magis statuo magnitudines infinite magnas quam infinite parvas, seu non magis infinitesimas quam infinituosas; utrasque per modum loquendi compendiosum pro mentis fictionibus habeo ad calculum aptas* », dit Leibniz. Et ailleurs, pour nous faire saisir le vrai sens, la valeur exacte de la notion de l'infinitésime, pour nous en faire comprendre l'application, l'utilité et la sûreté, il dit de cette notion : « *in errorem inducere non posse cum pro infinite parvo substituere sufficiat tam parvum quam quis velit ut error sit minor data, unde consequitur errorem dari non posse* ».

nant à la grande difficulté devant laquelle Jean Mueller ne juge pas qu'il y ait mieux à faire que de s'incliner. Comment les divers points de la surface d'un corps, de la surface de la rétine, par exemple, peuvent-ils être représentés par autant de points de l'âme avec des situations relatives semblables ? Comment une étendue et les divisions de cette étendue peuvent-elles être représentées, figurées, par une chose inétendue ? Tel est le paradoxe à résoudre. Ainsi que le fait observer J. Mueller, l'esprit humain travaille à cette œuvre, et toujours en vain, depuis qu'il pense.

» Je reviens à ma *figure* géométrique. Toutes les sphères déterminées sont semblables, et la sphère infinitésime est semblable aussi à la sphère déterminée ; et, bien qu'elle-même inétendue, elle peut offrir, sur sa surface infiniment petite, toutes les divisions possibles tracées sur la surface finie d'une sphère déterminée quelconque. Il n'y a pas là de contradiction.

» En effet, les divisions tracées sur la surface d'une sphère ne sont-elles pas déterminées par des séries de points et des angles centraux ? Et qu'est-ce que ces points ? Ce sont les extrémités périphériques des rayons. Mais les rayons ont aussi un bout central : tous ont leur pied dans le centre de la sphère. *Le centre de la sphère présente donc tous les points de la surface de la sphère et lui est entièrement semblable.* Les mêmes angles centraux qui divisent celle-ci, divisent aussi celui-là en un pareil nombre de secteurs, lesquels, forcément, sont semblables à ceux de la sphère. Qu'on le comprenne donc, le champ optique rétinal peut correspondre, ligne par ligne et point par point, à un champ optique sensoriel exactement semblable, bien que celui-ci soit *absolument inétendu.*

» L'âme peut ainsi être l'image du corps et l'image de l'univers entier sans s'étendre pour autant au delà du périmètre d'un point mathématique ¹ » (*Essais de Physiologie philosophique*, par J.-P. Durand (de Gros), page 537.)

L'âme est immatérielle, inétendue, comme les spiritualistes l'affirment, et en même temps ses différentes facultés correspondent respectivement à des parties distinctes

1. Notre éminent collègue M. Paul Janet, dans son livre intitulé *L'Ame et le Cerveau*, où d'ailleurs il mentionne avec bienveillance nos travaux, donne un extrait (tronqué et très fautif) du passage que nous venons de reproduire, et il en critique ensuite la doctrine.

L'identification de l'âme à un centre mathématique pèche, dit-il, en ce que l'âme est une substance réelle, tandis que le point central d'une sphère est une conception tout idéale. Voici ma réponse : Toute sphère réelle a un point central non moins réel, c'est-à-dire un lieu infiniment petit situé entre les deux rayons composant un même diamètre. Si par réel on entend quelque chose de matériel, quelque chose d'étendu, alors sans doute le point central de la sphère n'est pas réel ; mais l'âme, à ce compte, ne serait pas réelle non plus !

Et d'ailleurs quelque chose est-il réel, si ce n'est la *force* ? Or, métaphysiciens et physiciens sont aujourd'hui d'accord pour considérer la force comme inétendue ; ces derniers l'assimilent à un centre géométrique, comme on l'a vu d'après quelques citations données plus haut ; et voici maintenant comment s'exprime à ce sujet la métaphysique par l'organe de M. Ch. Lévêque, le distingué collègue de M. Janet à l'Académie des Sciences morales. Il s'agit des actions moléculaires auxquelles les physiciens rapportent le dynamisme des corps :

« Reste à savoir », dit M. Lévêque, « si ces forces actives sont matérielles ou immatérielles. Les physiciens n'ont pas à se poser cette question [ils se la posent néanmoins, et l'on a vu qu'ils la résolvent dans le même sens que les métaphysiciens]. La métaphysique se la pose ; bien plus, elle la résout. Leibniz déclare que ces forces sont des monades, c'est-à-dire des substances essentiellement simples. Leibniz a-t-il raison ? Pour notre part, nous avons beau faire, notre raison se refuse absolument à comprendre qu'une force active soit composée. En effet, qu'elle le soit et aussi peu que possible : par exemple, de deux éléments sans plus ; puisque ces deux éléments de la force sont deux, ils sont distincts. Cela posé, de deux choses l'une : ou bien toute la force réside dans l'un des deux éléments, et dans ce cas le second élément n'est pas partie intégrante de la force, ou bien la force réside à la fois dans les deux éléments, et, dans ce cas, les éléments étant distincts, il y a deux forces distinctes, et non pas une seule. Dans l'un et l'autre cas, la force est nécessairement immatérielle. » (*La Science du Beau*, par Ch. Lévêque, t. 1, p. 316.)

de l'organisme, ainsi que le matérialisme le soutient.

Que M. Ramon de la Sagra cesse donc de considérer la localisation cérébrale des facultés psychiques comme une négation du dogme de l'immortalité de l'âme, et de fortifier la physiologie dans ses tendances matérialistes en niant fort gratuitement, au nom d'un *a priori* métaphysique, certains faits d'observation avérés.

.˙.

71. Les divers points de la discussion engagée entre la métaphysique, honorablement représentée par M. R. de la Sagra, et les doctrines matérialistes des physiologistes, se rattachent tous aux vérités directrices que nous venons d'indiquer. Ces vérités vont, je l'espère, répandre une lumière sur ce débat, un véritable combat de nuit jusqu'à présent ; et, grâce à cette lumière, il nous sera donné d'apprécier avec justice et justesse les prétentions rivales de ces doctrines, de faire à chacun sa légitime part, et, qui mieux est, de les réconcilier.

Occupons-nous d'abord des opinions émises relativement au siège somatique des différentes facultés de l'âme. Ces opinions recouvrent des faits bruts que l'observateur n'a su comprendre qu'à moitié, et qu'il a énoncés dans un langage dont la raison du métaphysicien s'est offensée ; il s'agit maintenant de les soumettre à la critique combinée de l'analyse expérimentale et de l'analyse rationnelle.

On lit ce qui suit dans le *Traité de Physiologie* de M. le professeur Longet :

« On ne s'est pas borné », écrit ce professeur, « à dire qu'en général les passions ont leur siège dans les principaux viscères, ou dans les ganglions du grand sympathique, on a assigné à chaque organe une passion déterminée. Richerand place dans les entrailles le sentiment de la maternité ; les grandes pensées viennent du cœur, dit Vauvenargues ; d'autres y logent le courage. D'après Quintilien, *pectus est quod nos disertos facit.* Suivant certains auteurs, *splene rident, felle irascuntur, jecore amant, pulmone jactantur, corde sapiunt.....* En retrouvant chez les animaux plusieurs des passions dont l'homme nous offre l'exemple, en les voyant transportés de courage, animés par la fureur, les uns frappés de terreur et de mouvements antipathiques insurmontables, les autres attirés par un attachement qui ne finit qu'avec la vie, et victimes parfois d'une tristesse que leur laisse une amitié brisée, on se demande de quel principe dérivent les passions. Prennent-elles naissance dans l'âme, ou dans les organes ? Questions obscures sur lesquelles la philosophie et l'histoire naturelle n'ont pas encore prononcé. » (*Traité de Physiologie, par* LONGET, *professeur de physiologie à la Faculté de Médecine de Paris, membre de l'Institut, etc.*; 2e édit., t. II, p. 593.)

Oui, en vérité, ô M. le Professeur, de telles questions sont obscures, puisqu'elles portent sur des termes sans définition, sur des idées aussi insaisissables que le brouillard, et dont vous ne vous mettez nullement en peine de fixer le sens, de préciser les limites. L'obscurité est grande, je vous l'accorde, mais elle n'est pas dans les choses, elle est dans votre esprit. Ce ne sont pas les objets, qui sont obscurs, c'est votre vue, qui est trouble ; c'est votre méthode toute vicieuse et sans logique aucune, qui met sur vos yeux des lunettes fausses et vous fait voir tout de travers.

La page que nous venons de transcrire, et où l'auteur affiche pourtant de grandes prétentions philosophiques, est assurément peu faite pour relever dans l'estime des vrais philosophes le discernement de nos physiologistes en matière de psychologie. Le célèbre professeur de la Faculté de Médecine de Paris se pose très sérieusement, très ingénument, la question de savoir si les passions prennent naissance dans les organes, et telle et telle passions dans tel ou tel organe, ou si elles sont les fruits de l'âme elle-même ; ou, autre alternative, si elles sont un produit mixte de l'âme et de l'organisme ! Mais avant de faire justice de ces doutes étranges, il est intéressant d'en noter l'origine.

Si M. Longet hésite sur le point de savoir si certaines facultés de l'âme résident dans l'âme ou hors de l'âme — *risum teneatis, amici* — c'est, il a soin lui-même de nous l'apprendre, par cette considération grave, à savoir que ces mêmes facultés se rencontrent chez les brutes — chez un chien — de même que chez l'homme ! Or, suivez le raisonnement : placer dans l'âme « le courage », « la fureur », « la terreur », « l'attachement », « la tristesse », et autres passions communes à l'homme et aux animaux, c'est accorder une âme aux animaux...., *proh pudor !* Et M. Longet d'hésiter et de reculer devant une telle conséquence, pour nous révéler que la superstition surannée du « pur automatisme des Bêtes » compte encore un fidèle soutien parmi nous et jusque dans le sein de la science officielle, jusque dans le sanctuaire de la physiologie expérimentale.

Le vrai peut quelquefois n'être pas vraisemblable.

Voici, Messieurs, les vérités qu'une critique rigoureuse peut extraire de cet amas d'idées indigestes où des faits réels, dénaturés et rendus méconnaissables par une interprétation vicieuse, prennent le visage du faux et de l'absurde. Pour peu qu'il eût voulu faire usage de sa sagacité en cette circonstance, M. Longet n'eût pas manqué de s'apercevoir que les passions « prennent naissance dans les organes, dans les viscères », de la même manière que les sensations prennent naissance dans les organes des sens. Ce professeur ne jugerait-il pas très sévèrement l'instruction et le discernement de l'élève qui, appelé à s'expliquer sur le mécanisme de la sensation visuelle, je suppose, resterait en balance sur la question de savoir si cette sensation « prend naissance » dans l'œil ou dans le sensorium ? M. Longet ne manquerait pas d'apprendre à ce physiologiste novice et naïf que l'œil est un appareil servant à recueillir les images, et à en transmettre l'impression au nerf optique ; il ajouterait que ces impressions de la lumière déterminent l'excitation du nerf spécial, et qu'enfin cette excitation, se propageant de proche en proche jusqu'au siège du sensorium, y détermine le phénomène subjectif qui s'appelle *voir*.

Nous nous permettrons, à notre tour, de faire observer à M. Longet, et à ceux de ses distingués confrères qui nous parlent le même langage, que les viscères où nous sentons la peur, la joie, l'amour, la haine, etc., sont le siège de ces passions, absolument comme le globe de l'œil est le siège de la sensation visuelle, comme la pulpe des doigts est le siège de la sensation tactile : ce sont des organes récepteurs d'impressions destinées à des nerfs spéciaux en rapport particulier avec les facultés sensorielles spéciales. Comment notre savant physiologiste, qui respecte l'autorité de Descartes au point de croire, sur sa parole, que l'homme seul a une âme et que les bêtes n'en ont pas, comment est-il sourd aux enseignements du maître alors que ces enseignements se trouvent d'accord avec la science et la saine raison ? « Le siège principal des passions », dit Descartes, « en tant qu'elles regardent le corps, est dans le cœur, *parce que c'est le cœur qui en est le plus altéré ; mais leur place est dans le cerveau en tant qu'elles affectent l'âme*, parce que l'âme ne peut souffrir immédiatement que par lui. » (*Lettre à Régius (Leroy)*, dans les *OEuvres de René Descartes*, édition de M. Cousin, t. VIII; p. 515.)

Oui, sachons-le bien, les diverses facultés passionnelles — à l'instar des facultés sensorielles — ont leurs *organes excentriques spéciaux*, organes splanchniques (thoraciques ou abdominaux) où les émotions retentissent et *se font sentir*, tout comme les sensations se font sentir dans leurs organes périphériques, à l'extrémité des doigts, par exemple, où nous assignons leur siège par l'effet d'une illusion dont nous sommes détrompés par la critique scientifique du phénomène. Cette loi de l'organisation, que j'ai signalée et exposée sous toutes ses faces, d'abord dans mes conférences, en 1853, et depuis dans des publications successives diverses, dont la première date de quinze ans (1855), cette loi est grosse d'applications de tout genre ; je me borne pour le moment à vous dire qu'elle donne la clef du mécanisme physiologique si mystérieux des maladies mentales dites sympathiques.

Les pathologistes, en partant des notions obscures qui ont égaré M. Longet, de même que celui-ci se demande si les facultés mentales résident dans les viscères, pourraient se demander, à leur tour, si la folie a son siège dans le cœur, le foie, les entrailles, etc. [1]

Posée dans ces termes, la question serait psychologiquement absurde, et, physiologiquement parlant, incom-

---

1. Sauf de trop rares exceptions, et ceci soit dit avec tout le respect dû à des savants dont le mérite est d'ailleurs considérable, les pathologistes de l'âme, les aliénistes, ne se montrent pas moins en défaut que les physiologistes, sur le terrain de la psychologie critique. Je pourrais en donner pour preuve mille concluants exemples ; qu'il me suffise de citer le morceau suivant extrait d'un ouvrage classique, d'un *Manuel complet de médecine légale* :

« De tous temps, les philosophes ont distingué, dans l'organisme humain, deux ordres de facultés : les facultés intellectuelles, dont le jeu produit le phénomène de la pensée, et dont le cerveau est l'organe ; et les facultés affectives ou morales, qui sont le principe de la volonté et de l'activité humaines, mais qui n'ont pas un centre fixe et constant, comme l'est pour l'intelligence le foyer cérébral. C'est l'absence, l'abolition,

préhensible; mais, ramenée à sa juste expression, elle nous indique un principe qui devrait devenir le guide constant du diagnostic aliéniste.

Ces considérations nous amènent à rappeler en passant une autre loi, celle de *l'équivalence pathogénique des facteurs fonctionnels*, dont nos critiques, railleurs impuissants, ont trouvé plus à leur goût de se rire que de la discuter, et dont la science, lente à accueillir les vérités nouvelles déshéritées de tout haut patronage, dédaigne jusqu'à ce jour de tirer profit [1]. Connaître cette loi, c'est savoir que la modification primitive d'où résulte un état mental déterminé peut porter indifféramment sur deux

ou la lésion générale ou partielle de ces facultés, qui constituent l'aliénation mentale. » (*Manuel complet de Médecine légale*, par BRIAND et CHAUDÉ, p. 526.)

Mettant hors de cause cette définition de l'aliénation mentale, sur laquelle il y aurait pourtant quelque chose à dire, je me contente de faire remarquer que si M. Longet et autres physiologistes se méprennent au point d'ôter à l'âme, au moi, certaines facultés psychiques pour en faire largesse aux viscères, du moins se sont-ils interdit la fantaisie par trop désordonnée de promener ces passions d'un bout du corps à l'autre, en vraies nomades, pendant que, seule, l'intelligence resterait fixe et sédentaire en sa demeure cérébrale...!

Autre spécimen de notre psychologie médicale :

« Les passions violentes, qu'elles soient *innées* comme l'amour, la peur, la colère ; qu'elles soient *acquises*. comme l'orgueil, l'ambition, l'envie, la cupidité, le fanatisme, obscurcissent, il est vrai, le libre discernement des actes et atténuent la responsabilité morale, mais ce serait aller trop loin que d'assimiler la passion à une folie légère. » (*Traité pratique des Maladies Mentales*, par le docteur L.-V. MARCÉ, professeur agrégé à la Faculté de Médecine de Paris, médecin des aliénés de Bicêtre. 1 vol. in-8°, p. 632.)

La peur, la colère, *passions innées* ; l'orgueil et l'ambition, *passions acquises*! Telle est la façon dont la médecine aliéniste entend l'analyse et la classification des facultés et des affections de l'âme, et elle se persuade qu'elle fait de la psychologie positive... Et pourtant c'est un savant et habile praticien, c'est l'auteur d'un Traité de pathologie mentale d'ailleurs excellent, qui professe dans ce livre de telles énormités psychologiques en toute sécurité d'esprit. *Ab uno...*

1. Voir mon écrit intitulé : *La Philosophie physiologique et médicale devant l'Académie de médecine*, Paris, 1868.

ordres d'organes, sur l'organe central de la faculté psychique modifiée, ou sur un organe périphérique. Sans doute, le foie, ou tout autre viscère thoracique ou abdominal, peut être le siège d'une vésanie, mais à la condition qu'en s'exprimant de la sorte l'on entende simplement que ce viscère est le siège d'*impressions* malsaines qui réagissent sur le cerveau et sur l'âme, en vertu d'une relation nerveuse élective.

Et l'on pourra dire également, sans heurter les faits ni la raison, que les viscères sont des sièges de passions, si par là on veut indiquer que ces parties sont le lieu spécial de retentissement de certains états passionnels, c'est-à-dire les organes excentriques spéciaux des facultés mentales correspondantes.

Et enfin, il sera permis de dire en toute vérité, et sans que la psychologie rationnelle ait à s'émouvoir, il sera permis d'affirmer que *le cerveau pense*, étant convenu une fois pour toutes qu'une telle formule est l'équivalent de la suivante : *Le cerveau est l'organe de réception et de transmission des impressions destinées à mettre en jeu le principe de la pensée, c'est-à-dire un mécanisme dont le rôle est de mettre en rapport avec l'âme les stimulants qui sollicitent ses aptitudes diverses et les font entrer en action.*

* *
*

72. Métaphysiciens, renonçons donc à nous inscrire en faux purement et simplement contre le dire des physiologistes nous affirmant que le cerveau pense, ou autres propositions analogues ; un tel démenti serait sans force pour les convaincre. Apprenons-leur plutôt à se rendre fidèlement compte de faits qu'ils conçoivent et rendent inexactement ; et, à cette fin, commençons par acquérir nous-mêmes une connaissance intime de ces faits, au lieu de les nier d'une manière absolue et sans examen.

Nous invitons tout spécialement M. R. de la Sagra à revenir sur certains jugements de ce genre. Ému des prétentions outrées du matérialisme, il se porte à son tour à l'excès contraire ; des affirmations plus que téméraires lui échappent, qui étonneraient moins si notre auteur ne joignait la compétence du physiologiste à celle du philosophe. « Les facultés intellectuelles », dit-il quelque part, « sont complètement indépendantes du monde extérieur » (page 175). Ailleurs, il écrit : « Les facultés intellectuelles ne peuvent être affectées par la matière » (p. 184). Et dans un troisième passage : « Le développement des organes est en raison des facultés, qui ne dépendent pas d'eux. »

En voulant redresser les fausses conceptions de la science expérimentale, la science rationnelle à son tour se met dans son tort vis-à-vis de l'observation. Oui, certes, dirai-je à M. de la Sagra, la matière, et plus particulièrement cette portion de matière que nous nommons l'organisme, et qui forme le milieu matériel immédiat de l'âme, a une action sur cette âme, une action puissante, décisive. C'est là une vérité capitale, et elle est éclatante. Pour ne pas la voir, la morale et la médecine ont besoin de s'entasser sur les yeux les mille et un bandeaux du préjugé ; et, en refusant de reconnaître ce principe et d'en faire leur fanal dans l'application, ces sciences mènent la pratique à un abîme d'erreurs, erreurs désastreuses pour les intérêts humains dont elles ont charge.

Si prétendre que l'âme soit le produit du cerveau, soit une sécrétion de la matière vésiculaire cérébrale, est contredit par l'évidence métaphysique, en revanche ce n'est pas un moins audacieux défi à l'évidence expérimentale de nier que la manière d'être propre, que la modalité caractéristique de toute âme individuelle dérive pour une part majeure de la manière d'être des organes encéphaliques et des autres viscères.

L'état mental de tout individu, soit chez l'homme, soit chez les autres animaux, ne se modifie-t-il point suivant les modifications de l'organisme ? Les dispositions intellectuelles et morales de l'adolescent sont-elles donc les mêmes que celles de l'enfant ou du vieillard ? Les changements, normaux ou anormaux, ordinaires ou accidentels, qui se produisent dans notre économie végétative, le développement ou la suppression des organes génitaux, leur surexcitation ou leur paralysie, les maladies du foie, du cœur, ou d'autres viscères, etc., sans parler des lésions propres du cerveau, tous ces changements physiques ne se traduisent-ils donc pas par autant de changements plus ou moins étendus, plus ou moins profonds, dans l'intelligence et le caractère ? Cette évidence est si irrésistible qu'elle a arraché l'aveu suivant à la timide orthodoxie spiritualiste de M. Longet :

« Pour l'homme », écrit ce professeur, « comme pour la femme, des idées nouvelles naissent à mesure que des organes nouveaux se développent, que des fonctions nouvelles s'établissent. » (*Traité de Physiologie*, 2ᵉ édit, t. II, p. 932).

Ainsi, en soutenant que l'âme est indépendante des organes, M. Ramon de la Sagra soutient une erreur de fait, erreur patente, erreur des plus graves ; et j'ajoute que c'est une erreur gratuite, car la thèse antimatérialiste ne saurait en tirer aucun profit. Il ne s'agit pas, en effet, pour le triomphe de cette cause philosophique, d'établir l'absence de toute relation dynamique entre l'esprit et la matière, puisque c'est l'idée même du conflit de ces deux puissances qui seule fait naître l'idée de leur distinction. Cette distinction, telle est la chose dont il s'agit de démontrer la vérité, la nécessité. D'ailleurs l'auteur déclare fort judicieusement, dans un autre passage, que « l'esprit et la matière sont inséparables » ; à quoi il ajoute (et ceci est peut-être une proposition moins indiscutable): « le premier (l'esprit) ne pouvant fonctionner et agir qu'avec l'aide de la seconde (la matière) ».

A juger de la véritable pensée de M. Ramon de la Sagra par le contexte général de sa dissertation, on est porté à croire qu'il n'entend pas refuser à la matière tout empire sur l'âme ; il semble parfois vouloir simplement donner à entendre que cet empire ne s'exerce que sur la seule sensibilité, et qu'une impression matérielle n'agit sur l'intelligence et les facultés affectives que par l'intermédiaire des sensations. Mais, cette fois encore, même ainsi restreinte, la prétention de notre philosophe spiritualiste est contraire à l'expérience. Et d'ailleurs, sa prétention serait-elle fondée, que la démonstration à laquelle il vise n'en serait pas pour cela plus avancée.

Les impressions faites sur les organes des sens ne sont-elles donc pas matérielles ? Et les nerfs conducteurs qui les reçoivent et en transmettent les effets ne sont-ils donc pas matériels ? Et ne sont-ils donc pas matériels aussi les centres nerveux auxquels se rendent ces nerfs et où se passe le fait psychique de la perception sensible ? — Oui, assurément. Donc le principe spiritualiste n'a rien à gagner à ce que les agents matériels n'agissent sur l'âme que par son côté sensoriel. Et puis ce côté sensoriel appartient bien à la conscience, au moi, à l'âme, à l'esprit ; il y appartient bien d'une manière aussi essentielle et aussi exclusive que le côté intellectuel et passionnel, quoi qu'en disent, pour la confusion de leur philosophie, les adversaires du sensualisme, assimilant ce dernier au matérialisme. Mais disons, à la décharge de notre auteur, qu'il n'appartient pas à cette famille d'esprits philosophiques de mince étoffe : à maintes reprises, il s'élève avec une logique pleine d'énergie contre leur méprise grossière.

Dès lors, puisque la matière touche le sensorium, elle touche l'âme, et conséquemment le spiritualisme n'a pas le moindre intérêt à ce que soit niée l'influence directe des agents matériels et des organes sur l'intelligence et sur les passions.

D'ailleurs, je le répète, cette inutile entreprise trouve sa condamnation dans l'expérience. Toutes les facultés de l'âme, c'est-à-dire l'intelligence et les modes passionnels, de même que les modes spéciaux de sentir, sont passibles de l'action directe des spécifiques matériels.

De même que la faculté optique est sous l'influence directe des organes optiques et de la lumière, pareillement la faculté passionnelle appelée l'*amour* est sous l'influence directe des organes génitaux et des aphrodisiaques ; et l'activité intellectuelle peut être stimulée par l'ingestion d'une décoction de café, tout comme l'activité visuelle peut être mise en jeu par le choc d'un rayon de soleil sur la rétine.

Cette vérité méconnue porte dans ses flancs une révolution immense et immensément féconde pour la morale et la médecine ; mais les yeux de nos savants et de nos philosophes, aveugles volontaires, s'obstinent à rester fermés à cette lumière, que je m'évertue, depuis dix-huit ans, à faire luire devant eux [1].

* * *

73. En voulant établir « la réalité de l'âme », M. Ramon de la Sagra a fait fausse route, c'est incontestable ; il a

---

1. Voir nos divers ouvrages : *Electro-dynamisme vital*, 1 vol. in-8°. Paris, 1855 ; *Cours de braidisme*, in-8°. Paris, 1860 ; *Essais de Physiologie philosophique*, in-8°. Paris, 1866 ; la *Philosophie physiologique et médicale à l'Académie de Médecine*, in-8°. Paris, 1868.

manqué le chemin qui mène droit à ce but, et il s'est engagé dans un faux-fuyant qui en éloigne, qui aboutit à un résultat tout opposé.

« L'existence d'une âme », dit-il, « n'est prouvée d'une manière incontestable que par les cas où les facultés intellectuelles, indépendantes des sens par l'action de l'éther, continuent de fonctionner pendant que le corps est torturé, éprouvant des sensations délicieuses de jouissance et de bonheur, dans un monde absolument divers. »

En vérité, c'est être trop peu difficile sur la valeur des témoignages quand il s'agit d'un procès de cette importance. L'indifférence actuelle de l'âme à des impressions violentes faites sur certaines parties du corps prouve simplement une chose, c'est qu'une solution de continuité fonctionnelle est créée par l'anesthésie entre les nerfs et le cerveau, et empêche les impressions dont ils sont le siège de se propager jusqu'au sensorium.

Mais, chose étrange, l'auteur n'attend pas que les contradicteurs objectent cette explication à son argument; cette explication, c'est lui-même qui la donne, et il la pousse jusqu'à une fâcheuse exagération. « L'altération organique des nerfs conducteurs des impressions », dit-il, « les empêche d'arriver aux centres nerveux pour être perçues et devenir sensations. *Ainsi s'explique clairement l'insensibilité produite par l'éther, sans recourir à aucune action hypothétique et illogique de cette substance sur les centres nerveux* » (p. 103).

Si je comprends notre savant académicien, il fait dépendre l'immunité de l'âme de l'immunité du cerveau, la première, d'après lui, n'étant à l'abri de l'anesthésie que parce que le second ne peut être anesthésié. Cette prétendue immunité anesthésique des centres nerveux est à tel point la condition essentielle de l'immunité de l'âme, dans la pensée de l'auteur, qu'il n'hésite pas, pour sauver cette imaginaire prérogative de l'âme, à rejeter, sans raison et contre toute raison, comme « hypothétique et illogique », la possibilité d'une action de l'éther sur le cerveau. On avait cru entrevoir une preuve de « la réalité de l'âme » dans une indépendance supposée des agents anesthésiques dont feraient acte nos facultés psychiques ; mais au lieu d'établir que cette indépendance — en la supposant réelle — est une propriété intrinsèque de l'âme elle-même, on s'ingénie à prouver que l'âme ne jouit de cette propriété que médiatement, extrinsèquement, et seulement grâce à ce que son organe possède seul cette propriété d'une manière primitive et inhérente ! Or, cet organe, c'est-à-dire le centre cérébral, n'est-il pas matériel aussi bien que l'action anesthésique ? Oui, sans doute, et de là il appert qu'en faisant dériver l'immunité anesthésique de l'âme de l'immunité anesthésique du cerveau, on reconnaît implicitement la dépendance de l'âme vis-à-vis du cerveau, c'est-à-dire vis-à-vis de la matière.

Entraîné par ce faux pas, le champion de la cause spiritualiste a glissé dans le travers du matérialisme. Il en arrive, lui qui s'était armé de toutes pièces et était entré en lice pour faire triompher le principe d' « *une substance spirituelle distincte de la matière* », il en arrive à admettre implicitement, forcément, et presque catégoriquement, l'identité réciproque des facultés de l'âme et de leur organe cérébral. Voici comment il s'exprime à la page 130 de son livre :

« M. Bouisson », écrit M. de la Sagra, « cite le cas d'une femme qui resta toute la journée, après l'ablation d'un cancer au sein, sans aucune espèce de douleur. » Cela dit, notre honorable auteur de s'écrier : « A la vue de pareils faits, et ils sont nombreux, comment les physiologistes peuvent-ils persister à croire que les *centres cérébraux*, que les *facultés intellectuelles*, soient directement affectées par l'action de l'éther ? »

⁂

74. M. Ramon de la Sagra croyait combattre et abattre le matérialisme, mais en réalité c'est le spiritualisme qui a reçu ses coups. Heureusement pour ce dernier, cette argumentation à faux de son honorable et savant défenseur n'est appuyée que sur des faits très insuffisamment exacts et sur une dialectique non moins insuffisante. Sans doute, ce philosophe nous apparaît plongé dans une illusion profonde quand il s'écrie avec l'enthousiasme d'un Archimède philosophique : « Voici donc la réalité de l'âme rigoureusement démontrée, incontestablement établie, sans qu'aucune observation puisse lui porter atteinte » (p. 208); mais en même temps il nous semble que le principe de la réalité de l'âme n'aura que peu à souffrir de cette compromettante apologie. En effet, il est susceptible d'une autre démonstration dont les linéaments ont été esquissés au début de ce discours ; et cette démonstration, d'un tout autre genre, possède, si je ne m'abuse, et possède seule, toute la solidité et toute l'irrésistible évidence que M. Ramon de la Sagra revendique, sans droit, nous l'avons vu, pour celle dont il est l'auteur.

Nous allons passer à quelques autres applications de sa théorie.

⁂

75. Rien de dangereux comme les hommes à système ! Pénétrés d'une foi absolue en leur idée, ils n'hésiteraient pas un seul instant à en faire le premier essai sur le genre humain en masse, quand l'existence du monde entier serait l'enjeu de cette expérience. M. Ramon de la Sagra est

un de ces hommes à convictions ardentes, un de ces esprits de trempe peu ordinaire qui savent tout, excepté douter.

Théoriquement convaincu qu'un individu anesthésié est une âme, une âme singulière isolée de son corps, et que par conséquent les tortures actuellement infligées à ce corps ne sauraient arriver jusqu'à elle, ne sauraient l'atteindre dans son fort inexpugnable, il reste impassible devant les cris de douleur déchirants, les gémissements lamentables et les contorsions horribles dont certains patients, en dépit de l'éther et du chloroforme, donnent le spectacle quand le couteau du chirurgien passe dans leurs chairs. Ils ont respiré la vapeur anesthésique, donc leur âme est isolée de la matière, donc les causes physiques de douleur ne peuvent arriver à cette âme, donc il n'y a pas de douleur produite, il ne peut y en avoir ; ainsi le veut la théorie. Et cependant un état d'atroce souffrance s'atteste par tous les signes habituels : mugissements, hurlements, un corps qui se tord dans une agitation furieuse ou convulsive, vivante peinture d'un tourment affreux. Mais n'y prenez garde, nous dit M. R. de la Sagra, il n'y a là qu'un simulacre de douleur, la douleur n'est point réelle, tout cela est purement automatique !

Je rappellerai à ce propos qu'un grand esprit imbu et entêté de la doctrine cartésienne du *pur automatisme des bêtes*, le célèbre Arnaud, de Port-Royal, se faisait un amusement d'arracher des cris plaintifs à sa chienne en la frappant à coups de pied. Aux témoins de ses distractions cruelles, s'apitoyant sur le sort du pauvre animal, le philosophe répondait avec sérénité : « Ça ne fait pas de mal, un chien ne sent pas, c'est une machine, rien de plus. »

Les partisans du pur automatisme de l'axe nerveux obéissent à une logique en tout semblable en considérant avec indifférence les manifestations externes de la douleur chez les animaux et l'homme toutes les fois que, à tort ou à raison, le cerveau proprement dit leur paraît désintéressé dans ces actes et y rester étranger.

Écoutons M. R. de la Sagra ; il s'agit d'observations d'anesthésie chirurgicale :

« Toute une série de faits que nous avons cités », dit-il, « étaient accompagnés de mouvements violents, de cris, de convulsions, d'efforts pour échapper à l'opérateur..... et ce sont ces manifestations extérieures qui ont fait croire au plus grand nombre des physiologistes que la sensibilité continuait d'exister après que les facultés intellectuelles se trouvaient éteintes. Leurs jugements, pour apprécier l'état de l'une et des autres, étaient donc fondés sur une preuve de même nature, savoir, l'*évidence*, qui dans ces cas devenait synonyme d'*apparence*, comme nous espérons le démontrer » (p. 160).

J'interromps cette citation pour faire une simple remarque sur la dernière phrase que je viens de transcrire. L'auteur espère nous prouver, dit-il, que ce qu'on appelle de l'évidence, dans les manifestations de sensation actuelle, chez les éthérisés, se réduit à de l'apparence. J'admets pleinement son appréciation et sa démonstration à cet égard ; mais je lui fais un reproche, c'est d'en restreindre l'application à l'homme anesthésié : elles s'appliquent à l'homme éveillé et dans l'état normal, d'une manière non moins juste. Nous l'avons fait remarquer plus haut, ce n'est qu'en nous-mêmes que nous pouvons nous assurer de la présence de la sensibilité par expérience directe et avec certitude entière ; chez les autres, nous n'en pouvons juger que par une induction fondée sur l'*apparence*. Oui, l'apparence, c'est la seule preuve que nous puissions avoir, que nous puissions donner, de l'existence réelle, chez autrui, de la faculté de sentir. Rappelons à ce propos ces paroles de M. Lélut, que nous trouvons dans sa *Physiologie de la Pensée* (*op. cit.*, p. 101) : « Or cette sensibilité », y est-il dit, « .... nous en trouvons le type en nous-mêmes, et nous ne le trouvons pas ailleurs. Nous pouvons, par induction, le transporter, l'attribuer à d'autres créatures, à celles surtout de notre espèce ; mais, encore une fois, nous ne l'y saisissons pas, etc. »

Ainsi, l'apparence étant notre seule preuve de la réalité de la sensibilité en dehors de nous, si cette preuve paraît invalide et inadmissible quand il s'agit de l'homme ou de l'animal soumis à l'influence anesthésique, il est illogique de la tenir pour bonne et valable quand il s'agit de l'homme ou de l'animal placés dans un état quelconque.

Reprenons la citation du livre de M. de la Sagra :

« On trouve dans les ouvrages », poursuit-il, « la narration de divers cas, sous le titre d'*abolition de l'intelligence, conservation de la sensibilité.* Tous consistent en des manifestations extérieures de la douleur : cris, paroles, mouvements. Quelquefois, cependant, ces phénomènes se rapportent à des raisonnements qui prouvent une détermination volontaire ; etc. »

Toutes ces manifestations de sensibilité, d'intelligence et de volonté, ne sont, aux yeux de l'auteur, qu'une apparence pure et vaine. Voici ce qu'il affirme dans un autre passage de son livre :

« Lorsque l'anesthésie n'est pas complète, mais suffisante pour atteindre la sensibilité, les mouvements réflexes, chez les individus opérés, ont lieu d'une manière extrêmement énergique, au point de les prendre pour l'expression de douleurs vives et poignantes. *Mais le malade ne sent rien, et nous avons prouvé que cette assertion est vraie.* » (P. 117.)

Il nous reste à examiner ces preuves dont parle notre auteur, et qu'il tient pour très rassurantes ; nous chercherons ensuite, à notre tour, à fournir l'explication véritable, à exposer les vraies causes du phénomène controversé.

**

76. Les opérés en état d'anesthésie, quelques signes de douleur et même d'intelligence de ce qui se passait en eux et autour d'eux qu'ils aient pu donner durant cette période, déclarent, une fois rentrés dans l'état de veille, n'avoir rien senti, n'avoir rien connu des violences exercées sur les parties vives de leur corps ; et même, d'après le récit de certains d'entre eux, leur âme aurait été bercée dans des rêves délicieux à ce moment même où leurs chairs frémissaient sous le bistouri, où leur voix lançait des cris déchirants et où tout leur corps, dans une suprême révolte, luttait en désespéré contre l'étreinte de l'opérateur et de ses aides. Et c'est cette déclaration, faite pendant la veille relativement à ce qui s'est passé durant le sommeil anesthésique, qu'on accepte comme un témoignage péremptoire de l'insensibilité et de l'inconscience réelles du patient.

Témoignage bien faible, bien peu sûr ! j'espère le faire voir.

Les expressions apparentes de douleur, de connaissance et de volonté produites pendant l'état d'anesthésie chez un patient déclarant, à son réveil, qu'il n'a eu aucune conscience de ses actes, ou même que, pendant qu'il paraissait ainsi livré à d'horribles souffrances, il se sentait tout entier aux émotions d'un rêve de bonheur, ces actes d'expression, dis-je, peuvent être de deux sortes, peuvent dériver de deux sources distinctes.

Il peut se faire que l'oubli ait effacé la trace des états de l'âme qui sont niés par celui-là même qui vient d'en être le sujet. N'est-ce pas là ce qui se produit chez le somnambule ? Or, prétendrait-on que le somnambule qui vous parle avec discernement, qui vous répond avec à-propos, qui accomplit avec sûreté des combinaisons de mouvements très complexes et coordonnés en vue d'un résultat logique et en rapport exact avec ce résultat, qui peut même exécuter des calculs et des œuvres d'esprit de toute sorte, prétendrait-on, dis-je, que ce somnambule est actuellement inconscient et n'agit qu'à titre d'automate ? Mais alors en quoi donc l'automate différerait-il de l'être animé et doué de conscience ?

La coïncidence d'un rêve, et d'un rêve agréable, avec les manifestations physiques de douleur, semble créer une difficulté sérieuse à l'hypothèse de l'oubli ; mais rien n'établit cette coïncidence. Un instant, une seconde suffit, les expériences de M. A. Maury, exposées dans son ouvrage *Le Sommeil et les Rêves*, nous l'apprennent, un moment rapide comme un éclair a assez de durée pour que les épisodes d'un long drame se déroulent dans l'imagination du songeur [1]. Mais, objectera-t-on, comment s'expli-

---

1. Entre autres faits relatifs à ce sujet, M. Maury rapporte les suivants :

« J'avais, dit-il, il y a vingt ans, l'habitude de lire tout haut à ma mère, et il arrivait souvent que le sommeil me gagnait à chaque pause, à chaque alinéa ; cependant je me réveillais si vite, que ma mère ne s'apercevait de rien, si ce n'est qu'elle observait que je lisais parfois plus lentement. Eh bien ! durant ces secondes d'un sommeil commencé et chassé aussitôt par la nécessité de continuer la lecture, je faisais des rêves fort étendus, rêves qui embrouillaient ma pensée et nuisaient d'ordinaire à l'intelligence du livre. Mais un fait plus concluant pour la rapidité du songe, un fait qui établit à mes yeux qu'il suffit d'un instant pour faire un rêve étendu, est le suivant : J'étais un peu indisposé, et je me trouvais couché dans ma chambre ayant ma mère à mon chevet. Je rêve de la terreur ; j'assiste à des scènes de massacre, je comparais devant le tribunal révolutionnaire, je vois Robespierre, Marat, Fouquier-Tinville, toutes les plus vilaines figures de cette époque terrible, je discute avec eux ; enfin, après bien des événements que je ne me rappelle qu'imparfaitement, je suis jugé, condamné à mort, conduit en charrette, au milieu

quer que le souvenir des sensations *objectives* exprimées par des signes de réaction douloureuse se soit effacé, et que le rêve qui aurait précédé ou suivi ces sensations ait seul laissé dans l'esprit une trace durable ? Cette anomalie est un phénomène familier à ceux qui ont fait de la psychologie expérimentale à l'aide de l'hypnotisme. Je vais m'expliquer à cet égard à propos d'un autre fait analogue, constaté dans certaines observations d'anesthésie chirurgicale, particulièrement par Velpeau, qui en avait été très frappé.

« Il y a premièrement des cas », dit M. R. de la Sagra, « où ceux qui ont poussé des cris et fait des mouvements, affirment ensuite n'avoir rien senti. On a fait observer qu'ils pourraient bien l'avoir oublié ; mais, outre qu'on n'oublie jamais les sensations immédiates en conservant le souvenir d'autres plus éloignées, on ne saurait jamais expliquer, par cette hypothèse, pourquoi l'opéré se rappelle *avec joie* des sensations heureuses qu'il a éprouvées pendant l'opération, et aurait perdu le souvenir des sensations *douloureuses* qu'on suppose avoir eu lieu, et qu'il nie.»

A cela je commencerai par répondre qu'il est inexact de dire qu'« on n'oublie jamais les sensations immédiates en conservant le souvenir d'autres plus anciennes ». La mémoire des vieillards montre une disposition très remarquable, et de tout temps remarquée, précisément dans le sens

d'un concours immense, sur la place de la Révolution : je monte sur l'échafaud, l'exécuteur me lie sur la planche fatale, il la fait basculer, le couperet tombe ; je sens ma tête se séparer de mon tronc ; je m'éveille en proie à la plus vive angoisse, et je me sens sur le cou la flèche de mon lit qui s'était subitement détachée, et était tombée sur mes vertèbres cervicales, à la façon du couteau d'une guillotine. Cela avait eu lieu à l'instant, ainsi que ma mère me le confirma, et cependant c'était cette sensation externe que j'avais prise, comme dans le cas cité plus haut, pour point de départ d'un rêve où tant de faits s'étaient succédé. » (*Le Sommeil et les Rêves*, par Alfred Maury, membre de l'Institut. Paris, 1868, p. 183.)

opposé ; étrangers parfois au souvenir d'actes considérables qu'ils ont accomplis la veille, leur imagination se nourrit d'un passé dont elle se retrace les plus insignifiants épisodes avec une étonnante netteté, avec les couleurs les plus vives.

J'arrive à l'objection principale. Comment admettre qu'on oublie la douleur *réelle* et qu'on se souvienne du plaisir rêvé ? Ce singulier contraste est un effet d'impression mentale[1] ; on peut le rapprocher du fait suivant rapporté encore par M. R. de la Sagra d'après Velpeau :

« Un jeune homme fort bien constitué, auquel le même professeur (Velpeau) réduisait une luxation du coude, était assis sur une chaise où il ne cessa durant l'opération de se cramponner avec vigueur du pied et du bras sain à la table et à un pilier voisin, pendant que de l'autre côté la luxation se réduisait avec une extrême facilité, sans que les tractions faites rencontrassent aucune résistance musculaire. Cela faisait dire au savant chirurgien qu'on aurait cru à une intelligence mystérieuse éteignant l'action musculaire là où elle était nuisible, pour l'exagérer en quelque sorte là où elle pouvait servir ou ne pas nuire. » (*Comptes rendus de l'Académie des sciences* du 4 mars 1850.)

Velpeau a beau dire, il n'y avait pas là le plus petit brin de miracle, ce n'était pas une intelligence mystérieuse qui intervenait pour réaliser un prodige, c'était l'imagination du patient qui paralysait les muscles du bras opéré, sans y éteindre la sensibilité et sans affecter en rien l'intégrité fonctionnelle des autres parties.

Un chirurgien de Paris des plus distingués, professeur agrégé à la Faculté de médecine, m'a fait le récit que voici : Il traitait une jeune malade, enfant de quinze ans, affectée

---

1. Voir notre ouvrage intitulé *Électro-dynamisme vital*, Paris, 1855, p. 234 et suiv. ; voir aussi notre *Cours de Braidisme*, Paris, 1860.

de contracture des extrémités inférieures. Les efforts de la science s'étant montrés impuissants contre ce mal, la famille eut recours à ce qu'on appelle des secours spirituels : on fit dire une neuvaine. Tant il y a qu'au beau milieu de la dernière messe une détente se fait dans les muscles convulsés, la malade est guérie ! Mais, attendez ! j'ai omis de vous dire qu'une seule jambe était fortement contracturée ; l'autre pourtant était loin d'être indemne, mais toute l'attention et toutes les préoccupations des parents et de la malade se concentraient sur la première. Eh bien ! le membre le plus malade sortit de l'église totalement guéri ; l'autre, le moins malade, celui dont le médecin seul se préoccupait, en sortit comme il y était entré : il était encore contracturé, et tel il est resté.

J'accompagnerai ces deux observations de celle que rapporte le docteur Liébeault dans son livre *Du sommeil et des états analogues considérés au point de vue de l'action du moral sur le physique* [1] (p. 298) : « Une de mes clientes, dit-il, lypémaniaque, ne vit plus clair tout d'un coup pour manger. Elle s'en était mis instantanément l'idée dans la tête. Pendant plusieurs semaines, on fut obligé de lui porter les aliments à la bouche ; mais, tandis qu'on l'aidait ainsi, elle savait fort bien distinguer à travers la fenêtre les passants dans la rue. »

L'oubli spécial des souffrances chirurgicales chez les anesthésiés avec souvenir de rêves agréables est un phénomène psychologique de même nature : c'est le résultat d'une impression sur le moral. Rien de plus aisé, comme je l'ai déjà dit, que d'amener ces pertes partielles de mémoire chez les individus soumis à la suggestion hypnotique, au moyen d'une sorte de saisissement qu'on leur imprime à l'endroit des notions dont on veut obtenir l'obli-

---

1. Paris, 1866, 1 vol. in-8°.

tération momentanée dans leur esprit. Pour s'édifier à cet égard, on trouvera un grand nombre d'expériences de cet ordre relatées dans l'*Encyclopédie* anglaise de Todd et Bowman, dans les *Principes de Physiologie Humaine* du docteur Carpenter, dans les écrits de Braid, dans mon *Cours de Braidisme*, et dans quelques autres publications encore. Il serait grand temps que la psychologie médicale se mît à étudier sérieusement ces faits, qui, il y a dix ans, mirent toute la médecine en émoi pour tomber aussitôt dans l'oubli le plus complet [1].

Cependant, j'admets sans peine que, dans certains cas, le moi cérébral, *notre* moi, ne soit pour rien dans les actes de notre corps, alors que ce corps, mis dans l'état anesthésique, exprime la douleur, la crainte, la volonté, le discernement. Mais les états de l'âme figurés par ces apparences n'en sont pas pour cela moins réels. Si ces affections mentales n'ont point pour siège l'âme centrale, qui trône au cerveau, et qui concentre en son indivisible personnalité psychique la personne collective de l'organisme, on peut légitimement les attribuer aux centres nerveux échelonnés tout le long de l'axe médullaire.

« Point d'impression sentie, point d'impression réfléchie », dit fort justement M. Chambert, cité par M. R. de la Sagra. Mais tel n'est pas, bien entendu, l'avis de ce der-

---

[1]. Il s'agit de la *grande découverte* sensationnelle de l'anesthésie hypnotique, en 1859, que s'attribuaient trois agrégés de la Faculté de médecine de Paris : Azam, Broca et Follin. Cette fausse découverte mit en émoi et dans l'enthousiasme les corps savants et le public pendant trois semaines et fut *lâchée* tout à coup et conspuée par ses auteurs et par tout le monde, en présence d'une autre découverte, celle-ci véritable, à savoir que l'hypnotisme était une invention déjà vieille de vingt ans, et qu'elle avait les rapports les plus suspects avec la bête noire de l'Académie de médecine, le magnétisme animal. Autres vingt ans s'écoulèrent, et Charcot, avec plus de ténacité et de succès que Broca et ses associés, opéra une deuxième réinvention de l'hypnotisme, celle-ci durable. (Note de la 2ᵉ éd.)

nier, et il ajoute : « Ce principe, ainsi formulé, est encore une erreur des physiologistes qui l'admettent. *Il n'est pas nécessaire que l'impression soit sentie, pour qu'elle soit réfléchie* ; il suffit qu'elle soit arrivée au centre nerveux où s'opère le changement de direction, où le mouvement de centripète devient centrifuge, etc. »

Toujours l'automatisme de la moelle, cette hypothèse contraire à toute apparence, à toute vraisemblance, à toute logique ! Nous l'avons réfutée ailleurs dans son principe et à plusieurs reprises ; revenons-y néanmoins, mais seulement pour répondre à quelques considérations de détail présentées par M. Brown-Séquard à l'appui de cette doctrine.

Dans un mémoire publié dans les *Comptes rendus* de l'Académie des sciences du 3 décembre 1849, et cité dans l'ouvrage que nous analysons, l'éminent physiologiste a déduit de ses expériences, entre autres conclusions, celle-ci :

« Que les animaux peuvent crier alors qu'on leur a enlevé tout leur encéphale moins la moelle allongée ; que l'existence des cris ne peut pas prouver qu'il y a eu perception de douleur, puisque les cris résultent de contractions musculaires qui peuvent être de l'action réflexe, comme les contractions des muscles des membres ;

» Que si l'on admettait que les cris prouvent qu'il y a eu perception de douleur, il faudrait admettre que la moelle allongée sert aux perceptions de douleur ;

» Que si l'on admettait que l'agitation prouve aussi qu'il y a eu perception de douleur, il faudrait admettre que la moelle épinière sert à ces impressions. »

Eh ! vraiment oui, dirai-je à M. Brown-Séquard en me permettant de le prendre à son tour à partie, oui, en vérité, il y a perception de douleur dans les centres cellulaires de la moelle allongée d'où partent les réactions motrices dites *réflexes* qui vont tendre les cordes vocales et déterminer l'expiration violente de l'air s'échappant en cris douloureux ; oui certes, chose qui vous paraît plus inadmissible encore, les centres de la moelle épinière sont, eux aussi, le siège d'un agent psychique qui perçoit en douleur les impressions centripètes provoquant des réactions motrices centrifuges ; oui, il y a sensibilité et volonté dans la moelle allongée ; oui, il y a sensibilité et volonté dans la moelle épinière. Pourquoi en douteriez-vous ? Une telle conclusion n'est-elle pas la seule logique, la seule possible à tirer des faits observés ? tous les faits ne la justifient-ils pas pleinement, ne l'imposent-ils pas, et en est-il un seul qui, ramené à sa signification réelle, tende à l'infirmer ?

Sans doute vous m'objecterez que la conscience qui siège au cerveau est inconsciente de mes prétendues sensations et volitions des centres de la moelle, et vous en conclurez que de telles opérations psychiques ne sont point perçues, c'est-à-dire qu'elles n'ont aucune réalité, qu'il n'en existe qu'un simulacre. Mais qu'on y songe : il n'est pas plus permis de dénier la conscience aux centres médullaires du mouvement réflexe, par cela seul que leur conscience n'est pas la conscience du cerveau, qu'il ne me serait permis de nier que votre cerveau ait une conscience par la raison que cette conscience vôtre n'est point mienne, n'est point celle que je porte en mon cerveau personnel.

Que M. Brown-Séquard pèse encore l'argument suivant que je lui soumets sous forme d'interpellation :

Si les observations de physiologie expérimentale sur lesquelles il raisonne ici se rapportaient à certains invertébrés au lieu d'être relatives à des animaux supérieurs, en tirerait-il les mêmes conséquences ? De ce que les sensations et les volitions apparentes manifestées par les ganglions métacéphaliques de la chaîne sous-intestinale d'un annélide, d'un ver de terre, par exemple, ne sont point perçues dans le ganglion cérébroïde, notre habile professeur se croirait-il autorisé à affirmer que ces apparences de sensation et de volition sont des effets purement *réflexes*, c'est-à-dire, suivant le sens qu'il donne à ce mot, de purs effets mécaniques? Non, car M. Brown-Séquard sait fort bien que les segments métacéphaliques, amputés de leur tête, n'en continuent pas moins à vivre d'une vie complète et permanente, et à remplir toutes les fonctions de vie de relation propres à ces animaux, non moins que leurs fonctions végétatives, ce qui prouve bien que les centres nerveux qui animent les mouvements de ce tronçon postérieur de l'annélide portent en soi, d'une manière intrinsèque, un centre sensitif et volitif, un centre de conscience, un moi distinct en tout semblable au moi résidant dans le ganglion céphalique retranché. Or M. Brown-Séquard n'ignore pas que la chaîne nerveuse sous-intestinale des animaux articulés est, au point de vue anatomique et physiologique, l'équivalent exact de notre axe cérébro-spinal, et que nos centres *réflexes* de la moelle allongée et de la moelle épinière sont les homologues métacéphaliques de cette chaîne. Pourquoi donc, reconnaissant dans ceux-ci le siège d'une conscience, le siège d'une âme vivante, ne veut-il voir dans ceux-là qu'un ressort inerte d'automate?... Mais j'ai beau réitérer cette question depuis quinze ans, je ne puis arracher aux physiologistes ni une réfutation, ni une rétractation!

> Convince a man against his will,
> He will have his opinion still.

Cependant, leur silence n'est-il pas un aveu d'impuissance? Provisoirement, je le tiendrai pour tel en attendant qu'on s'explique.

Ceci est dit afin d'établir comme quoi l'impossibilité de

M. Ramon de la Sagra et de tant d'autres en présence de la *douleur apparente* des opérés en état d'anesthésie, est une disposition fort peu légitime si elle ne se fonde que sur la conviction où sont ces savants d'être en présence d'une simple peinture en cris et en gestes, d'assister à une pantomime d'automate.

77. Je ne veux pas clore la discussion sur ce sujet si grave de psychologie physiologique et médicale sans en indiquer encore un autre aspect.

Si la sensibilité a pu être niée malgré le témoignage de l'apparence, à plus forte raison devait-on la méconnaître alors que ce témoignage était contre elle ; et à mon avis c'est ce qui a eu lieu. Je suis persuadé que dans beaucoup de cas, alors que l'opéré, placé dans l'état anesthésique, ne donne aucun signe de sensation, et, à son réveil, déclare n'avoir rien senti, il y a eu néanmoins un état de sensation et de douleur, et le pire de tous peut-être ! Et, quoi qu'il en soit en réalité, je tiens à faire voir que cette insensibilité doublement apparente peut n'être qu'une apparence menteuse, et que nous n'avons aucune raison de nous y fier. Et ce que je dis de l'anesthésie artificielle produite par l'éther ou le chloroforme s'applique, et avec non moins de force, à l'anesthésie épileptique admise et professée par tous les auteurs.

Que nos psychologues, nos physiologistes et nos pathologistes veuillent bien suivre ce raisonnement : Les somnambules sont-ils actuellement conscients, sensibles et voulants ? — Oui, sans doute, on ne le nie point. Et cependant, une fois réveillés, ils assurent n'avoir aucune idée, aucun souvenir, aucune réminiscence de ce qu'ils ont effectivement senti, souffert, voulu et exécuté pendant leur sommeil. Donc, on peut oublier totalement, par le seul effet du passage de l'état de sommeil à l'état de veille, toutes les sensations, émotions et idées qu'on a perçues durant le premier de ces deux états ; donc le témoignage du somnambule éveillé, et par la même raison celui de l'épileptique revenu à lui, et celui de l'anesthésié revenu à lui, sont sans valeur, et ne doivent rien faire préjuger de la situation sensorielle et mentale des sujets pendant la période anormale.

Et maintenant, n'est-il pas vrai que les cataleptiques en crise n'offrent à l'observateur aucun signe de conscience, aucun signe de sensation, aucun signe de vouloir, aucun signe de connaissance ? En conclut-on qu'ils soient inconscients en réalité ? — Non, parce que, rappelés à la vie ordinaire, ils nous affirment et nous prouvent avoir eu la pleine conscience de tout ce qui se passait en eux et autour d'eux.

Donc, le corps peut être sans mouvement et inerte comme un cadavre et sans réaction musculaire aucune aux stimulants les plus énergiques, et l'être sentant et pensant ou les êtres sentants et pensants qui animent ce corps peuvent en même temps être livrés à des souffrances affreuses, à des angoisses horribles, comme les déclarations de certaines hystériques ne peuvent laisser à cet égard le moindre doute.

Donc l'épileptique et l'anesthésié agité peuvent actuellement être en proie à la douleur quoique leur mémoire n'en porte aucune trace au réveil ; donc l'anesthésié à la fois passif et sans souvenir peut, lui aussi, être le témoin pleinement conscient et la victime pleinement souffrante des actes violents pratiqués sur son corps....,*et nunc crudimini* !

II

78. Notre critique s'est portée jusqu'ici sur les thèses spéciales qui ont reçu leur développement dans l'ouvrage confié à notre examen ; mais il en est encore une qui, pour figurer dans cet ouvrage à titre de simple énoncé, et, pour ainsi dire, de hors-d'œuvre, en constitue néanmoins la pensée fondamentale ; nous croyons, pour cette raison, devoir en dire quelques mots. Au surplus, le sujet n'est-il pas aussi étranger qu'il peut le sembler d'abord au programme de nos études de psychologie médicale.

M. R. de la Sagra n'est point de ces esprits étroits et sans portée qui se contentent de voir les questions par le petit côté spécialiste, et qui ne se sentent ni le désir ni le pouvoir de les envisager d'un point de vue élevé, de les embrasser dans leur ensemble et de les poursuivre dans leurs applications dernières. Cet auteur n'est point de ceux qui paraissent dépouiller leur qualité d'homme pour revêtir celle de savant, qui se renferment et se murent dans une spécialité scientifique plus ou moins bornée, soit pour y pratiquer un métier, soit pour s'y livrer aux égoïstes satisfactions d'un goût d'amateur. M. R. de la Sagra ne fait pas de la science pour la science ou pour les avantages qu'en recueille le savant ; ses curieuses et laborieuses recherches ont un mobile supérieur. Ami de l'humanité et philosophe, ce sont tous les grands intérêts de l'homme qui animent son zèle, et c'est surtout dans l'espoir d'y rencontrer les données indispensables pour la solution des problèmes de l'ordre moral et social qu'il s'est mis à voyager à travers les sciences. Honneur à sa noble entreprise, et puisse-t-il avoir bientôt des imitateurs nombreux ! Mais la critique ne doit pas seulement des encouragements à ces louables tentatives; elle leur doit surtout des avertissements. Car si la critique est tenue à la modestie en se rappelant que sa tâche, comme le poète l'en avertit, est la plus aisée, elle doit s'appliquer d'autant mieux à la bien remplir ; aussi nous allons continuer à nous expliquer avec une entière franchise sur l'œuvre de notre estimable auteur.

.*.

79. Le zèle du bien a égaré M. R. de la Sagra. A ses yeux — et il en est beaucoup aujourd'hui qui pensent comme lui, on le sait — la plaie et le danger de notre époque sont dans les progrès du matérialisme et de l'athéisme. M. R. de la Sagra a cherché dans l'arsenal de la science des armes nouvelles pour combattre ce double fléau ; ce sont là des armes loyales, et nous n'avons qu'à le louer d'y recourir. Mais ne compterait-il pas sur leur puissance un peu moins qu'il ne le dit ? Le fait est qu'il ose demander en outre l'appui du bras séculier, ce sinistre auxiliaire de l'intolérance d'autrefois ! Si j'en juge par son nom, M. Ramon de la Sagra est Espagnol : serait-ce l'influence de l'éducation ou celle de la race qui aurait fait passer le souffle de l'Inquisition dans cet esprit d'ailleurs généreux et libéral ? Quoi qu'il en soit, l'auteur s'abuse étrangement s'il s'imagine que son livre échapperait au feu des *auto-da-fé*, qu'il semble vouloir rallumer..! « Notre tolérance », dit-il, « ne s'étend pas à la négation des grands principes religieux, dont nous voyons, avec un étonnement mêlé de pitié, une nouvelle école acharnée à poursuivre la destruction. Nous dirons franchement, à ce sujet, que nous ne comprenons pas le rôle des gouvernements conservateurs qui tolèrent des attaques publiques et réitérées aux principes essentiels de leur existence et de celle de la société. » (P. 2.)

Nous sommes loin de nier la réalité et la gravité extrêmes du mal signalé par l'honorable écrivain ; mais ce mal, nous le voyons moins dans la ruine de certaines croyances qui semblent avoir fait leur temps, que dans le déplorable retard que l'esprit de critique scientifique, tout à l'œuvre de dissolution, apporte à remplacer un transitoire édifice par une construction durable.

Cependant, accusons plutôt l'impuissance de la science que son mauvais vouloir ; et cette impuissance a ici les mêmes causes que partout ailleurs : c'est toujours ce même vice radical de méthode qui consiste à laisser à l'état vague et incohérent les notions-principes sur lesquelles on discute, sur lesquelles on théorise. Il faudrait commencer par faire l'ordre et la lumière dans ce chaos, au lieu de s'évertuer à fonder la démonstration de la vérité sur le comble de l'obscurité et de la confusion.

M. Ramon de la Sagra, qui a si bien compris et si bien fait ressortir à certains égards cette faute originelle, source de tant d'égarements, de tant de malentendus, de tant de querelles sans fruit et sans issue, aurait bien dû prêcher d'exemple ; mais il n'en a rien fait. Nous avons déjà vu qu'il s'était entièrement abstenu de nous donner sa définition de l'âme, dans une dissertation consacrée à établir la réalité de la chose indiquée par ce mot. Pas davantage ne s'est-il jugé tenu à nous apprendre ce qu'il entend par ces mots de Religion et d'Irréligion, de Dieu et d'Athéisme, qui ont la vertu de le passionner, et dont il fait deux drapeaux adverses sous lesquels il appelle à venir se ranger les amis et les ennemis du bien public pour se livrer une dernière et suprême bataille, pour engager un duel à mort.

Hélas ! Messieurs, on ne s'est déjà que trop battu *pour* des mots ; si la science et la philosophie ont à prêcher une croisade, que ce soit plutôt *contre* ces mots dépourvus de sens, contre ces signes vides de signification et gros de sanglants litiges. Quelle humiliante et lamentable duperie que celle de ces sons creux ! Ils ont le pouvoir de nous exalter jusqu'à la fureur, et de nous déchaîner, tels que des animaux féroces, les uns contre les autres ; et nous ignorons pourtant ce que ces grands et tout puissants vocables veulent dire ; et j'ajoute qu'ils ne veulent absolument rien dire, puisqu'ils restent sans définition aucune, et qu'il est laissé loisible à chacun de nous de les entendre comme il lu plaira !

Discuter, se disputer et s'entr'égorger sur des syllabes dénuées de sens, quelle folie, quelle misère, quelle dégradation de l'esprit humain !

Théistes et Athées, ceux qui affirment Dieu et ceux qui le nient, ceux qui combattent pour sa gloire et ceux qui ont entrepris de l'humilier, ont le bras également fort et sont tout aussi vaillants les uns que les autres, il faut le reconnaître ; mais que ces héros de la controverse nous apparaissent enfin ce qu'ils sont en réalité, et rien de plus : *des paladins de logomachie !*

Comment ne pas voir à quel point ce duel théologique est absurde, est insensé, quand on jette les yeux sur l'histoire du mot qui en est le sujet, c'est-à-dire sur l'histoire des idées que ce mot a successivement ou simultanément recouvertes ! Ces idées, en effet, sont dépourvues de tout lien logique, de toute parenté naturelle, et offrent les plus bizarres disparates. Quel rapport de nature, quel commun attribut peut-on découvrir entre le fétiche des sauvages, un serpent, un arbre, un caillou, que vous appelez leur dieu, et le dieu de la métaphysique grecque, c'est-à-dire le concept de la substance du monde considérée purement en soi abstraction faite des phénomènes divers et muables par lesquels elle se manifeste ? Qu'y a-t-il de commun encore, si ce n'est le nom lui-même, entre le dieu du polythéisme mythologique d'Homère, c'est-à-dire un fait de la nature physique ou morale, tel que le soleil, tel que le feu, la nuit, le jour, l'amour, la colère, etc., et ce Dieu d'une grande religion venue plus tard, lequel a fini par s'identifier à un certain personnage historique? Quel rapprochement d'idées peut-on établir entre ces diverses applications du mot *dieu* et le sens que lui donnent certains autres philosophes pour qui Dieu est défini : ou le souverain bien, ou la perfection absolue, ou l'idéal suprême?

C'est ici le cas de répéter le cri d'étonnement et le blâme arrachés par cet énorme abus du mot Dieu à M. le professeur E. Caro, membre de l'Académie des Sciences morales, dont les opinions religieuses sont bien connues : « Comment comprendre », s'écrie-t-il, « cette obstination à se servir d'un mot qui ne représente plus rien ! » (*De l'Idée de Dieu*, 2ᵉ édit. Paris, 1864, p. 463.)

Il a pourtant fallu, dira-t-on, une filiation, une association d'idées quelconque pour amener les hommes à réunir toutes ces choses, si hétérogènes qu'elles soient, sous une appellation univoque. Oui, sans doute, mais cet enchaînement d'idées, dont on ne s'était pas jusqu'à ce jour rendu compte, se trouve être entièrement factice, c'est en quelque sorte un pur accident.

.˙.

80. Auguste Comte est le premier, je crois, qui se soit inscrit en faux contre l'opinion, professée jusqu'à ce jour par la presque universalité de nos hiérographes, suivant laquelle le Polythéisme naturiste aurait été l'expression originelle et spontanée de la pensée religieuse chez les divers peuples, chez ceux de la race des Aryas tout au moins. Le célèbre positiviste a soutenu que le Naturisme mythologique

avait été précédé par le Fétichisme, et que c'est celui-ci, et non celui-là, qui s'offre partout comme le premier rudiment des religions.

A. Comte est en ceci dans le vrai, quant au fond ; seulement, sa thèse pèche en ce qu'il ne s'est pas rendu compte bien exactement du sens intime des croyances et des pratiques fétichistes. Suivant l'erreur commune, il a cru voir l'objet même de ce culte dans ce qui n'est en réalité qu'un signe représentatif de cet objet, ou un moyen, un organe liturgique.

L'étymologie de notre mot aryaque *Dieu*, en latin, *deus*, en grec, θεός pour διϝός, en sanscrit, *déva*, est l'argument favori que la critique hiérographique met en avant pour la démonstration de sa thèse. Ce mot, nous fait-on remarquer, a pour racine un thème *di*, voulant dire *briller*, et le sanscrit *déva*, qui, comme substantif, a le même sens que *deus*, est primitivement un adjectif ou un participe qui signifie *brillant*. Le *brillant*, telle est ainsi, ajoutent les hiérographes, la dénomination la plus ancienne de l'être que nous appelons Dieu ; et de ce fait il appert, conclut-on, que les astres furent les dieux que les hommes saluèrent et adorèrent à l'origine.

Il ne faut voir dans ce raisonnement qu'une savante erreur. La preuve déduite de l'allusion à la lumière qui est contenue dans le sens radical du vocable *dieu*, s'évanouit tout d'abord devant quelques considérations linguistiques très simples, que voici :

Divus (= *deus, dius*) et *Dives* sont deux dérivés jumeaux du même radical, *di*, briller ; et ils ne diffèrent entre eux que par leurs désinences, *vus* et *ves*, pour *vets*, et primitivement *vas* et *vats*, dont la valeur significative (*præditus*) est sensiblement la même. Tout indique que ces deux expressions sœurs ont dû être employées au commencement avec une acception équivalente, et se prendre indifféremment l'une pour l'autre ; mais peut-on admettre que cette signification primitive et propre, commune à ces deux mots, ait été celle d'une dénomination sacrée des astres en tant qu'objets d'adoration dans le polythéisme naturiste ? A ce compte, *dives* aurait donc été employé au début comme synonyme de *Dieu*, dans le sens dont il s'agit ! Mais une telle vue ne serait pas seulement hypothétique, elle serait contraire à tous les documents.

Il est naturel de supposer que *dives* et *divus* furent affectés tous deux, dans le principe, à désigner les chefs parmi les hommes, les nobles, et le choix de tels mots — dont le sens radical, nous l'avons vu, est celui de brillant — se trouvait indiqué et justifié peut-être par les signes visibles qui faisaient distinguer ces chefs de sauvages d'avec la foule, c'est-à-dire par l'éclat relatif de leurs armes et de leurs parures ; à moins que ce choix d'expressions ne tînt à une association métaphorique entre l'idée de splendeur physique et l'idée de la puissance [1].

1. Dans une conversation que j'ai eue tout dernièrement avec notre hiérographe français le plus célèbre (Alfred Maury), ce savant m'a fait l'honneur de discuter avec moi mon argument linguistique. Il en conteste absolument la valeur, en se fondant sur ce que DIVES aurait une origine phonétique distincte de celle de DIVUS, et dériverait d'un thème DIB, voulant dire posséder ; et mon éminent contradicteur maintient d'autre part, et plus que jamais, la thèse de l'application primitive de l'aryaque DAIWA, *deus*, à la désignation des corps célestes. A une si haute autorité je ne saurais être admis à opposer que des autorités ; je vais donc indiquer les témoignages sur lesquels j'ai cru pouvoir m'appuyer, et j'ose demander un nouvel et plus attentif examen de ces preuves à mon illustre ami, qui n'est pas moins renommé pour sa rare impartialité que pour son érudition immense.

Un autre linguiste bien connu, et dont je n'ai jamais entendu mettre en doute la compétence, le rédacteur en chef de la *Revue de Linguistique*, professe sans hésitation la parenté étymologique des deux mots DIVUS et DIVES, qu'il rattache l'un et l'autre au même radical DI, briller ; et il considère ces deux dérivés comme deux formes jumelles n'ayant entre elles d'autre différence que celle des suffixes VUS et VES pour VERS, lesquels

Que, sortant de l'acception plus large de chef, de maître, de noble, de puissant, d'opulent, le mot *dives* se soit ren-

ont tous deux le sens de *rempli de*, *præditus*, et sont par conséquent synonymes. Ce célèbre professeur ajoute que les deux expressions *divus* et *dives* ont dû être employées à l'origine, en tant que substantifs, comme équivalentes, et il incline à penser que le type *dives* est le plus ancien des deux.

Cette opinion du savant directeur de la *Revue de Linguistique* m'a paru d'autant moins suspecte, j'ai hâte de le faire remarquer, qu'il est, lui aussi, un adversaire déclaré de cette mienne doctrine hiérographique en faveur de laquelle j'argue de sa doctrine étymologique. Cela dit, voici quelques autres considérations propres à corroborer le jugement de ce linguiste sur les rapports généalogiques qui uniraient *divus* et *dives*; j'en trouve les éléments dans ses ouvrages.

Suivant l'auteur, le latin *bonus*, notre *bon*, ne serait qu'une altération d'un mot plus vieux, DVONVS, signifiant *plein de lumière*, et qui me semble singulièrement rapproché de *divinus* (*dvonvs* se serait modifié en *bonvs*, comme *dvellvm* s'est changé en *bellvm*, *dvis* en *bis*, etc.); *beau* viendrait pareillement d'un DVFNVS, frère de DVONVS, par *benus* et son diminutif *benulus*, contracté en *bellus*. *Bona*, les biens, les richesses, serait dès lors pour DVONA et se trouverait apparenté à *divitiæ* sous le rapport phonologique comme sous le rapport de la signification, ce qui serait encore, ce me semble, une indication très remarquable en faveur d'une communauté de dérivation entre *deus* ou *divus* et *dives*. (Voir *Lexiologie indo-européenne*, par H. CHAVÉE.)

J'ai sous les yeux un livre intitulé: *De l'origine des dénominations ethniques dans la race aryane, étude de philologie et de mythologie comparées* (Paris, 1867). L'auteur, M. Jules Baissac, est encore un partisan de la doctrine classique de l'originalité du polythéisme naturiste; et, pour lui, comme pour les deux autres linguistes éminents auxquels j'ai fait allusion, l'idée de lumière qui se trouve contenue dans la signification primitive de *daiwa*, *deus*, fut suggérée par l'éclat des astres. Le livre que je cite est néanmoins consacré à établir que « les qualifications patriciennes et nobles, pour la plupart des peuples de race indo-européenne, proviennent de radicaux exprimant la lumière, l'éclat et la blancheur, etc. » (*Op.*, *cit.* p. 5.)

Si la thèse de M. Baissac est démontrée, et l'on sait qu'elle est universellement admise en principe, sur quoi M. Baissac et ses confrères se fonderaient-ils donc pour repousser mon induction comme quoi l'aryaque DAIWA (d'où *deus* et notre *Dieu*) aurait eu pour première signification substantive celle de noble, de seigneur, c'est-à-dire aurait été purement et simplement un titre de supériorité s'appliquant aux hommes?

Nous pouvons ajouter d'ailleurs que cette doctrine sur l'origine des applications sacrées du mot *dieu*, qui prévaut parmi les hiérographes, a été combattue par l'un d'eux, M. Pictet, dans son grand et célèbre ou-

fermé par la suite dans la signification plus circonscrite, plus spéciale, de riche, c'est là un phénomène idéologique qui s'explique de soi-même (c'est d'ailleurs ce qui est arrivé pour le mot *riche*, d'origine tudesque, qui dans les vieux idiomes germaniques a le sens de puissant, et qui dans le français du XIIᵉ siècle et dans la basse latinité, *rici homines*, désigne les puissants, les grands); mais comment, par quelle voie, par quelle filiation d'idées le mot *deus* ou *divus* est-il arrivé à dépouiller à son tour la signification primitive pour revêtir celle qui lui a été consacrée dans le paganisme mythologique? Comment un mot qui voulait dire chef, noble, seigneur, est-il arrivé à exprimer l'idée des astres et des faits du monde physique et moral en tant qu'objets d'adoration? et comment cette signification détournée s'est-elle étendue depuis au Dieu du monothéisme? Je vais essayer de répondre à ces intéressantes questions.

vrage, *Les anciens Aryas*. L'auteur croit que les documents linguistiques concourent à prouver que le type original de notre mot *dieu* ne fut pas d'abord employé comme appellation mythologique du feu ou des astres, et à ce propos il nie formellement que le polythéisme naturiste ait marqué le début des croyances religieuses chez les Aryas. M. Pictet s'exprime en ces termes:

« Si, dès le principe, les Aryas avaient adoré la nature, il en serait resté quelque trace dans le langage, où rien absolument ne s'écarte du plus complet réalisme quant aux appellatifs qui désignent les phénomènes naturels. Il faut donc bien reconnaître qu'il doit y avoir eu un temps où le polythéisme n'existait pas encore, et où cependant la langue était déjà formée. Peut-on supposer qu'alors, et durant cette période préparatoire, les Aryas primitifs soient restés sans croyances religieuses, uniquement livrés aux intérêts de la vie matérielle, ou aux superstitions d'un grossier fétichisme? » (*Op. cit.*, t. II, p. 703.)

Après avoir entrepris, et y avoir réussi, je crois, de démontrer que l'opinion qui fait naître le polythéisme mythologique avec la pensée religieuse est une erreur mise à nu par la critique du langage, le savant Génevois donne à son tour contre l'écueil de l'esprit de système en conjecturant que ce fut le monothéisme qui constitua la forme première de la foi en Dieu. Non, c'est bien le fétichisme, c'est-à-dire la nécrolâtrie, qui fut la forme originelle de l'adoration, chez les Aryas comme chez les autres races, et cette conclusion me paraît recevoir une confirmation nouvelle du conflit d'opinions que je viens de signaler parmi les linguistes;

A. Comte, ai-je dit, a signalé dans le fétichisme la manifestation la plus ancienne, comme la plus élémentaire, la manifestation spontanée, instinctive, de ce besoin inné de notre être, de cette faculté constitutive de notre âme, qu'on nomme sentiment religieux. Mais qu'est-ce au juste que le fétichisme ? quelle en est l'idée-mère, l'idée primordiale et essentielle ?

A. Comte s'est trompé sur ce point, comme tout le monde, et cette erreur commune, c'est d'avoir pris le *fétiche* pour l'objet même du culte, pour le dieu, alors qu'il n'est, ou que le symbole de ce dieu, ou un moyen matériel à l'aide duquel ses adorateurs croient entrer en communication avec lui.

Le dieu, les dieux du fétichiste, ce sont les prétendus *fantômes*, les *âmes*, les *esprits des morts* ; et toutes ses pratiques religieuses (ou, si l'on veut, *superstitieuses*), ainsi que l'entier ministère de ses sorciers, qui sont ses prêtres (et des prêtres au sens le plus vrai), sont institués dans le seul but de concilier à l'adorateur la faveur de ces dieux, de conjurer leur colère, et d'obtenir leur intervention toute puissante au profit de ses intérêts. Et maintenant, le fétichisme étant ainsi ramené à ses caractères véritables, je me déclare complètement de l'avis d'A. Comte : avec ce philosophe, je constate que toute religion est fétichisme ou fille du fétichisme.

M. Fustel de Coulanges a écrit un livre des plus remarquables [1] pour démontrer une thèse fort inattendue ; c'est que la constitution de l'antique cité grecque et latine était une expression politique de la Religion des Morts, et que, dans cette société, les Ancêtres, révérés comme des puissances souveraines, étaient à tout instant consultés sur les

---

1. *La Cité Antique*, ouvrage couronné par l'Institut, in-8°. Paris, 1867.

affaires publiques par le moyen des augures et des voyants, et formaient en quelque sorte le sénat invisible et suprême de la république.

Ce que M. Fustel de Coulanges nous a dévoilé chez les Latins et les Grecs primitifs, est un fait commun à l'histoire de tous leurs frères de la famille aryaque, Celtes, Germains, Slaves, Hindous et Persans ; et le même fait se retrouve également dans celle des Sémites et des Égyptiens, dans celle des Chinois et de tous les peuples civilisés de l'extrême Orient. Et enfin, ce même fait est actuel et vivant dans les croyances et les pratiques religieuses qu'on peut observer encore à cette heure chez les peuplades sauvages répandues dans les deux hémisphères [1].

---

1. Je crois devoir citer à ce propos le passage suivant de mon livre *Le Merveilleux scientifique* (p. 266, 267) :

« En consultant ces jours-ci le *Grand Dictionnaire universel* de Larousse, j'y ai rencontré deux longs articles, dont j'ignorais l'existence, consacrés à mes deux ouvrages, *Essais de physiologie philosophique* et *La Philosophie physiologique et médicale à l'Académie de médecine*. Bien que non signés, ainsi que le sont d'ailleurs tous les articles du Larousse, j'ai reconnu dans ces deux études la plume savante et impartiale du directeur de *L'Année philosophique*. Ayant écrit à M. Pillon à ce sujet pour lui offrir l'expression de mes sentiments, il a eu la bonté de m'adresser en réponse une lettre où il me signale, dans le même Dictionnaire, un troisième article me concernant, celui-ci relatif à mon mémoire *L'âme devant la science*. Voici un passage de cette lettre : « Dans ce même
» *Supplément* (le 2ᵉ Supplément au *Grand Dictionnaire* de Larousse), dit
» M. Pillon, j'ai exposé, au mot ANCÊTRES (Culte des Ancêtres) vos vues
» sur l'origine des religions et sur le passage de la nécrolâtrie, selon vous
» primitive, à la physiolâtrie, à vos yeux dérivée. Je croyais bien sincè-
» rement que la priorité de cette théorie appartenait à M. Spencer ; aussi
» ai-je écrit que vous l'aviez adoptée, mais que vous l'aviez présentée « à
» votre manière ». Comme elle est très importante, il me semble que
» vous feriez bien de réclamer et d'établir aussi clairement que possible
» votre priorité sur ce point de philosophie religieuse... Il serait à désirer
» que la gloire qui s'attache à cette priorité fût attribuée à qui elle est due,
» et je ne serais pas fâché qu'elle pût être enlevée à l'Anglais Spencer et
» rendue au Français Durand. »

» Si, comme veut bien encore me l'apprendre M. Fr. Pillon, la théorie de M. Herbert Spencer a vu le jour pour la première fois dans le numéro

*
* *

81. Croire que les morts survivent sous une forme invisible et peuvent exercer une action puissante sur nos destinées, telle est donc la foi religieuse première, telle est, dans son dogme essentiel et caractéristique, la vraie *religion naturelle*, c'est-à-dire celle qui se produit avec spontanéité et qui est commune à l'homme primitif de toutes les races, de tous les lieux et de tous les temps ; et enfin ce vieux dogme est encore, dans un état plus ou moins latent, plus ou moins voilé, au fond de toutes les religions artificielles et conventionnelles ultérieurement constituées, et il est en réalité tout ce qui y subsiste de véritablement religieux.

Cette humanité occulte, ces ancêtres que la mort a pourvus d'une vie nouvelle et investis d'une puissance merveilleuse, deviennent l'objet d'une piété où le respect et la crainte l'emportent généralement sur la tendresse ; on s'applique surtout à se concilier leurs faveurs, et, à cette fin, on en use avec eux comme avec les puissances de ce bas monde : on les traite en hommes, on flatte leur amour-propre en les qualifiant de *seigneurs* (on leur donne aussi, mais plus rarement, le nom de *pères*), et *seigneur, puissant, terrible, digne de vénération*, tel est, en effet, le sens de la plupart des appellations usitées dans les différentes langues pour désigner, soit le dieu-homme, le dieu-lare, le seul dieu de

de mai 1870 de la revue anglaise *Fortnightly Review*, j'ai sur mon compétiteur une avance de plus d'une année. Ma première publication de la manière de voir qui m'est commune avec le célèbre philosophe anglais a eu lieu les 20 mars et 26 avril 1869 par la lecture en séance publique de la Société Médico-psychologique de Paris (comme les procès-verbaux imprimés de la Société le constatent) du Rapport susvisé où l'idée en question est très nettement formulée et longuement défendue. Ce mémoire a été imprimé la même année 1869 dans les *Annales médico-psychologiques*, t. II de la 5ᵉ série. » (Note de la 2ᵉ édition.)

la foi primitive [1], soit Dieu et les dieux dans l'acception la plus vague. On institue, à l'intention de ces mystérieux protecteurs, ce qu'on appelle un *culte*, et qui consiste à leur rendre des honneurs, à les prier et à les louer, à s'incliner devant eux, à leur faire foi et hommage, et surtout à leur faire des offrandes [2]. Et qu'étaient ces offrandes ? C'étaient des présents comme un vassal en offrirait à son suzerain d'ici-bas ; c'étaient des provisions de bouche et des boissons, des armes, des vêtements, des parures, etc.

Je me demande comment la raison de nos hiérographes a pu accepter si facilement une hypothèse aussi invraisemblable, qui veut que les premiers hommes aient eu spontanément la pensée absurde, insensée, inexplicable, d'adresser des requêtes au soleil, à la lune, au jour, à la nuit, au courage, à l'amour, au temps, etc., et de servir à boire et à manger à de tels hôtes !

Pour tout esprit voulant se donner la peine de réfléchir et voulant juger sans parti pris, il sera manifeste qu'un pareil culte ne pouvait avoir été imaginé et institué que

---

1. *Lar*, nous dit M. Maury, dans son *Histoire des Religions de la Grèce*, signifiait au propre Seigneur, et, particularité remarquable, ce mot, d'après M. Chavée (Voir *Lexiologie indo-européenne*), vient d'un radical aryaque *las*, qui, de même que *di*, radical de *deus*, *divus*, a le sens de briller. Et le mot *Manes*, les *Mânes*, ne signifie-t-il pas primitivement les *Bons*, les *Honorables*, et, plus anciennement encore, les *Brillants*, étant dérivé du même radical que *Mane*, matin, Μήνη, *Moon*, la lune, etc. ?

2. « Le mot religion, sur lequel on a débité tant de fadaises, ne signifie pas lien ou liaison, comme l'ont cru à première vue les étymologistes, qui se sont empressés de faire de religion le synonyme de sociabilité... *Religio* ou *relligio*, dont le radical *lig* reparaît dans p-*lic*-a-re, f-*lec*-te-re, supp-*lic*-a-re, ployer, courber, et par dérivation lier, est un vieux mot qui veut dire inclinaison du corps, révérence, courbette, génuflexion. On s'en servait exclusivement pour désigner l'hommage de l'homme à l'autorité divine. Les auteurs latins ne le prennent jamais dans un autre sens. » P.-J. PROUDHON (*De la Justice dans la Révolution et dans l'Église*, t. I, p. 109.) Je fais connaître cette explication originale et intéressante, sans toutefois me porter garant de son exactitude.

sous l'empire d'une idée anthropolâtrique ; et que pour en être venue actuellement à adresser à des objets inanimés, à des êtres de raison, à des abstractions, ce même culte évidemment destiné à des êtres humains, la religion devait avoir été jetée brusquement hors de sa voie et égarée par quelque méprise étrange. Je vais dire comment se produisit, suivant toute apparence, ce déraillement complet de la tradition et de l'esprit religieux.

Il s'agit là d'un phénomène moral des plus curieux et d'une importance historique énorme ; et, encore une fois, je me demande avec étonnement comment il se peut qu'un pareil fait ait échappé jusqu'à ce jour à la sagacité des érudits.

*
* *

82. La croyance à la vie des morts — permettez-moi ce paradoxe — et à leur intervention souveraine dans les affaires des vivants, étant générale et fortement enracinée chez l'homme primitif, celui-ci se laisse aller à la pente de rapporter à cette action occulte les divers effets naturels dont les causes correspondantes, les véritables causes, prochaines ou lointaines, sont encore pour lui un mystère profond et redoutable qu'il n'a pas eu l'idée, qu'il n'aura point surtout l'audace d'interroger avec sa raison. Alors ce sont les dieux, c'est-à-dire les morts, qui deviennent les auteurs supposés de tout ce qui se voit, et auxquels tout est imputable, et le bien et le mal.

L'idée de *dieu* prend de la sorte une extension dans le sens de *cause occulte*, de cause souveraine, de cause mystérieuse et toute puissante ; et lorsqu'enfin la critique scientifique vient à naître et à faire briller une première lueur dans les ténèbres de l'esprit humain, alors, quand il s'agit d'exprimer la notion toute neuve de cause, de *cause naturelle*, c'est le mot *dieu* qui s'offre à cette physique vagissante comme le terme le moins impropre à rendre sa pensée [1].

Dans la croyance populaire, les Dieux, c'est-à-dire les morts, étaient jusque-là les seules causes, les seuls dieux ; c'est eux qui faisaient gronder le tonnerre, qui faisaient tomber du ciel les pluies bienfaisantes et aussi les grêles dévastatrices, qui faisaient le chaud et le froid, la pluie et le beau temps. Viennent les physiciens : ils découvrent un rapport de cause à effet ou du moins un rapport constant d'antécédance et de conséquence entre certaines positions des astres et les phénomènes météorologiques et biologiques dont notre planète est le théâtre, et voilà qu'ils se prennent à penser et à affirmer que les dieux, les antiques dieux (c'est-à-dire les ancêtres, les morts) ne sont pas les seuls dieux (c'est-à-dire les seules *causes*) ; que le ciel et la terre, l'eau et le feu, que le soleil, la lune, les planètes, les étoiles, sont aussi des dieux (c'est-à-dire des causes, des agents), et les plus puissants de tous peut-être.

Et qu'arrive-t-il alors ? Il arrive que le même mot servant à rendre banalement et la notion d'ancêtre, de mâne, de lare, de revenant, comme nous dirions de nos jours, et la notion de cause ou agent naturel, cette expression univoque enfante la plus colossale et la plus monstrueuse de toutes les équivoques. En caractérisant les agents de la na-

---

[1]. Les philosophes avaient d'ailleurs des raisons de prudence pour dissimuler leur conception de la cause naturelle ou rationnelle sous le nom protecteur de *Dieu* : ce mot était un sauf-conduit pour des doctrines de libre examen qui venaient disputer l'empire des intelligences à la foi aveugle. Élever au-dessus des Dieux une cause qui n'eût pas été dieu, c'eût été un blasphème qui ne fût point resté impuni. On sait par l'exemple d'Anaxagore, de Socrate, d'Aristote et de quelques autres, à quoi l'on était exposé en faisant ouvertement de la physique ou de l'ontologie sans abriter ces spéculations sous le couvert de la théologie. Les métaphysiciens chrétiens durent recourir plus tard à la même supercherie (dont ils finirent par être dupes eux-mêmes) pour ne pas porter ombrage à la religion.

ture par le mot *dieu*, le philosophe physicien rendait de son mieux l'idée de cause naturelle, idée qui n'était encore qu'en germe dans son entendement ; mais c'était bien véritablement et uniquement cette cause naturelle qu'il avait en vue de désigner, qu'il avait présente dans son esprit. Cependant, le vulgaire qui l'écoutait était loin de pouvoir s'élever à cette conception abstraite ; le physicien lui parlait du dieu Soleil, qui fait le jour, qui chasse la nuit, et répand sur la terre la chaleur féconde, et l'esprit de la foule nécrolâtre, à ce nom de dieu, évoquait spontanément, instinctivement, automatiquement, l'image d'un dieu lare, d'un dieu homme ; et, poursuivant cette méprise dans ses conséquences extrêmes avec une rigueur de logique qui menait à l'abîme de l'absurde, la foule, pour la première fois, s'agenouillait devant ce dieu Soleil, dans lequel jusque-là elle n'avait vu qu'un disque lumineux, et ce disque lumineux, revêtu par l'imagination d'une nature et d'une personnalité humaines, recevait des hommages et des prières ; on lui offrait des sacrifices, on lui présentait sur une table, qu'on appelait l'autel, des viandes et des boissons, comme à un dieu humain qui boit et qui mange !

Voilà, Messieurs, la véritable origine du polythéisme naturiste. Le naturisme mythologique fut une conception raisonnée du monde, ce fut, à proprement parler, un système de physique générale, où les agents naturels sont appelés dieux, et où l'imagination religieuse, déroutée, affolée, voit un aréopage dont les décrets sont les lois de l'univers[1].

1. L'histoire des religions fournit encore un document précieux pour ma thèse et ruineux pour celle qui se fonde sur le sens primitif de *brillant* attaché à la racine du mot *Dieu* pour soutenir que ce mot s'applique originellement aux astres : c'est que les dieux du polythéisme naturiste ont reçu en même temps parfois la qualification de *père* ou de *mère*. Exemples : *Dyaushpitar*, *Zeus pater*, *Jupiter*, *Diespiter*, *Janus-pater*, *Demeter*, etc.

83. Le passage du polythéisme naturiste au monothéisme ontologique n'est qu'un développement ou une forme nouvelle de la même erreur. La physique mythologique expliquait bien, dans une certaine mesure, les phénomènes par des causes secondes ; mais ses explications, renfermées dans l'ordre des faits partiels et spéciaux, ne pouvaient répondre à la véritable curiosité philosophique ; et lorsque celle-ci s'éveilla à son tour, elle se posa le problème de la raison absolue des choses dans ses termes radicaux : elle demanda un nouveau dieu, le dieu unique et tout puissant, c'est-à-dire la cause des causes, qui rendrait compte à elle seule de l'universalité des effets. Ce dieu suprême, les penseurs crurent le reconnaître dans le τὸ ἕν et le τὸ ὄν, c'est-à-dire dans la monade indivisible, dans le principe de la substance [1]. Et le vulgaire, irrémédiablement imbu des originelles croyances nécrolâtriques, mit encore un visage humain à ce dieu unique de l'ontologie, comme il en avait mis un, autrefois, à chacun des dieux innombrables de la physique ; et ce concept de la plus transcendante métaphysique se transforma, dans l'imagination des adorateurs, en un personnage solitaire, souverain suprême du monde, qu'il crée, gouverne, détruit et reconstruit à sa guise, et tel, enfin, que pourrait se concevoir le plus omnipotent et le plus irresponsable des despotes.

Le polythéisme naturiste d'Homère et du Rig-Véda, et

---

[1]. Tennemann dit, à propos d'Anaximandre de Milet :

« La substance première est l'infini, ἄπειρον, contenant tout en soi, περιέχον, et qu'il nomme en conséquence le divin, τὸ θεῖον... » (*Manuel de l'histoire de la philosophie*, trad. Cousin, 2ᵉ éd., t. I, p. 10). Le même auteur caractérise ainsi l'ontologie de Parménide, d'après Aristote : « Selon lui, tout est de la même nature, tout est un, et cette unité [de nature] est Dieu : ἓν εἶναι τὸ πᾶν, ἓν τοῦτο καὶ πᾶν τὸν θεὸν ἔλεγεν. » (*Op. cit.*, t. I, p. 107.)

le monothéisme des métaphysiciens grecs, hindous et chrétiens, ne sont donc respectivement qu'un système de physique ou d'ontologie, c'est-à-dire deux ordres de conceptions qui, par la nature de leur objet et de leur domaine propre, n'ont rien de commun avec l'idée religieuse, cette idée dont l'essence est d'adorer, et dont l'adoration des morts semble avoir été partout et en tout temps la seule manifestation spontanée.

Adorer le soleil, adorer l'eau ou le feu, ou bien adorer le principe de la substance en soi, le *noumène de la substance*, τὸ ὄντος ὄν (PLATON), c'est-à-dire adresser des supplications et des hommages à des êtres inanimés, ou, qui plus est, à des êtres impersonnels, non à des individualités, mais à des spécificités et à des concepts d'une généralité absolue, tout cela est assurément une méprise prodigieuse ; le sentiment religieux, cela est évident, n'a aucunement affaire avec de tels objets, ces objets-là ne sont pas les siens.

Le temps me paraît venu pour la critique de mettre fin à une confusion qui, en unissant deux ordres d'idées tout différents, les dénature l'un par l'autre et leur fait porter des fruits monstrueux. Donc, quand M. R. de la Sagra, et, avec lui, tous les théologiens et les philosophes déistes nous rappellent au culte de la divinité et jettent feu et flamme contre l'athéisme, il faut que ces messieurs s'expliquent enfin. Nous avons le droit de le leur demander : le dieu qu'ils nous prêchent est-il le dieu de l'ontologie ? Dans ce cas, croire en Dieu ou n'y pas croire, est complètement indifférent à la religion et à la morale, et exiger l'adoration d'un tel dieu équivaut à exiger qu'on se prosterne soir et matin devant la loi de l'Attraction Universelle ou devant la nouvelle hypothèse de la Corrélation des Forces ; c'est insensé, c'est de la démence.

Mais s'il ne peut plus s'agir du dieu ontologique, de quel dieu nous parlera-t-on alors ? On nous parlera d'un dieu personnel, d'un dieu dont l'homme est l'image. Fort bien, mais pourquoi nous présenter ce dieu comme *unique* ? Ne savons-nous donc pas que l'*unicité* divine n'appartient en propre qu'au dieu de l'ontologie, et que, en séparant l'idée du dieu personne de l'idée du dieu substance, deux idées que vous aviez confondues en dépit de toute raison, le premier perd par cela même son attribut de singularité, puisqu'il l'avait emprunté au second par l'effet de cette confusion [1] ?

Cette confusion dissipée, nous nous trouvons en présence de deux conceptions originales : le Noumène général de la Substance [2], création de la métaphysique, — et les Dieux-

---

1. Un philosophe qui aurait un plus grand renom parmi nous si nous étions moins engoués de phraséologie et si nous étions moins dépourvus de l'esprit philosophique nécessaire pour distinguer les penseurs dignes de ce nom, M. Tissot, professeur de philosophie à la Faculté de Dijon et membre correspondant de l'Institut, a écrit les réflexions suivantes, aussi profondes que hardies :

« On sait bien de science certaine que les œuvres des hommes ne sont pas l'effet du hasard, ni celui de la nature ; mais on ne sait pas aussi certainement que l'œuvre de la nature elle-même est l'œuvre d'une intelligence, d'une puissance distincte. Est-on bien sûr, par exemple, que des agents invisibles, des forces naturelles, des âmes même, ne soient pas la cause éternelle des organisations contingentes et périssables, et qu'il y ait lieu à concevoir une cause unique et universelle ? C'est en tous cas commettre une pétition de principes que de supposer qu'il n'en est rien quand il s'agit de prouver l'existence de Dieu. » (*De l'Imagination*, 1 vol. in-8°, Paris, 1869, par M. J. Tissot, doyen de la Faculté des lettres de Dijon et professeur de philosophie, p. 162.)

2. Je dis bien : *Noumène* « général » *de la Substance* ; et en cela je ne fais pas de pléonasme. Car chaque mode phénoménal de la matière a son mode noumènal correspondant, qui est alors un noumène *spécial* ; tandis que la matière, considérée dans ce qu'il y a de commun entre ses phénomènes spéciaux, est représentée dans l'esprit par un noumène *général*, qui est le noumène des noumènes particuliers. Un exemple fera saisir ces distinctions.

Soit donc, je suppose, le mode matériel spécial que nous nommons la Lumière. Au point de vue phénoménal, ce mode est représenté par cer-

hommes, ou Hommes-esprits, de la nécrolâtrie primitive. Quant à tout le reste, ce n'est plus qu'un résidu in-

taines sensations spéciales qu'il a la propriété d'éveiller en nous. Cependant, en soumettant cet effet à une analyse critique, nous découvrons que ce qui détermine la sensation de lumière pourrait, dans des circonstances données qu'il n'est pas impossible de faire naître, pourrait, dis-je, provoquer la sensation de son, d'odeur, de goût, de toucher, de chaleur, toute espèce de sensation enfin, ou bien encore se montrer impuissant à susciter en nous une sensation quelconque. Ne faut-il pas conclure de là que les caractères sensibles ou phénoménaux de la lumière ne lui sont pas intrinsèques, essentiels, et que, ne la connaître que par de tels caractères, ce n'est pas la connaître véritablement? Il ne peut plus y avoir de doute à cet égard. Pour pénétrer la connaissance de la lumière dans sa nature intrinsèque, de manière à pouvoir prévoir les effets possibles de ce mode matériel et exercer notre empire sur ses effets, il ne suffit donc plus de *sentir* la lumière, de la *voir*: il faut la *concevoir*, il faut en saisir le *noumène*. C'est alors que la notion de lumière, dépouillée de toute idée de luminosité, devient pour nous un concept mathématique formé d'idées de mouvements et de lignes. Le phénomène de la lumière a disparu, nous n'en voyons plus que le noumène, et nous opérons avec facilité et sûreté sur les données de ce noumène de la lumière, pour découvrir les mystères les plus intimes de la lumière. Nous la sentions par ses phénomènes, nous ne la comprenions pas; nous la *comprenons* maintenant par son seul noumène, et nous avons conquis, dès ce moment, et la science et l'empire de cette puissance de la matière.

Mais le mode phénoménal qui correspond à notre sensation de lumière est un terme général qui embrasse plusieurs modes spéciaux de lumière correspondant à nos sensations lumineuses spéciales de blanc, de rouge, de jaune, de vert, etc. Or, sous chacun de ces modes phénoménaux spéciaux de la lumière se cache un noumène spécial de la lumière : de même que la lumière en général a son noumène corrélatif, qui est un noumène général, de même aussi la lumière bleue a son noumène propre, et pareillement de la lumière violette, etc., ce qui fait autant de noumènes spéciaux de la lumière. Ces noumènes spéciaux consistent dans les formes secondaires du mode de mouvement ondulatoire constituant la lumière en général ; ainsi un caractère noumènal de la lumière rouge, de la lumière bleue, de la lumière jaune, c'est que cette lumière est respectivement due à un mouvement ondulatoire d'une vitesse de 500, de 653 et de 503 billions de vibrations à la seconde.

Or, les grands modes spéciaux de la matière nommés lumière, chaleur, etc., sont à la Matière en général comme les modes lumineux spéciaux dont nous venons de parler sont à la Lumière en général : ils répondent à de grands noumènes spéciaux corrélatifs, et ces grands noumènes spéciaux de la matière rentrent dans un grand et suprême noumène absolu de la matière.

forme et sans valeur, un amas de quiproquos, de contre-sens et de non-sens.

*
* *

84. Le mot *âme* a partagé la fortune du mot *dieu*, il en a subi les vicissitudes ; et, tandis que l'équivoque contenue dans le premier convertit inévitablement en logomachie la dispute entre les Théistes et les Athées, le second, grâce à une équivoque analogue, fait que la querelle du Spiritualisme et du Matérialisme n'est à son tour qu'une dispute de mots.

Je viens de vous entretenir longuement de l'universalité de la croyance aux *âmes des morts* chez l'homme des premiers âges, croyance dont les racines sont si profondes et si vivaces dans notre nature, qu'elle a survécu à toutes les catastrophes religieuses et tend à se reproduire spontanément et opiniâtrement jusque dans des sociétés dont le milieu devrait, ce semble, lui être le moins propice, jusqu'au sein de notre civilisation savante et sceptique, témoin le *spiritisme* contemporain.

Or, quelle est l'origine de cette croyance ? Une telle question n'a pas seulement de l'intérêt au point de vue de l'histoire, et de la philosophie de l'esprit humain ; elle appelle aussi l'attention de l'anthropologiste, et par-dessus tout elle est du ressort de la psychologie physiologique, cette jeune science qui se cultive ici.

La linguistique et l'hiérographie critique foisonnent d'indications lumineuses sur ce sujet ; mais je n'entreprendrai pas de vous les exposer en ce moment : ce serait une digression un peu trop longue ; je me contenterai de citer à ce propos le témoignage de deux ou trois auteurs anciens ou modernes.

Voici d'abord un passage très explicite de Cicéron ; vous

y trouverez, en outre d'une opinion très compétente sur la genèse des croyances nécrolatriques, vous y trouverez, dis-je, une autre affirmation très nette de l'illustre Romain comme quoi de telles croyances furent au commencement l'unique foi religieuse ayant cours chez les Latins et chez les Grecs. Cicéron s'adresse à Atticus :

« Pour appuyer l'opinion dont vous demandez à être convaincu, j'ai à vous alléguer de fortes autorités, espèce de preuve qui, dans toute sorte de contestation, est ordinairement d'un grand poids. Je vous citerai d'abord toute l'antiquité. Plus elle touchait de près à l'origine des choses et aux premières productions des dieux, plus la vérité peut-être lui était connue. Or, la croyance générale des anciens, des *vieux* (*cascos*), comme disait Ennius, était que la mort n'éteint pas tout sentiment, et que l'homme, au sortir de cette vie, n'est pas anéanti. Quantité de preuves, et surtout le droit pontifical et les cérémonies sépulcrales, ne permettent pas d'en douter. Jamais des personnes d'un si grand sens n'auraient révéré si religieusement les sépulcres, ni condamné à des peines si graves ceux qui les violent, s'ils n'avaient été bien persuadés que la mort n'est pas un anéantissement, mais que c'est une sorte de transmigration, un changement de vie qui envoie au ciel et hommes et femmes d'un rare mérite, tandis que les âmes vulgaires sont retenues ici-bas, mais sans être anéanties. Plein de ces idées, qui étaient celles de nos pères, et conformément à l'opinion régnante, Ennius a dit :

Romulus in cœlo cum diis agit ævum.

. . . .

» Si je fouillais dans l'antiquité, et que je prisse à tâche d'approfondir l'histoire des Grecs, nous trouverions que ceux mêmes d'entre les dieux à qui l'on donne le premier rang, ont vécu sur la terre avant que d'aller au ciel. Informez-vous quels sont ceux de ces dieux dont les tombeaux existent en Grèce. Puisque vous êtes initié aux mystères, rappelez-vous-en les traditions. Vous tirerez de là vos conséquences. Car, dans cette antiquité reculée, la physique n'était pas connue ; elle ne l'a été que longtemps après, en sorte que les hommes bornaient alors leurs notions à ce que la nature leur mettait devant les yeux, et ils ne remontaient point des effets aux causes. Ils étaient souvent en proie à des visions, la plupart nocturnes, qui leur faisaient voir ceux qui étaient morts tels que s'ils vivaient [1]. » (*Tusculanes*, I, § XII et XIII.)

Lucrèce exprime les mêmes opinions ; dans les vers suivants, il signale les visions, nocturnes ou diurnes, de fantômes humains, comme la source de la croyance aux dieux :

> Quippe etenim jam tum Divûm mortalia secla
> Egregias animo facies vigilante videbant,
> Et magis in somnis mirando corporis auctu :
> His igitur sensum tribuebant, propterea quod
> Membra movere videbantur, vocesque superbas
> Mittere pro facie præclara, et viribus amplis.

Eh quoi ! l'hallucination, serait-ce donc là la source d'où découleraient les croyances religieuses :

Egregias animo facies vigilante *videbant !*

et la religion aurait-elle pour base un fait de pathologie ?

Cette question, Messieurs, est de votre ressort s'il en fut jamais ; et je puis ajouter qu'elle a été indiquée, je dirai même posée, dans le traité des *Hallucinations* que nous devons à la plume savante d'un de nos collègues, M. Brierre de Boismont.

Voici encore quelques vers du grand poëte penseur où, après avoir suggéré que l'idée des dieux était née de l'idée

---

1. . . . . . *Visis quibusdam sæpe tenebantur, hisque maxime nocturnis, ut viderentur ii, qui excesserant, vivere.*

des fantômes humains, il explique comment, dans leur entière ignorance des causes naturelles, les hommes en étaient venus à attribuer à de tels dieux toutes les opérations de la nature :

> Præterea cœli rationes ordine certo,
> Et varia annorum cernebant tempora verti :
> Nec poterant quibus id fieret cognoscere causis ;
> Ergo perfugum sibi habebant omnia Divis
> Tradere, et illorum nutu facere omnia flecti.
> (*De nat. rer.*, l. V, v. 1168 et sqq.)

* *

85. Les mots qui expriment aujourd'hui nos abstractions les plus subtiles n'ont été employés primitivement que pour représenter des notions d'ordre concret et tout matériel. Le mot *âme* et ses équivalents de notre langue (*esprit*, par exemple) ou des autres langues, tels que *anima*, *animus* (transcription latine de ἄνεμος), *spiritus*, ψυχή, πνεῦμα, *atma*, âme (mot sanscrit allié au grec ἀτμὸς, vapeur), etc., impliquent tous l'idée de souffle ; et il n'est pas douteux que l'idée de l'âme et de l'esprit ne se réduisît à cette idée de souffle pour les psychologues de la première époque.

Ces observateurs identifiant l'essence de la vie et de la pensée avec le phénomène de la respiration, et, d'autre part, ayant à concilier le fait patent, irrécusable de la décomposition du corps mort, du corps privé de souffle, privé d'âme, avec la croyance aux apparitions des morts, c'est-à-dire à la vie persistante de ceux dont le cadavre était là gisant inanimé, ou, qui plus est, dissous et réduit en un monceau de cendres, — ils imaginèrent que le souffle, que l'âme est un quelque chose qui abandonne le corps au moment du trépas pour s'en aller vivre ailleurs de sa vie propre. Ce quelque chose, cet esprit, cette âme était en quelque sorte un corps dans un autre corps, c'était même là le vrai corps, le corps incorruptible et glorieux dont il est parlé dans saint Paul ; et le phénomène de la mort n'était autre chose, dans une telle conception, que la mise en liberté de ce corps subtil, de cet εἴδωλον (suivant le parler des Grecs) retenu durant la vie, véritable période de captivité, dans les liens du corps périssable, une vraie prison.

Telle est, en deux mots, la notion religieuse de l'âme, telle est l'âme de l'eschatologie hiératique. Je le répète, dans cet ordre de conceptions, l'âme, c'est l'homme lui-même, l'homme tout entier, l'homme dans l'intégrité parfaite de ses facultés actives et passives, l'homme en pleine possession de son être sensoriel et mental, en possession de toute son économie d'organes et de fonctions, et conservant son visage et son entière figure de personne humaine. Ce que nous appelons le corps, ce que la mort détruit, ne constitue qu'une sorte de revêtement du corps perpétuel, une enveloppe où l'âme est passagèrement renfermée, telle que le papillon dans la chrysalide[1].

Ainsi entendue, l'âme ne diffère donc du corps proprement dit qu'en ce qu'elle serait formée d'une autre sorte de matière ; au fond, son organisation serait la même. Séparée du corps périssable, cette âme vivrait dans un milieu et dans des conditions physiologiques analogues au milieu et aux conditions de vie de ce que nous appelons l'existence corporelle. Séparée, délivrée de son corps éphémère, l'âme boirait et mangerait, de même qu'elle continuerait à sentir, à penser, à se mouvoir, à agir ; seulement

---

1. *Non est quod ad sepulchrum filii tui curras ; pessima ejus et ipsi molestissima istic jacent, ossa cineresque ; non magis illius partes quam vestes, aliaque tegumenta corporum. Integer ille, nihilque in terris relinquens, fugit et totus excessit : paulumque supra nos commoratus, expurgatus, et inhærentia mortalis ævi excutit, deinde ad excelsa sublatus, inter felices currit animos, excipitque illum cœtus sacer, Scipiones, Catonesque, utique contemptores vitae et mortis beneficio liberi.* SÉNÈQUE (*De consolatione ad Marciam*, cap. XXV).

ses aliments et ses boissons, bien que forcément matériels, seraient d'une matière subtile, homogène à celle de l'âme elle-même..... Et c'est dans le but de subtiliser les offrandes faites à ces âmes détachées de l'enveloppe mortelle, et d'approprier ces offrandes aux organes *spirituels,* que l'on imagina de les brûler sur l'autel. *Agni,* c'est-à-dire le feu (*ignis*), qui remplissait cet office, a obtenu, à cause de cela, le titre de *grand sacrificateur,* dans les *mandalas* védiques.

Cédons pour un moment la parole sur ce sujet à notre éminent collègue, si savant et si autorisé, M. Alfred Maury :

« Les Grecs pensaient », dit-il, « qu'après que le cadavre avait été brûlé, l'ombre (εἴδωλον) survivait à la destruction de l'enveloppe matérielle, et se rendait seule dans Hadès. Cet εἴδωλον était une simple apparence qui reproduisait la forme du corps vivant, mais qu'on supposait formée d'une matière subtile et déliée. » A. MAURY (*Histoire des Religions de la Grèce,* t. I, p. 333).

L'auteur ajoute en note :

« L'idée de cet εἴδωλον semble être suggérée par les fantômes du rêve (voy. à ce sujet Lucrèce, I, 121 ; Virgile, *Énéide,* VI, 654 ; Apulée, *Apologétique,* p. 315 ; Salluste, *de Diis et Mundo,* 19 ; Olympiodore, *Ap. Platon.,* édit. Bekk., t. V, p. 248, note 1.) » (*Op. cit., ibid.*)

L'auteur fait encore, à ce même propos, cette autre remarque :

« Dans le principe, on brûlait la totalité de la victime.... la victime étant donnée en entier à la divinité, la flamme devait en consumer complètement la chair, afin que celle-ci pût en respirer la fumée et s'en nourrir d'une manière en quelque sorte invisible.... Le feu devenait le moyen par lequel la chair de la victime était transformée en un aliment que peut prendre un être céleste et invisible. Car telle est l'idée que les anciens se faisaient de la nourriture des dieux, et que l'on retrouve chez les Aryas, presque à chaque verset du Véda. Agni, le feu, dévore l'offrande, et la fait passer aux dieux, auxquels elle est destinée. » (*Op. cit.*, t. II, pp. 83 et 84.)

Cette physique hiératique de l'âme et d'un *autre monde* s'est formulée partout spontanément et a eu universellement cours, de même que le simple fait de croire aux esprits et à la vie future. Cette théorie, qui fut, à n'en pas douter, le fond commun des doctrines proprement religieuses de l'Asie [1], de l'Égypte et de l'Europe, se retrouve, dans tous ses développements didactiques, jusque chez les Peaux-Rouges de l'Amérique du Nord, et, on peut ajouter, jusque chez les fétichistes les plus sauvages des deux hémisphères. Nous trouvons sur ce sujet les détails les plus précis et les plus instructifs dans une conférence faite à l'Institut Royal d'Angleterre par M. Edward Burnet Tylor ; je crois pouvoir me permettre de vous en citer le passage le plus important, malgré la longueur de ce morceau.

« Nous savons tous », dit M. Burnet Tylor, « quelle terreur sincère et profonde les fantômes causent aux sauvages. Souvent on peut dire sans hyperbole qu'ils craignent plus un homme après sa mort que pendant sa vie. L'idée que le sauvage se fait d'une ombre est à peu de chose près celle que s'en fait de nos jours même un paysan anglais : c'est un fantôme léger qui va de place en place ; il ressemble, quand on le peut voir, à la personne à qui il appartenait ; mais souvent il est invisible, bien qu'il soit capable de frapper et de faire entendre des sons. La notion de l'ombre se confond d'une manière presque inséparable

---

[1] Le judaïsme et le bouddhisme, quoi qu'on en dise, ne font pas exception à cette règle.

avec celle de l'esprit ou âme, du souffle et du sang, de ces choses insaisissables qui suivent l'homme et lui ressemblent, une ombre, par exemple, et son visage reflété dans l'eau. Une telle idée de l'ombre conduit assez facilement à penser qu'en tuant un homme vous pouvez affranchir son ombre et l'envoyer où il vous plaît. C'est ce que fait le roi de Dahomey, quand il envoie chaque jour un homme à son père dans la terre des ombres. Les Gètes, suivant Hérodote, envoyaient tous les cinq ans un homme à leur dieu Zamolxis et le chargeaient de leurs messages ; ils le lançaient en l'air et le recevaient sur la pointe de leurs lances. Dans l'Inde anglaise, il y a environ quatre-vingts ans, on rapporte que deux Brahmanes, croyant qu'un homme leur avait volé quarante roupies, prirent leur propre mère et lui coupèrent la tête, afin que son ombre pût tourmenter et poursuivre jusqu'à la mort leur voleur et sa famille ; la vieille femme elle-même se prêta à cette singulière vengeance. Ce n'est pas là un cas isolé ; il se rattache à des pratiques indiennes bien connues.

» Nous rencontrons encore, dans presque tous les pays du monde, à des époques différentes, un usage qui s'accorde parfaitement avec cette opinion : c'est celui qui consiste à tuer des hommes et des femmes sur la tombe des morts. Dans une des îles de la mer du Sud, on passe une corde au cou de la femme lors de son mariage, et, quand elle perd son mari, on l'étrangle pour délivrer son âme, afin qu'elle puisse accompagner le mari dans la terre des ombres, prendre du poisson pour lui et lui faire cuire ses patates. Les Daïaks de Bornéo aiment par-dessus tout tendre des embûches à leurs ennemis et rapporter leurs têtes sous leurs cabanes.... Leur intention, en agissant ainsi, est de s'assurer des esclaves dans l'autre monde.

» Ces usages sont l'application d'une théorie des esprits,

qui, si elle est grossière et fausse, se comprend cependant. C'est par une raison analogue qu'on tue, non seulement les femmes et les esclaves du mort, mais aussi ses chevaux, pour les ensevelir avec lui ou les brûler sur son tombeau. L'ombre de l'homme montera l'ombre du cheval dans la terre des ombres, et l'ombre du chien poursuivra une ombre de gibier[1] ; ou bien, comme au Mexique, le chien devait porter son maître au delà de la rivière qui sépare le monde des vivants du monde des morts. Au Groenland, on plaçait une tête de chien près de la tombe d'un petit enfant, afin que l'âme du chien, animal qui trouve toujours son chemin pour revenir au logis, pût guider dans la terre des esprits l'enfant abandonné.

» Mais quand on ensevelit ou qu'on brûle pour les morts des objets inanimés, et non pas des hommes ou des animaux seulement, quelle est la raison de cet usage ? Quand les tribus de chasseurs de l'Amérique du Nord donnent au mort pour compagnon son cheval favori, et enterrent avec lui son arc et ses flèches ; quand les tribus de pêcheurs ensevelissent le mort dans son canot en mettant à côté de lui sa rame et son harpon, quelle différence pouvons-nous distinguer dans l'intention qui fait offrir les objets inanimés et les objets animés ? Ne doivent-ils pas également servir à leur propriétaire ? Quand les femmes d'un chef mort et ses esclaves, ses chevaux, ses armes, ses vêtements et ses ornements sont sans distinction ensevelis avec lui ; quand on dépose des aliments à côté du mort et qu'on les renouvelle tous les mois ; quand on donne au petit enfant ses jouets ; quand on met le calumet dans la main du guer-

---

1. Ces idées, dont je suis loin de rire, évoquent cependant malgré moi ces vers du poète burlesque :

    Je vis l'ombre d'un laquais
    Qui brossait l'ombre d'un carrosse
    Avecque l'ombre d'une brosse.

rier mort, afin qu'il puisse le présenter en signe de paix, tandis qu'on dépose à ses côtés une provision de couleurs pour qu'il puisse se peindre et se présenter avec une parure convenable aux guerriers ses frères ; dans ces cas-là, et dans une foule d'autres, on suppose que l'esprit des morts se servira des esprits des hommes, des animaux, et même des esprits des armes, des vêtements et des aliments enterrés avec lui.

» Nous devons donc supposer que les sauvages attribuent aux objets inanimés eux-mêmes quelque chose d'analogue aux esprits et aux ombres ; et c'est ce qui a lieu en effet. Il est reconnu que les habitants du Fidji attribuent des esprits aux objets dépourvus de vie. Ils pensent qu'on peut voir les âmes des canots, des maisons, des plantes, des vases brisés et des armes, descendre la rivière de la mort et se diriger vers la terre des âmes. Si nous passons dans l'Amérique du Nord, nous y trouvons cette même idée : on y croit, non seulement que les âmes sont comme des ombres, et que tout dans l'univers est animé, mais encore que les âmes des hachettes, des pots et de semblables objets doivent, aussi bien que celles des hommes et des animaux, franchir l'étendue d'eau qui sépare leur séjour dans cette vie du grand village où le soleil se couche à l'Occident lointain. Nous ne devons pas nous attendre à ce que les esprits des armes et des pots auront autant de vitalité et une existence aussi distincte, dans la philosophie sauvage, que les esprits des hommes et des chevaux. Les objets inanimés ne donnent pas ces signes d'existence que présentent chez les animaux et les hommes la respiration, les sens, l'activité libre et volontaire ; mais cependant ils ont aussi leurs ombres, comme nous l'apprend le conte nouveau-zélandais de *Te-Kenawa* ; cet homme offrit aux fées son collier et ses pendants d'oreilles ; elles en prirent les ombres et lui en laissèrent la substance. Les objets ont aussi une propriété qui s'accorde avec ce que les sauvages pensent de la nature des ombres : leurs fantômes impalpables peuvent se montrer bien loin du lieu où demeure leur substance réelle ; ils apparaissent dans les rêves et les hallucinations, que les sauvages regardent comme des événements réels.

» Une étude superficielle du spiritualisme des sauvages a souvent conduit à croire qu'il provenait d'une corruption des croyances de races plus cultivées ; mais une étude plus approfondie des faits tend à montrer qu'une telle supposition intervertit l'ordre réel des faits... L'histoire des offrandes funéraires dont nous venons de parler montre de la façon la plus intéressante les transformations d'une cérémonie qui tire son origine d'une philosophie sauvage et grossière, et qui finit par devenir une pure formalité symbolique. Aux yeux des Aryas védiques, c'était une chose tout à fait raisonnable de brûler les instruments des sacrifices et du culte avec le corps du prêtre mort, afin qu'il pût s'en servir dans l'autre monde ; mais l'Hindou de notre temps se contente de jeter un fil de laine sur le gâteau funéraire qu'il offre à son père, en disant : « Puisse ce vêtement tissé de laine être une offrande agréable à tes yeux ! » Nous pouvons apprendre, dans Ovide, comment les offrandes d'aliments faites aux morts, qui n'étaient, aux époques primitives, qu'une pratique sauvage, s'étaient transformées de son temps en une simple cérémonie par laquelle s'exprimaient des sentiments d'affection...

» Nous pouvons voir que les premiers chrétiens avaient conservé la coutume païenne d'ensevelir des ornements avec les morts, de mettre des jouets dans le tombeau des enfants, faisant justement la même chose qu'une Indienne peau-rouge..... Les Chinois ont conservé la coutume antique d'honorer les morts par des présents de vêtements et d'argent ; mais l'argent que dépose le Chinois sur le corps de son père n'est qu'une monnaie de carton recouverte d'une feuille d'argent ; il brûle cette pièce, afin que son père puisse en recevoir l'ombre et la dépenser dans l'autre monde. Ce même Chinois préparera un festin pour les âmes de ses ancêtres morts ; il attendra avec ses amis, pendant un temps suffisant, que les ombres de ses aïeux aient consommé l'ombre des aliments... Si nous voulons voir plus près de chez nous une coutume analogue, nous n'avons qu'à passer en Bretagne. Là, le soir de la fête des morts, nous trouverons le feu allumé, le foyer balayé, et le souper servi, pour que les âmes des morts viennent en prendre leur part. Et quand nous voyons une couronne d'immortelles déposée sur une tombe, ou un bouquet de fleurs fraîches jeté dans la fosse encore ouverte, l'histoire des offrandes funéraires nous permettra de reconnaître ce que nous n'aurions guère deviné sans un pareil secours, c'est-à-dire que nous voyons là un vestige des croyances des plus grossiers sauvages... » (*Revue des Cours scientifiques* du 5 octobre 1867 [1].)

⁂

86. Après avoir essayé de faire comprendre, à l'aide de développements qui paraîtront peut-être démesurés, quelle fut l'idée attachée primitivement au mot *âme* et restée la seule signification de ce mot dans toutes les doctrines religieuses où il n'a pas perdu encore toute valeur, je vais indiquer les transformations que la philosophie biologique et la psychologie métaphysique ont fait subir depuis à cette conception.

---

1. *L'Evolution religieuse* du Dr Letourneau (1 vol., in-8°, Paris, 1892) met entièrement hors de doute que la nécrolatrie ou animisme a été la forme initiale de la foi religieuse chez toutes les races du globe sans aucune exception. (Note de la 2ᵉ éd.)

L'animisme physiologique des scolastiques, celui de Stahl et de ses modernes disciples, M. Tissot et M. Bouillier, procède immédiatement et intimement de cette théorie, naïve si l'on veut, erronée peut-être, mais assurément conséquente, raisonnée, intelligible, que M. Tylor vient de nous exposer avec de si intéressants détails. Stahl, ses prédécesseurs et ses successeurs, entendent par l'âme une forme virtuelle de l'organisme, ou plutôt un organisme composé d'une substance *pneumatique*, *spirituelle* au sens religieux, qui résiderait dans l'organisme visible, lui donnerait sa structure, et lui imprimerait le mouvement de la vie végétative : *Anima forma corporis organici*, a dit saint Thomas.

La filiation de ce corollaire physiologique de la théorie hiératique de l'âme et sa métamorphose psychologique consécutive, ont été assez bien comprises par les philosophes de Port-Royal ; leur *Logique* contient sur ce sujet un passage remarquable, que je crois devoir reproduire.

« L'homme », y est-il dit, « ayant reconnu qu'il y avait en lui quelque chose, quoi que ce fût, qui faisait qu'il se nourrissait, et qu'il croissait, a appelé cela *âme*, et a étendu cette idée à ce qui est de semblable, non seulement dans les animaux, mais même dans les plantes. Et ayant vu encore qu'il pensait, il a encore appelé du nom d'âme ce qui était en lui le principe de la pensée. D'où il est arrivé que, par cette ressemblance de nom, il a pris pour la même chose ce qui pensait et ce qui faisait que le corps se nourrissait et croissait. » (*Logique* de Port-Royal, 1re part., ch. XI.)

Ces considérations nous indiquent le double passage du mot âme de son sens hiératique originel à sa signification psychologique et ontologique à travers la conception biologique de Stahl et de saint Thomas.

L'âme de la psychologie métaphysique est à l'âme des doctrines religieuses ce que le Dieu de l'ontologie est au Dieu de ces mêmes doctrines ; entre ces deux notions de l'âme, il y a un abîme. Et maintenant, comme l'équivoque du mot vient inévitablement mêler à l'idée de l'âme ontologique, c'est-à-dire à l'idée du *sujet*, du *moi*, les attributs disparates de l'âme hiératique, de là s'ensuit cette confusion, cette cacophonie désespérante dans laquelle les soi-disant spiritualistes et les soi-disant matérialistes crient à qui mieux mieux sans parvenir à s'entendre les uns les autres, sans réussir, qui pis est, à s'entendre eux-mêmes.

Pour la psychologie d'observation pure, pour la psychologie de l'école anglaise, par exemple, l'âme, c'est le faisceau un et multiple des facultés de sentir et de penser envisagées dans leurs manifestations seulement. Allant au delà des simples phénomènes de la sensation et de la pensée, la psychologie ontologique, la psychologie des vrais métaphysiciens, des Descartes, des Leibniz, s'applique à pénétrer la cause et l'essence de ces phénomènes, à discerner et à déterminer la nature du pouvoir constant dont ils émanent ; elle arrive à se faire une conception intuitive de ce pouvoir, qu'elle appelle l'âme, et cette conception, saisie dans son expression irréductible, s'offre sous deux aspects complémentaires : l'idée du *sujet* ou du *moi*, et l'idée d'un *centre dynamique* inétendu. Les spéculations de cette psychologie ont dès lors pour but de déterminer les rapports dynamiques et géométriques qui rapprochent, dans un conflit incessant et nécessaire, ces deux termes opposés du dualisme ontologique : le *moi* et le *non-moi*, le *sujet* et l'*objet* ; la force simple, une, inétendue, et le composé étendu des forces multiples, — antithèse qui se résume encore dans ces deux mots : *esprit* et *matière*.

N'est-il pas évident que la psychologie hiératique de

l'εἴδωλον, pour qui l'âme est un corps véritable, un organisme, et qui, par esprit, *spiritus*, πνεῦμα, n'entend pas autre chose qu'une substance étendue, subtile autant qu'on voudra, gazéiforme, suivant l'expression de M. Maury, mais dans tous les cas matérielle ; — et la psychologie des métaphysiciens, qui est une analyse mathématique transcendantale du principe de la conscience ou subjectivité, et pour laquelle ce principe, qui est aussi l'*âme* ou l'*esprit*, est un concept de l'immatériel ; — n'est-il pas, dis-je, évident que ces deux psychologies n'ont rien de commun entre elles, qu'elles n'ont rien, rien absolument, de commun que des mots ?

Quelle sera donc cette âme qui fait le sujet du violent débat où la conscience publique se voit partagée et déchirée, pour ainsi dire, entre le prétendu spiritualisme et le prétendu matérialisme ? Quand les soi-disant spiritualistes font un si grand crime à leurs adversaires de nier la réalité ou l'immortalité de l'âme, n'auraient-ils donc, par hasard, aucune idée de ce qu'ils entendent reprocher aux matérialistes ? Et quand ceux-ci acceptent le reproche avec un si arrogant défi, ou bien se donnent tant de soins et font tant d'efforts pour s'en disculper, n'auraient-ils, eux non plus, aucune notion précise de ce qui est en cause dans la querelle à laquelle ils prennent si vivement part ?

Si nous allons au fond de cette dispute passionnée où les deux partis se démènent à l'envi dans le galimatias, nous reconnaîtrons que l'âme dont le problème soulève tant d'obscures colères, ce n'est pas l'âme des philosophes, mais l'âme de la physique religieuse, l'âme de l'eschatologie hiératique, l'âme εἴδωλον, l'âme du sauvage et du charbonnier.

En elle-même, l'âme de l'ontologie n'est certes pas un sujet de nature à soulever de telles tempêtes. Ce dont il s'agit donc dans cette controverse furieuse, c'est de cette âme dont la question est en définitive d'un si souverain intérêt pour l'individu et pour la société, de cette âme qui assurerait à la personne de chacun de nous la continuation et la possession de soi-même en dépit de la mort, et permettrait à la justice distributive de lui faire récolter dans une autre vie le fruit légitime, doux ou amer, de ses œuvres d'ici-bas.

En un mot, la discussion roule en réalité sur l'âme *matérielle*, qui est, je l'admets, un sujet légitime d'examen; mais pour démontrer l'existence et l'éternité de cette *âme matérielle*, que fait-on? On invoque les arguments dont les métaphysiciens se servent pour démontrer leur *âme immatérielle*, qui est tout autre chose! Telle est la folie que je dénonce.

Les métaphysiciens prêtent les mains à cet abus: l'eschatologie religieuse usurpe les titres de l'ontologie et s'en fait un faux passe-port, sans qu'ils protestent; ils jugent sans doute que les intérêts de la religion et de la morale autorisent cette pieuse fraude. Mais combien ils se trompent! ils perdent ce qu'ils veulent sauver, ils préparent la ruine de ce qu'ils croient consolider. En prêtant aux croyances religieuses et morales l'appui d'une démonstration de l'éternité de l'âme qui n'a aucune valeur pour ces croyances si ce n'est grâce à une équivoque, à un quiproquo, la métaphysique donne à ces croyances une sécurité funeste; elle les détourne de se chercher elles-mêmes leurs principes propres, de se creuser de fermes fondements, et par là elle condamne l'édifice à crouler tout d'un coup le jour inévitable où la critique fera disparaître l'illusion sur laquelle il était bâti.

Qu'on le sache bien: les vérités établies par la psychologie ontologique n'apportent ni preuve ni présomption en faveur de la doctrine de l'immortalité de l'âme au sens que la religion et les moralistes attachent à cette formule. Permettez-moi d'entrer dans quelques explications à ce sujet.

**

87. Au point de vue de l'analyse métaphysique, l'âme, autrement dit le pouvoir conscient, le pouvoir de sensation et de pensée[1], nous est représentée objectivement, c'est-à-dire en tant qu'objet de conception considéré dans ses relations avec l'espace, par la notion de la *monade* ou atome absolu. Cette assimilation entre l'âme et la monade une fois admise, il est évident que l'âme est indestructible, l'atome absolu, la monade ne pouvant être détruite, puisqu'elle ne peut être divisée.

Cependant, si ce pouvoir individuel de conscience constitue une individualité et une identité indéfectibles, il n'est dans cette condition que comme *substance*; en tant que *forme*, il est assujetti au contraire à des altérations continuelles et sans limite. Je vais tâcher de me faire comprendre en me servant d'une comparaison.

Soit une certaine molécule d'eau individuelle, une goutte d'eau que j'ai là sous les yeux. Cette goutte d'eau est sans doute identique à elle-même, c'est-à-dire qu'elle constitue une certaine portion de la matière absolue, qu'elle sera toujours, et quoi qu'il arrive, cette certaine partie de la matière absolue, et qu'elle n'en sera jamais *une autre* partie. Bref, cette goutte d'eau, que voilà, est une certaine goutte d'eau, et elle ne sera jamais *une autre goutte d'eau qu'elle-même*, c'est de toute évidence.

Mais nous faisons baisser la température jusqu'au-dessous de zéro, et notre goutte d'eau devient une perle de glace ; est-ce donc toujours là notre même goutte d'eau ?

---

[1]. « J'appelle âme ce qui est en nous le principe de la pensée. » Port-Royal (*Logique*, I. xij).

Non ; de goutte d'eau, il n'en existe même plus ; nous n'avons plus d'eau, nous avons de la glace. Et pourtant je suis encore en droit de dire que c'est toujours *la même* partie, individuellement parlant, de la matière absolue, que nous avions et avons là devant nous !

La goutte d'eau individuelle dont il s'agit a cessé d'être comme goutte d'eau, mais elle continue à être, et à être *elle-même*, identique à soi, en tant que portion donnée de la matière absolue, en tant que *matière pure*. N'est-ce pas vrai ? Oui, sans doute, cela est vrai et cela est clair ; et cette conclusion, techniquement exprimée, s'énonce en disant que la goutte d'eau, en devenant glace ou vapeur, perd son *identité formelle*, mais que son *identité substantielle* reste intacte.

Pareillement de l'âme, de l'âme au sens ontologique, s'entend. Comme monade, c'est-à-dire comme partie infinitésime individuelle de la substance absolue, son identité est inamissible, elle est immuable dans son *identité substantielle* ; mais sera-t-elle donc également immuable dans son *identité formelle* ?

Par l'identité formelle de l'âme, nous entendons cet ensemble, cette combinaison et ce concours actuels de dispositions sensorielles, intellectuelles et morales, de connaissances, de souvenirs et d'affections particuliers, qui font que notre être psychique a une autre forme, une autre physionomie, une autre manière d'être actuelle que celle qui caractérise notre voisin. Or, quoi de plus instable, Messieurs, que cette identité formelle du moi, qui n'a que la durée du temps infiniment petit qui sépare le passé de l'avenir ? En effet ne varie-t-elle pas, ne se détruit-elle pas à tous les instants ? Suis-je donc à l'âge de quarante ans le même que j'étais à l'âge de quarante jours ?

L'état actuel de l'âme, son identité formelle, est le produit, est le reflet, des conditions mouvantes de son milieu, surtout de ce milieu prochain que nous nommons l'*organisme*.

Oui, c'est ce milieu qui détermine tous les états, toutes les formes variables de l'âme, tout comme les conditions actuelles de la température ambiante déterminent inévitablement l'un ou l'autre des trois états physiques — solide, liquide et gazeux — dans l'identité chimique constante exprimée par le symbole HO.

Ainsi, ce sont les dispositions du milieu, du milieu prochain ou le corps, et du milieu médiat ou monde ambiant, qui impriment à toute âme individuelle son cachet propre, qui font qu'elle est présentement âme humaine et non âme de bête, qu'elle est âme d'un Washington et non point âme d'un Bonaparte ; âme d'un Newton, d'un Leibniz, d'un Fourier, et non âme de ce qu'on appelle aujourd'hui « un petit-crevé », et *vice versa*.

Or, Messieurs, je vous le demande, quel changement plus grand, plus radical que celui qui, tout à coup, fait passer une âme du corps d'un homme bien constitué et bien sain dans le chaos de la matière inorganique ! quel changement de milieu plus profond pour l'âme que celui que lui apporte la catastrophe de la mort ? Une altération relativement nulle survenue dans l'arrangement normal des molécules du cerveau suffit souvent pour changer la *forme* de notre âme au point d'ôter à celle-ci tout caractère humain et de la faire descendre jusqu'à ces plus bas échelons de l'animalité où la vie psychique semble être un continuel sommeil : que restera-t-il donc à cette âme, dites-le-moi, que lui restera-t-il de sa présente identité formelle, de ses traits caractéristiques actuels, quand le corps actuel tout entier se sera dissous[1] ?

1. L'âme ou monade, considérée abstraction faite du corps, abstrac-

Bref, ces considérations nous le font voir clairement, le dogme religieux de l'immortalité de l'âme n'a aucun secours à attendre de la démonstration métaphysique de l'éternité de l'âme, car, je le répète encore une fois, il ne s'agit point de part et d'autre de la même chose sous ce commun et même nom d'*âme*. Le principe de l'éternité et de l'indestructibilité de *la force*, qui est aujourd'hui un axiome de haute physique admis par tous les savants, est une vérité qui se confond, bien qu'obtenue par une voie différente, avec le principe de l'éternité et de l'indestructibilité de l'âme établi par l'ontologie psychologique. Le spiritualisme religieux et moraliste songerait-il à se réclamer du premier de ces deux résultats ? Non, on peut l'affirmer ; qu'il renonce donc à se faire une arme du second, car ces deux résultats n'en font en réalité qu'un seul.

*
* *

88. Nous voici maintenant face à face avec le dogme de la psychologie religieuse dépouillé de son travestissement ontologique, c'est-à-dire avec cette antique théorie,

---

tion faite de la matière ambiante, c'est-à-dire de l'agglomération des autres monades qui l'entourent, se présente à notre conception comme illimitée dans l'exercice de ses virtualités, dans l'expansion de ses forces, comme dans un *état formel* parfait. Jamais, toutefois, elle ne saurait atteindre à cette condition si, comme il semble, elle ne peut pas plus être isolée réellement de la matière que le point mathématique ne peut être réellement isolé de tout autre point. Mais, bien que condamnée à ne devoir parvenir jamais à cette perfection absolue, l'âme s'en rapproche de plus en plus, et à l'infini, à mesure que l'organisation de *son corps* se perfectionne, c'est-à-dire à mesure que les monades environnantes se groupent, *s'organisent* de façon à la limiter de moins en moins. Cette vue sur les rapports élémentaires de l'âme et de la matière paraît ne pas avoir été étrangère aux premiers métaphysiciens, et je présume qu'ils y ont puisé la doctrine célèbre, de nos jours fort mal comprise, qui condamne la matière ou le multiple incohérent, ou, autrement dit, la confusion, le désordre, comme étant l'origine de tout mal ; et qui exalte l'âme, l'esprit, *le simple*, comme l'unique source de toute perfection et de tout bien.

dogmatique et pratique, de toutes les religions, et la véritable thèse du spiritualisme vulgaire, devenu celui de nos philosophes à leur insu. Ramenée à ses termes propres, formulée franchement, sans fausse honte et sans équivoques, cette thèse doit être soumise à la critique scientifique. L'importance du sujet n'est pas contestable ; et d'ailleurs il y va du repos et de la dignité des hommes de science, harcelés aujourd'hui plus que jamais par les accusations de matérialisme, que tout malentendu cesse entre eux et leurs dénonciateurs.

Diverses considérations d'un caractère rigoureusement scientifique peuvent jeter, dès à présent, un premier jour sur cette question ; je vais en indiquer rapidement deux des principales. Je ferai connaître d'abord une objection nouvelle contre les dogmes eschatologiques, et la plus redoutable, à mon avis, que ces croyances aient jusqu'ici rencontrée.

Notre savant et très autorisé collègue M. Baillarger avait signalé depuis longtemps, je me plais à lui rendre cette justice, un grand fait de psychologie qu'il a nommé, si je me souviens bien, *l'automatisme de la pensée* ; j'ai aussi étudié ce fait avec attention, et je crois, qui plus est, avoir été assez heureux pour l'expliquer [1].

Ce n'est pas dans *notre* moi, ce n'est pas dans la monade où se concentre notre personnalité mentale, que sont contenues, à dire vrai, toutes les notions dont l'éducation et l'expérience nous ont approvisionnés et dont nous faisons usage à toute heure : la presque totalité de ces notions se trouve, pour ainsi dire, emmagasinée dans les centres psychiques subalternes qui se confondent pour le physiologiste

---

1. Voir mon ouvrage intitulé *Electro-Dynamisme vital* (publié en 1855 sous le pseudonyme de J.-P. Philips) ; voir aussi mes *Essais de Physiologie philosophique*, et ma brochure portant pour titre : *La Philosophie physiologique et médicale à l'Académie de Médecine*.

avec les centres nerveux de second ordre subordonnés au centre cérébral proprement dit. Ces notions, ces connaissances, ces souvenirs, que nous croyons puiser dans notre moi lui-même, ce sont en réalité des emprunts que nous faisons aux *moi* ou centres psychiques inférieurs constituant pour notre moi comme une sorte de bureau de renseignements dont il reçoit les informations désirées avec une telle instantanéité qu'il est convaincu de ne les devoir qu'à lui-même. Permettez que j'explique ma pensée en citant un passage d'une étude sur l'Instinct et l'Habitude, qui fait partie de mes *Essais de Physiologie Philosophique* :

« Ce n'est pas seulement notre dynamisme musculaire qui peut être profondément affecté par l'habitude ; celle-ci n'a pas une moindre influence sur l'exercice des sens, de l'intelligence, des appétits et des sentiments. Et, ici comme là, nous trouvons sans peine le mot de l'énigme dans la théorie.

» Souvenons-nous qu'une dépendance mutuelle rattache nos différentes facultés psychiques, par leurs organes cérébraux, aux différents centres du système de la moelle et du système ganglionnaire. C'est ainsi que les divers états de notre âme réagissent sur les fonctions végétatives, et que les modifications de celles-ci provoquent à leur tour des modifications parallèles dans notre sensorium, dans notre intelligence, dans nos passions. Cela étant, je veux supposer que nous soumettions notre esprit à une certaine série d'opérations, c'est-à-dire à certaines modifications, à certaines idées directement provoquées et renouvelées à de courts intervalles pendant une période assez longue : nous habituerons par là les centres correspondants de la vie végétative à réagir parallèlement contre ces modifications cérébrales.

» Or, les modifications primitives du cerveau, se produisant sériellement et suivant un certain rythme, c'est-à-dire dans un rapport de succession, de durée et d'intensité constant, de sorte que telle modification soit toujours suivie de telle autre modification, l'enchaînement est naturellement le même entre les modifications consécutives correspondantes du système médullaire ou ganglionnaire. Il doit en résulter que, une modification cérébrale se produisant, la modification médullaire ou ganglionnaire corrélative qui s'ensuit tend à déterminer, à elle seule, toutes les modifications médullaires ou ganglionnaires suivantes de la même série.

» Maintenant, comme toutes ces modifications médullaires ou ganglionnaires consécutives ont une contre-réaction dans le cerveau et y renouvellent dans leur ordre exact les modifications primitives dont elles sont issues, il est aisé de concevoir qu'il suffira de susciter directement dans l'âme le terme initial d'une *série habituelle* de modifications (émotions, idées, sensations), pour que toutes les autres s'y reproduisent, chacune à son tour, par le seul ressort de l'excitation sympathique de la moelle ou des ganglions.

» Appliquons ces principes à un exemple très simple. Quand j'étudiais la table de Pythagore, je répétais avec attention, et je m'efforçais de graver dans ma pensée, des séries de mots telles que les suivantes : *deux et deux font quatre ; sept fois neuf font soixante-trois ;* etc. Au début, et pendant nombre de journées, je ne pouvais arriver que par un effort soutenu de la pensée, le premier membre d'une de ces équations étant donné, à me rappeler le second. Aujourd'hui, je ne puis dire en moi-même : *sept fois neuf font....* sans qu'aussitôt, et sans aucun effort de mémoire ni d'attention, les mots *soixante-trois* arrivent tout formés sur ma langue, pour ainsi dire.

» De réfléchie, d'attentive, d'active et de consciente

qu'elle était, ma mémoire est devenue passive, *automatique*. Elle était telle qu'un écrivain pauvre obligé d'user la majeure partie de son temps et de ses forces à courir les bibliothèques, à compulser et à déchiffrer péniblement les auteurs, à transcrire longuement et laborieusement des documents indispensables ; maintenant, elle n'a plus qu'un signe à faire : de mystérieux secrétaires, qui ont fait d'avance toutes les recherches, s'empressent et pourvoient sur le champ à toutes ses nécessités.

» Je viens d'indiquer, dans ce qu'il a d'essentiel, le mécanisme de l'*automatisme de la pensée* ; une expérience, familière sans doute à beaucoup de ceux qui me liront, met en relief d'une façon saisissante l'action de ce mécanisme. Si j'oublie l'orthographe d'un mot, et si le dictionnaire ne se trouve pas là pour venir en aide à ma mémoire défaillante, eh bien, je prends le parti de consulter ces secrétaires intimes dont il vient d'être question ; je consulte des *mémoires* qui ont leur siège, non dans le cerveau, mais dans les centres nerveux de la moelle animant les mouvements de ma main. Pour ce faire, je prends la plume ; ensuite, j'exprime mentalement la volonté que le mot douteux soit tracé tel qu'il doit être ; et, après cela, j'éloigne mon attention de ce qui va se passer afin de laisser toute leur spontanéité aux intelligences consultées : aussitôt la plume court sur le papier, et le mot désiré se trouve écrit en toutes et bonnes lettres comme par enchantement.... » (*Op. cit.*, p. 427.)

Bref, ce mécanisme de la mémoire, au moyen duquel nous rassemblons et mettons en réserve les idées et les rappelons à volonté à notre esprit, ce mécanisme mental est fondé sur un mécanisme organique consistant dans une combinaison de centres nerveux distincts, lesquels sont le siège d'autant de centres de pensée, d'autant de *moi* distincts. Maintenant, *la destruction des organes n'entraînera-t-elle pas inévitablement la dissolution de cette société de coopération psychique, par la dispersion de ses membres? Et que restera-t-il alors de notre caractéristique personnelle, si le faisceau de nos connaissances, de nos attachements, de nos aversions et de nos souvenirs est pour toujours détruit?*

Le spiritualisme eschatologique nous répondra peut-être que la hiérarchie des centres psychiques survit à l'anéantissement du système nerveux, et que cette hiérarchie, conservant intacte la constitution qui lui est propre, reste groupée autour du centre psychique suprême, autour de notre moi, et accompagne ce moi dans sa nouvelle sphère d'existence.

Fort bien, mais cette solution rencontre, dans la physiologie expérimentale, une objection des plus sérieuses; nous allons l'exposer et la discuter.

* *

89. Une vérité d'observation aujourd'hui mise hors de doute, c'est que les centres nerveux métacéphaliques (c'est-à-dire qui sont situés au-dessous ou en arrière du centre cérébral, et lui sont subordonnés) peuvent continuer à vivre et à manifester les attributs du sentiment et de la volonté après leur entière séparation d'avec la tête, cette tête continuant de son côté à vivre isolément et à accuser l'exercice non interrompu de la pensée (voir ci-dessus, p. 179-180). *Les centres psychiques secondaires reliés ensemble par le système nerveux au grand centre constituant notre moi, ne sont donc pas inséparables de ce moi : la division de leurs segments nerveux respectifs suffit pour faire cesser leur union ; alors comment cette union serait-elle respectée par la mort, qui divise l'organisme nerveux jusque dans ses dernières molécules ?*

Mais le spiritualisme hiératique peut se prévaloir de son côté d'une autre considération biologique qui n'est pas sans force. La biologie est obligée de reconnaître que tout l'ensemble, toutes les parties et jusqu'aux plus minimes détails de l'organisme parvenu à son complet développement, préexistaient en puissance dans le germe. Or, l'organisation de ce germe ne présente aucune analogie appréciable de forme ni de complexité avec l'organisation de l'animal ou du végétal parvenu à son état parfait.

« On ne peut plus mettre en doute aujourd'hui », dit J. Mueller, « que le germe n'est point une simple miniature des organes futurs, comme le croyaient Bonnet et Haller ; car les rudiments des organes ne deviennent pas visibles par l'effet seul du grossissement ; ils ont un assez grand volume dès leur première apparition ; mais ils sont simples, de sorte que nous voyons les organes complexes naître peu à peu d'un organe primitivement simple. » (*Manuel de Physiol.*, édit. Jourdan et Littré, t. I, p. 21.)

Si le germe de l'homme recèle et contient potentiellement la forme et la structure entières de l'organisme humain développé, et jusque dans ses moindres détails, sans que rien dans la forme et la structure visibles de ce germe puisse y déceler la présence de cette virtualité, pourquoi, peut-on se demander, une virtualité pareille n'échapperait-elle pas à la destruction du corps, elle qui en a précédé la formation ? Et pourquoi cette virtualité, dont les attributs, d'une réalité incontestable cette fois, sont si analogues aux attributs supposés de l'âme-εἴδωλον de la foi religieuse, et à ceux de l'*anima forma corporis* de la biologie thomiste et stahlienne, ne pourrait-elle pas survivre à ce corps, bien qu'invisible, de même qu'elle lui avait préexisté invisiblement [1] ?

---

1. Ce n'est pas seulement le spermatozoaire ou l'ovule qui renferme po-

90. Qu'on ne se fasse pas d'illusion de part ni d'autre : l'immortalité de la personne humaine est une hypothèse qu'aucun raisonnement tiré de nos connaissances positives proprement dites ne peut faire passer à l'état de vérité prouvée ni faire condamner non plus en dernier ressort comme une erreur ; c'est une question qui, jusqu'à présent, reste ouverte, et j'estime que ce n'est pas à moins d'une démonstration expérimentale directe que les croyants réussiront à transformer leur foi, plus ou moins aveugle, en une certitude scientifique, et à ôter toute raison d'être au scepticisme, jusqu'ici légitime et respectable, des esprits critiques. Il est aujourd'hui quelques savants faisant profession de libres penseurs qui sont arrivés, sur l'imposant sujet dont il s'agit, à conclure dans le sens du vieux dogme eschatologique ; ils basent leur jugement sur de prétendus faits d'observation qui seraient inconnus de la science classique, et ces faits leur semblent décisifs. Un pareil témoignage, qui tout d'abord excite nos défiances, mérite un autre accueil, nous venant d'hommes d'un savoir sérieux, d'un caractère honorable et d'une intelligence distinguée. Dans les matières où l'expérience est seule juge, affirmer ou nier *a priori* et sans examen est également contraire au véritable esprit de la science [1].

tentiellement l'entière forme du produit futur de la conception, c'est aussi la cellule dont est sorti le spermatozoaire ou l'ovule ; et, qui plus est, c'est le protoplasma où cette cellule a pris naissance, et chaque goutte du sang nourricier dont s'est formé le protoplasma lui-même. Quel insondable mystère ! (Note de la 2ᵉ édition.)

1. Depuis que ces lignes ont été écrites (il y a de cela plus de trente ans) le nombre des savants de marque ne dédaignant pas l'étude expérimentale du merveilleux, et, qui plus est, s'y livrant avec un zèle passionné, s'est considérablement accru. On peut citer parmi eux des physiciens, des astronomes, des naturalistes, des physiologistes et des médecins qui ont le premier rang dans leur spécialité, et cela en France, en Angleterre, en Allemagne, en Italie et en Amérique. (N. de la 2ᵉ éd.)

III

91. Permettez-moi, Messieurs, de résumer en quelques mots mes appréciations, que je viens de vous exposer longuement, trop longuement sans doute, sur l'ouvrage dont la Société m'avait chargé de lui rendre compte.

M. Ramon de la Sagra a consacré son livre à un sujet qui, tout à la fois, porte sur la physiologie d'observation, et de là s'élève, par la gradation naturelle des idées, aux plus hautes considérations philosophiques.

J'ai dû suivre l'écrivain jusque dans ces régions supérieures pour ne point laisser incomplète la tâche que vous m'aviez confiée. Et, en cela, d'ailleurs, pouvais-je craindre, Messieurs, de sortir de la sphère d'études que vous vous êtes tracée ? Votre titre de Psychologues, que vous tenez tant à honneur de justifier, et les dispositions formelles de votre programme, où une place a été soigneusement réservée à la philosophie, étaient là pour me rassurer pleinement à cet égard.

Tous les savants d'élite, tous ceux qui sont aujourd'hui à la tête des sciences spéciales dans la voie des grandes découvertes : physiciens, naturalistes, physiologistes, pathologistes ; tous — mais à la vérité ils ne sont pas nombreux — tous, dis-je, commencent à reconnaître que, au degré de développement où elles sont actuellement parvenues, les diverses branches du savoir positif se rencontrent et s'arrêtent devant un commun obstacle. Cet obstacle, qu'il faut écarter pour que la science puisse continuer librement à croître, ce sont des problèmes d'ordre général qu'il faut résoudre.

M. Ramon de la Sagra est de ceux à qui reviendra le mérite d'avoir eu l'intelligence de cette haute vérité.

Frappé surtout du désordre et de la stérilité que le manque d'esprit philosophique sème dans le champ de la psychologie, de la physiologie et de la médecine, l'honorable académicien s'est appliqué à nous révéler les plaies de notre science une et triple. Soutenu par les intentions les plus louables, après avoir constaté le mal, il s'est mis en quête du remède.

Les phénomènes d'ordre sensoriel et mental que l'action des anesthésiques permet de développer chez l'homme, qu'elle nous permet d'y observer et d'y suivre avec une sûreté et une commodité qu'on était si loin d'espérer autrefois, lui ont paru faire entrer la psychologie dans le domaine de la méthode expérimentale ; et du sein de ces phénomènes, dont il a fait une étude laborieuse, M. de la Sagra a cru voir les solutions suprêmes se dégager déjà en pleine lumière.

Je suis loin de partager une telle confiance, je l'ai déclaré ; sur beaucoup de points je la trouve illusoire. Je me suis plu à le reconnaître, le savant auteur a soulevé des questions d'une grande importance, et pour ma part je lui sais gré d'avoir donné un utile exemple en cherchant à les résoudre par l'usage exclusif des données et des méthodes de la science. Mais, j'ai été forcé de le dire, cette entreprise a échoué.

Sans doute, l'analyse des opérations mentales faite à l'aide des agents anesthésiques peut éclairer par certains côtés la question qui divise les philosophes en spiritualistes et en matérialistes ; elle est insuffisante pour la résoudre. Ce grand et si désirable résultat, qui mettrait fin à un conflit où les plus fortes intelligences s'épuisent infructueusement, doit, à mon sens, être cherché ailleurs, et nous avons cru devoir indiquer le chemin qui nous semble mener plus sûrement à ce but.

Cependant, tout en scrutant les effets de l'anesthésie dans une préoccupation philosophique, M. Ramon de la Sagra a été conduit plusieurs fois à interroger la physiologie de ces effets, et son livre offre par là un véritable intérêt au strict point de vue des études physiologiques et de pratique médicale.

Dans l'état d'anesthésie, les nerfs seuls sont-ils atteints? l'encéphale échappe-t-il à l'influence anesthésique, ou la subit-il? Les nerfs de la sensation et ceux du mouvement sont-ils suceptibles d'être affectés isolément par cette action? L'assoupissement graduel, partiel et successif des diverses facultés sensorielles et mentales, implique-t-il, oui ou non, la localisation cérébrale de ces facultés? L'état symptomatique du patient considéré pendant et après le sommeil anesthésique autorise-t-il pleinement la certitude que l'inhalation de l'éther ou du chloroforme produit une insensibilité réelle et met l'opéré à l'abri de la douleur?

Tels sont quelques-uns des points spéciaux que l'auteur a traités dans son livre, et que j'ai discutés avec lui, et souvent *contre* lui, dans mon Rapport. Car, si j'ai eu presque toujours la satisfaction de pouvoir donner mon adhésion aux opinions de M. Ramon de la Sagra dans leur partie critique, presque toujours j'ai eu le regret d'avoir à me séparer de lui sur le terrain dogmatique.

Le livre et l'auteur n'en sont pas moins très dignes d'estime et de respect. Ce livre est l'œuvre consciencieuse d'un savant en tout digne de ce nom, d'un de ces savants encore nombreux, plaisons-nous à le croire, qui aiment noblement la science, qui s'attachent à elle pour la servir loyalement, et non pas uniquement pour s'en servir.

LE PANTHÉISME

JUGÉ PAR M. GRANDET.

Ἐν εἶναι τὸ πᾶν.

92. Tous les penseurs contemporains — d'ailleurs en fort petit nombre, avouons-le — qui honorent la philosophie française, n'appartiennent point pour cela à la capitale de leur pays, il ne faut pas que l'orgueil parisien s'y trompe ! Un grand disciple de Kant, qui arrive tardivement à la célébrité (mais, enfin, il y arrive, Dieu soit loué !), est un vigneron de la Provence ; c'est à l'ombre de ses figuiers, de ses oliviers, que l'auteur des *Essais de critique générale* [1] élabore les questions les plus ardues de l'ontologie, de la psychologie, de la morale. Et, non loin de lui, dans l'âpre Aveyron, la métaphysique possède encore un de ses rares, un de ses plus experts adeptes. Qui connaissait M. J.-M. Grandet et sa *Philosophie de la Révélation* [2], il y a quelques mois ? Personne, autant dire. Le philosophe et son œuvre ont été révélés dernièrement au public par *L'Année philosophique* [3] ; rendons-en grâce à l'excellent recueil de M. Pillon, à qui rien n'échappe.

---

1. J. Charles Renouvier.
2. *Philosophie de la Révélation*, 1 fort vol. in-8°, chez N. Ratery, à Rodez, et à Paris, à la librairie Hachette, 1861.
3. *L'Année Philosophique, études critiques sur les idées générales dans les divers ordres de connaissances*, par M. F. Pillon, 1 fort vol. in-12 librairie Germer Baillière, 1868.

Un jour, je pourrai peut-être analyser longuement, d'une façon digne de son importance, la doctrine de M. Grandet ; je vais en attendant en donner un simple aperçu à l'aide de quelques citations que j'accompagnerai de courtes remarques.

Notre auteur s'exprime ainsi :

« On lit dans les *Fragments Philosophiques* d'Hamilton, traduits par M. Peisse, p. 81 : « Si l'on nie le témoignage » de la conscience sur l'originalité contemporaine et l'in- » dépendance réciproque du sujet et de l'objet, on arrive » à deux constructions différentes, suivant que l'un ou l'au- » tre des deux termes est considéré comme le terme ori- » ginel et générateur. Si l'on fait émaner l'objet du sujet, » c'est l'idéalisme ; si le sujet de l'objet, le matérialisme. »

« Avec l'originalité contemporaine », reprend M. Grandet, « et l'indépendance réciproque du sujet et de l'objet, rien ne pouvant exister comme *produit*, on a pour toute philosophie *l'être en soi* de toutes choses, c'est-à-dire l'athéisme, ou, ce qui revient au même, le panthéisme. » (*Philosophie de la Révélation*, p. 88).

Faisons remarquer en passant que la manière dont Hamilton caractérise la distinction de l'idéalisme et du matérialisme ne laisse rien à désirer ; elle est parfaite.

Les observations que ce passage du philosophe écossais suggère à M. Grandet ont aussi une grande force ; elles dénotent chez ce dernier une puissante pénétration métaphysique. Oui, il a bien saisi la conclusion générale qui découle de *l'originalité contemporaine et indépendante du sujet et de l'objet*, à savoir, que tout se réduit en dernière analyse à cette notion : *l'être en soi en toutes choses*. Mais le théologien aveyronnais rejette ce résultat philosophique comme entaché d'athéisme ou de panthéisme, deux choses, fait-il observer, qui ne sont au fond qu'une seule et même doctrine. Cependant, pourquoi s'effrayer de ces mots de panthéisme et d'athéisme? Un vrai philosophe doit-il reculer devant la crainte du discrédit que le vulgaire attache à certaines opinions dont il est d'ailleurs incapable de se rendre compte? Faudrait-il rejeter une solution que la logique nous donne, par cela seul qu'une telle solution s'écarterait des idées reçues? Mais alors, à quoi bon chercher la vérité, à quoi bon la philosophie?

M. Grandet ajoute, et avec un sens profond, ce me semble :

« L'erreur de la plupart des philosophes est de penser, mais tous ne le disent pas, que l'être des choses est indépendant de leur intelligibilité. « Sans la pensée, dit M. Va-
» cherot (*Histoire de l'École d'Alexandrie*, t. III, p. 489),
» pas de vérité. Ce n'est pas à dire que l'esprit constitue
» la réalité. Supprimez, par hypothèse, l'humanité, et par
» suite l'esprit (est-ce qu'il n'y a d'esprit que dans l'huma-
» nité [1]?) la réalité n'en subsistera pas moins (comment sans
» l'esprit cela pourrait-il *se savoir*?), mais elle n'aura plus
» cette unité, ce caractère intelligible qui en fait la vérité...
» Que la réalité subsiste abstraction faite de l'esprit qui s'en
» fait une idée, il serait absurde de le contester (c'est ce
» que nous verrons tout à l'heure!...). La réalité existe en
» dehors de l'esprit, mais ce n'est que par l'esprit qu'elle
» devient intelligible, qu'elle est vérité...

» Cette doctrine de la connaissance nous semble être la
» vraie solution du problème de la vérité. Toute vérité est
» dans la pensée ; mais la pensée a pour condition la réa-
» lité. L'esprit n'agit pas dans l'abstrait et dans le vide ; il
» n'y a pas de pensée sans une intuition de l'expérience,
» ni d'intuition sans un objet extérieur, distinct de l'es-
» prit. »

1. Les entre-parenthèses sont de M. Grandet.

Après cette citation de M. Vacherot, M. Grandet reprend :

« Cette solution est loin d'être la vraie. La réalité n'a d'existence que comme pensée, *cogitata*... M. Vacherot confond la pensée avec la lumière subjective, avec le *moi* qui pense et perçoit *sa* pensée. Toute pensée a un objet, dit-il. La pensée est elle-même l'objet perçu. L'univers est la pensée dont le Verbe et Dieu ont la parfaite connaissance objective. Les conceptions de l'homme, les représentations qu'il en forme, sont des pensées de lui perçues. Au lieu de dire que toute pensée a un objet, tenons pour certain que toute perception a pour objet une pensée née du sujet percevant.

« M. Vacherot accorde « que la réalité n'existe pas avec
» tels caractères, avec telles propriétés, telles formes indé-
» pendantes de l'entendement qui la perçoit. » Et il ajoute :
« La réalité existe en dehors de l'esprit ; mais ce n'est
» que par l'esprit qu'elle devient intelligible, qu'elle est
» vérité. ».

« L'être », ajoute M. Grandet, « sans l'esprit *qui le rend vrai*, n'est donc qu'une vaine abstraction, et l'objet n'existe *véritablement* que par le sujet qui le fait être *en vérité*, c'est-à-dire *avec les propriétés, avec les formes, avec les caractères* sans lesquels il n'y a pas de réalité.

» Enfin voici que M. Vacherot sort tout à fait d'erreur pour embrasser la saine doctrine. « L'idée, dit-il, page 488,
» n'est pas une image de la réalité (de l'objet), c'est au con-
» traire la réalité qui est une représentation de la pensée
» (il faudrait dire *de l'idée*). Platon, Aristote, Plotin, Male-
» branche, Schelling, Hegel, tous les grands *idéalistes* ont
» profondément raison en cela. »

» Très bien, et cela posé, je demande : Comment l'objet n'est-il qu'une représentation de l'idée si l'idée ne l'a pas produit elle-même? Et par *idée* l'on ne peut pas entendre ici la perception, mais le sujet préexistant de qui la perception procède par l'objet produit. N'est-il pas évident que la réalité *perçue* tire son origine de l'idée dont elle est l'image, comme la parole *entendue* tire la sienne de *la personne qui s'exprime en elle* ?

» L'idée, lumière subjective, est le principe personnel de la pensée, justement dite *lumière de lumière*. La perception, troisième lumière, est le rapport substantiel de la pensée (de l'objet) au sujet qui l'a produite. C'est pour n'avoir pas distingué cette trinité de termes consubstantiels dans l'unité du sujet objectivé dans sa pensée, que la philosophie et la théologie sont encore à l'état de chaos mal débrouillé. » (*Op. cit.*, p. 88 et sqq.)

Si la philosophie et la théologie sont encore à l'état de chaos, comme M. Grandet le constate fort justement, elles le doivent avant tout à une confusion d'idées monstrueusement disparates, née de l'équivoque du mot Dieu. Cette méprise énorme, sans égale, qui a obscurci et faussé les plus belles intelligences métaphysiciennes, a fait encore une victime, et des plus nobles, dans l'auteur de la *Philosophie de la Révélation*. Certes, dans les passages que nous venons de citer, des vues admirablement profondes et lumineuses nous saisissent, elles révèlent un penseur des plus vigoureux : quel dommage qu'il se soit enchaîné, lui aussi, aux croyances de cette théologie biblique vulgaire qui est comme un boulet attaché aux ailes de l'ontologie ! Comment la science pure de l'Être pourrait-elle s'élever jusqu'à son objet tant qu'elle se condamne à rationaliser l'irrationnel, à démontrer, par exemple, l'incarnation du Logos en Jésus de Nazareth, entendue au sens propre, c'est-à-dire dans ce sens qu'un être de raison, l'entité métaphysique appelée *le Logos, la loi adéquate à la raison, la logicité*, se confondrait, et ne ferait réellement qu'un avec une certaine individualité humaine, avec un certain personnage de l'histoire !

Citons encore M. Grandet :

« Le panthéisme est enté sur l'idée confuse qu'on s'est faite d'un principe d'où tout dérive, sans que ce principe soit une cause proprement dite. La cause véritable, la cause personnelle diffère de son *opérer*, existe sans son *opérer*. J'opère en écrivant, mais je suis indépendamment de cet acte de ma puissance. Le principe primitif, au contraire, est un opérer sans personne qui opère, un opérer impersonnel dont la manifestation ou l'être n'éclate que dans le terme qu'il *devient*, être principe et fin, comme dit si bien l'Ecriture. Le nom de Dieu, celui qui est, consiste en une proposition dont le sujet et le prédicat ne font qu'un dans la copule.

» Au rebours de cette doctrine, les scolastiques distinguent l'opérer, qu'ils appellent *le Père*, d'avec le terme auquel il est immanent, et qu'ils appellent *le Fils*, tirant ainsi par *voie de génération*, l'être du non-être, la lumière des ténèbres. Hegel a raison, l'activité nécessaire n'engendre ni ne crée, elle *devient*, puisqu'elle n'a de réalité que dans son terme. Mais au lieu de la faire se terminer *ad extra* au multiple, c'est *ad intra* la vie de l'un qu'il faut la voir dans son éternelle fin : *Pater habet vitam in semetipso*, en lui-même, et non dans le verbe ni dans le monde, soit idéal, soit réel. Répétons avec Newton : *A cæca necessitate metaphysica, quæ utique eadem est semper et ubique, nulla oritur rerum variatio. Tota rerum conditarum pro locis et temporibus diversitas, ab ideis et voluntate entis necessario existentis solummodo oriri potuit.* » (*Op. cit.*, p. 229).

Le Panthéisme, certes, rencontre dans M. Grandet un

adversaire de taille peu commune ; mais il y a panthéisme et panthéisme, et les coups du rude controversiste ne vont pas à l'adresse de toutes les doctrines comprises sous cette dénomination. Il y a ici matière à une distinction sérieuse ; je vais tâcher de la faire saisir en deux mots.

*
* *

93. Le monde se compose de la multitude des phénomènes, variant à l'infini dans le temps et dans l'espace.

Ces phénomènes, notre esprit en a la claire conscience, ne peuvent naître du néant absolu, et ne sauraient non plus disparaître sans laisser quelque chose après eux. D'ailleurs, l'expérience nous le prouve, les phénomènes qui apparaissent ne sont qu'une métamorphose des phénomènes disparus.

Ces considérations ont amené la philosophie à voir dans les phénomènes les manifestations diverses, les transformations multiples, d'une substance (*substantia*, ὑπόστασις; ce qui est au-dessous) *une*, c'est-à-dire qui serait la même toujours et partout dans ce qu'elle a d'essentiel et de nécessaire, autrement dit dans ce qu'elle est abstraction faite des formes contingentes et passagères qu'elle revêt tour à tour.

Ce concept, ce *noumène* de la *substance pure* ou *absolue* n'est pas (j'en ai déjà exposé les raisons ailleurs) [1] une vaine vision de la métaphysique, ainsi que j'ai eu le regret de voir M. Stuart Mill l'affirmer dans sa *Logique* [2] : autant vaudrait taxer de billevesée le noumène chimique de l'*Eau*, que la science conçoit abstraction faite des *formes* contingentes de cette *substance*, soit l'Eau-*solide*,

---

1. Voir ci-dessus, pp. 107 et 258.
2. *Système de logique inductive et déductive*, par John Stuart Mill, traduction de M. Louis Peisse. Paris, 1866, t. II, p. 321.

l'Eau-*liquide* et l'Eau-*gaz*, et qu'elle exprime par le symbole HO.

Que l'éminent penseur anglais y réfléchisse à nouveau, et il reconnaîtra que si ces distinctions scolastiques de la *substance* et de la *forme* ont conduit, comme il le dit, au réalisme *mystique*, ce résultat est imputable uniquement à la débilité philosophique des disciples, qui, incapables de comprendre les vrais maîtres, les ont interprétés à faux.

Eh quoi ! M. Mill ignore-t-il donc que le plus glorieux progrès de la science positive moderne, c'est précisément d'être arrivée, conduite par l'expérience analytique, à cette même solution, à ce même concept de *l'unité de la substance*, de *l'unité des forces*, que les métaphysiciens avaient trouvé, il y a de cela vingt, trente et quarante siècles peut-être, par la seule puissance de leur intellect ?

Bref, sous la diversité phénoménale du monde, l'unité du noumène de la substance.

Ce noumène, les premiers ontologistes le rendirent par le mot Dieu, suivant une association d'idées accidentelle, dont j'ai esquissé ailleurs l'histoire [1]; et c'est ainsi que de l'ontologie sortit le dogme de *l'Unité de Dieu*.

On spécula ensuite sur les attributs de cette substance absolue ou Dieu, et de la divergence des opinions qui s'ensuivirent résulta une scission du théisme en plusieurs écoles.

Dans la *substance*, on ne vit d'abord qu'une masse confuse, une sorte de pâte amorphe s'agglomérant et se moulant diversement pour réaliser les différents types actuels. La forme des atomes ou particules matérielles expliquait leur concours et la formation de leurs composés.

Cette première vue ontologique était superficielle et

---

1. Voir ci-dessus, pp. 224 et sqq.

grossière. Elle distinguait sans doute, bien qu'obscurément, la Substance — impérissable, constante et nécessaire — de la Forme phénoménale — éphémère, diverse et contingente. Mais, dans cette conception vague, l'esprit ne pénétrait pas au delà de l'idée de la *masse* substantielle, il ne saisissait point celle de l'*élément* substantiel. On se voyait conduit dès lors à faire dériver l'activité, de l'inertie, l'esprit, de la matière ; c'est-à-dire à faire engendrer la *force* par un *moyen mécanique*, à l'instar des chercheurs du mouvement perpétuel. MM. Littré et Ch. Robin, disons-le en passant, qui n'ont pas encore rejeté ces langes ontologiques, ne se doutent pas, non plus que ceux qui, à leur suite, font résulter la vie et le *moi* du concours de particules organiques, ces philosophes ne se doutent pas qu'ils foulent aux pieds les premiers principes de la mécanique rationnelle ! Les machines ne créent pas les forces, ô messieurs de l'école positiviste, elles peuvent seulement servir à les *composer* et à les *appliquer* ; tous les mécaniciens, tous les physiciens, tous les chimistes savent cela aujourd'hui, et vous seuls l'ignorez, vous qui vous posez pourtant en législateurs et régents des sciences positives !

Revenons à notre sujet. La substance absolue ou Dieu est dans chaque phénomène et le constitue tout entier ; donc tout phénomène, tout objet particulier est Dieu ; et voilà le *panthéisme* formulé.

Mais ce n'est là qu'un panthéisme rudimentaire, c'est le *panthéisme matérialiste* ; or il en est encore un autre, et celui-ci vaut mieux, nous le ferons voir tout à l'heure.

Comme l'a fortement exprimé M. Grandet (qui est un des rares, très rares métaphysiciens de notre époque ayant une claire notion de cette vérité), la substance, en tant que masse, ne peut être véritablement *cause*, autrement dit le *primum movens* ; l'activité essentielle et le moi ne peuvent appartenir à la matière, au composé, au multiple ; de tels attributs ne sauraient avoir pour sujet que l'*être nécessaire*, le *Ego sum qui sum*, l'être qui ne peut être ni créé ni anéanti, l'être simple, immatériel et personnel..... Tout cela est très vrai, et tout cela avait été aperçu par les vieux ontologistes grecs. Ceux-ci avaient dit : Le principe, la cause et l'élément de toutes choses, c'est le τὸ ἔν ; et, ajoutaient-ils, le τὸ ἔν, c'est le τὸ ἕν. Et maintenant qu'est-ce que le τὸ ἕν, qu'est-ce que ce *Un absolu* ?

C'est ici que l'équivoque des mots a montré encore tout le mal dont elle est capable.

Par cet *un*, que les ontologistes originaux concevaient bien autrement, leurs copistes entendirent une individualité singulière, et de cette personne individuelle ils firent un moteur universel unique, et ils le placèrent au-dessus et en dehors du monde, sa création. Tel est le monothéisme spiritualiste, tel est le monothéisme de M. Grandet ; et cette conception est une méprise énorme.

Oui, M. Grandet, ainsi que vous le remarquez avec sagacité et profondeur, c'est seulement de l'*Un*, c'est seulement d'une personne, c'est seulement *ab ideis et voluntate entis necessario existentis*, que peut naître toute impulsion première amenant un changement quelconque dans les choses établies au sein du temps et de l'espace. Mais cet UN, cet être simple, cet *ens necessario existens*, n'est pas seul, unique, singulier, individuellement parlant, ne vous y trompez pas ! Non, car il est en nombre infini, en nombre sans limite ; il remplit tout de ses multiples ; il est l'élément infinitésimal de la substance, l'atome absolu, la *monade*, suivant l'expression de Leibniz, le *centre de force*, comme s'exprimait à son tour Faraday, naguère encore ; il est la *force simple* dont toute parcelle de matière est intégralement formée, d'après la philosophie de nos physiciens du jour. Et maintenant ce principe n'est autre que le νοῦς, le νοῦς αὐτοκρατὴς ἀρχὴ τῆς κινήσεως d'Anaxagore ; de telle sorte que tout est Dieu ; mais ce n'est plus l'illusoire matière, qui est ce Dieu, c'est l'esprit, c'est l'âme, c'est le *moi*, se répétant à l'infini et comprenant tout.

C'est là le *panthéisme spiritualiste* ou PAMPSYCHISME (πᾶν ; ψυχή), qui est le nôtre ; ce en quoi nous sommes foncièrement d'accord avec saint Paul, saint Jean, saint Thomas, et les théologiens réputés les plus orthodoxes, ce qui nous console à peine de nous trouver en désaccord avec le très éminent métaphysicien, auteur de la *Philosophie de la Révélation* [1].

1. Cette doctrine a trouvé naguère un brillant adepte dans le Dr Auguste FOREL, professeur à l'Université de Zurich. J'extrais le passage suivant de son mémoire *Aperçu de psychologie comparée*, qu'il a publié dans l'*Année Psychologique* de MM. Beaunis et Binet pour 1895 :

« En résumé, je constate que les idées de Wundt, qui admet une causalité continue dans la série psychique, sont absolument insoutenables, et je me rallie avec quelques réserves de détail aux conceptions de Leibniz, de Durand (de Gros), etc., c'est-à-dire à un monisme qui est à la fois un pampsychisme, un panatomisme et un panthéisme, et qui est aussi peu « matérialiste » que « spiritualiste ». Seul il rend compte des faits psychiques et des faits physiques. » (N° de la 2ᵉ éd.)

CRÉATION ET FINALITÉ

Νόμος ὁ πάντων Βασιλεὺς
Θνητῶν τε καὶ ἀθανάτων...
PINDARE, *Fragm.*, éd. Boiss., p. 291.

94. Les croyances de la théologie démonologique qui, à la faveur de l'équivoque du mot Dieu, ont envahi la théologie ontologique et en ont obscurci et altéré si profondément les principes, sont aujourd'hui encore un obstacle au développement des sciences naturelles.

Le monothéisme vulgaire, devenu celui de nos philosophes, est en effet le produit d'une méprise des plus bizarres. Cette méprise, je l'ai déjà fait remarquer ailleurs[1], c'est de réaliser, d'individualiser et de personnifier le concept métaphysique de la *substance pure* ; c'est de transformer la notion d'*une commune étoffe*, d'*une unique espèce d'éléments premiers*, dont toutes choses seraient faites, en un personnage singulier, en un suprême arbitre solitaire, créateur, législateur et gouverneur tout puissant de l'univers, et relevant seulement de son bon plaisir. C'est au nom d'une telle conception, c'est-à-dire d'une telle confusion d'idées passée à l'état de dogme, que nos soi-disant théistes se flattent d'expliquer l'origine des êtres par un mot : *la Création !*

Repoussés par cette doctrine, les prétendus athées s'en écartent à tel point qu'ils versent à leur tour sur la pente

---

1. Voir ci-dessus, pp. 238 et 281.

contraire : ils nient l'existence d'un ordre, d'un Logos souverain et universel régnant sur le monde et enchaînant tous les faits les uns aux autres, dans le temps et dans l'espace, par un lien logique. Au mot *Création*, ils répondent de leur côté par un autre mot, et c'est bien le mot le moins philosophique du dictionnaire : *le Hasard* !

Si inconciliables que nous apparaissent les deux membres de cette antinomie, ils ont néanmoins leur synthèse dans une conception supérieure, qui est en même temps la solution du problème attaqué en vain de part et d'autre. Cette synthèse est à venir ; mais on l'aperçoit déjà dans le lointain, et, avec quelque attention, on peut, si je ne me trompe, en distinguer dès à présent les linéaments principaux. C'est ce que je tâcherai de montrer dans l'étude suivante, qui consiste simplement en quelques notes prises sur deux ou trois ouvrages traitant de *l'origine des espèces*, cette grande question du jour.

*
* *

95. Dans une de ses leçons, publiée en français dans la *Revue des Cours Scientifiques* (N° du 2 mai 1868), M. Louis Agassiz, le célèbre naturaliste de l'Université de New-Cambridge, près de Boston, s'est exprimé en ces termes :

« Rien dans le règne organique », dit l'illustre professeur, « n'est de nature à nous impressionner autant que l'unité de plan qui apparaît dans la structure des types les plus différents. D'un pôle à l'autre, sous tous les méridiens, les mammifères, les oiseaux, les reptiles, les poissons révèlent un seul et même plan de structure. Ce plan dénote des conceptions abstraites de l'ordre le plus élevé ; il dépasse de bien loin les plus vastes généralisations de l'esprit humain, et il a fallu les recherches les plus laborieuses pour que l'homme parvînt seulement à s'en faire une idée. D'autres plans non moins merveilleux se découvrent dans les articulés, les mollusques, les rayonnés, et dans les divers types des plantes. Et cependant ce rapport logique, cette admirable harmonie, cette infinie variété dans l'unité, voilà ce qu'on nous représente comme le résultat des forces auxquelles n'appartiennent ni la moindre parcelle d'intelligence, ni la faculté de penser, ni le pouvoir de combiner, ni la notion du temps et de l'espace. Si quelque chose peut placer, dans la nature, l'homme au-dessus des autres êtres, c'est précisément le fait qu'il possède ces nobles attributs. Sans ces dons portés à un très haut degré d'excellence et de perfection, aucun des traits généraux de parenté qui unissent les grands types du règne animal et du règne végétal, ne pourrait être ni perçu ni compris. Comment ces rapports auraient-ils donc pu être imaginés, si ce n'est à l'aide de facultés analogues ? Si toutes ces relations dépassent la portée et la puissance intellectuelle de l'homme, si l'homme lui-même n'est qu'une partie, un fragment du système total, comment ce système aurait-il été appelé à l'être, s'il n'y a pas une Intelligence suprême, auteur de toutes choses ? »

Cette défense éloquente de la thèse créationiste peut bien paraître concluante à des esprits superficiels ou peu attentifs, mais, vue de près, elle supporte à peine l'examen ; ce n'est qu'un paralogisme d'un bout à l'autre.

Et d'abord, M. Agassiz a tort de poser en fait la *perfection* comme le sceau qui marquerait invariablement toutes *les œuvres du Créateur*. Non seulement l'imperfection est le lot de tous les individus, mais les types spécifiques eux-mêmes en sont tous plus ou moins entachés. C'est là une vérité reconnue désormais par tous les biologistes qui ne subordonnent point l'autorité de l'observation à celle des théories préconçues [1]. Une courte citation de M. H. Helmholtz à ce propos :

« Ce que nous avons trouvé d'inexactitudes et d'imperfections dans l'appareil optique et dans l'image rétinienne n'est plus rien en comparaison des incongruences que nous venons de rencontrer dans le domaine des sensations. On pourrait dire que la nature se soit complue à accumuler les contradictions pour enlever tout fondement à la théorie d'une harmonie préexistante entre le monde extérieur et le monde intérieur. » (*Conférence sur les progrès récents dans la théorie de la vision*, publiée dans la *Revue des Cours Scient.* du 24 avril 1869, p. 332.)

Tel est le jugement de l'éminent professeur de physiologie de l'Université de Heidelberg, l'un des trois ou quatre physiologistes les plus marquants de cette époque.

On peut affirmer sans la moindre exagération que l'imperfection fourmille dans la nature vivante, et qu'elle y atteint la limite extrême au delà de laquelle la vie cesse d'être possible.

Nous pouvons déclarer en second lieu qu'il est une chose qui certainement surpasse la nature en excellence, et cette chose, c'est *l'Ame*. N'est-ce donc pas cette âme qui trouve en elle-même, et en elle seule, le prototype de l'idéal, cet étalon de la bonté et de la beauté absolues au moyen duquel elle mesure l'ouvrage de la Nature et en relève les défauts ? Est-ce que la Création, avec tant de productions manquées ; avec tant d'êtres horribles et funestes ; avec le désordre, l'iniquité et la cruauté des rapports entre les animaux, tous ennemis les uns des autres ; avec le sort

---

[1]. Dans mes travaux d'ostéologie comparative, couronnés en 1892 par l'Académie des sciences, j'ai démontré par les exemples les plus frappants que la structure des animaux supérieurs est un amoncèlement de déformations et d'anomalies plus ou moins régularisées (Voir mes *Origines animales de l'Homme*, Paris, 1872). (N. de la 2ᵉ édition.)

douloureux fait à tout ce qui respire ; en un mot, avec toute la somme de mal à sa charge, est-ce qu'une telle Création n'a pas à rougir devant l'harmonie des chefs-d'œuvre de l'art grec, et, bien plus encore, devant la sublime beauté morale d'un Jésus ?

On peut dire que M. Agassiz et tous les admirateurs de la Création sont sous le charme d'une sorte d'illusion d'optique intellectuelle qui leur fait apparaître les choses dans un complet renversement de leurs rapports véritables ; car le légitime objet de leur admiration, que ces *dilettanti* de la nature placent au dehors, c'est en réalité en eux-mêmes qu'il existe, et non ailleurs. Ce mode *sui generis* d'affection des sens que nous appelons *couleur*, n'est-il pas en nous, entièrement et uniquement en nous ? Oui, ce sont aujourd'hui tous les physiciens qui l'attestent ; et il en est de même de toutes les autres spécificités sensibles de la matière, odeur, saveur, etc. ; elles sont extrinsèques à cette matière, et toutes ces qualités n'ont de réalité qu'en nous. Et maintenant, ce qui est vrai des qualités perceptibles du monde, ne l'est-il pas également, et *à fortiori*, de ses qualités *conceptibles* ? Et ne l'est-il pas, en outre, et par la même raison, de ses qualités esthétiques, qui nous le font admirer ? Oui, tout cela est véritablement en nous, et en nous seuls ; tout cela fait partie du *moi*, et si nous rapportons ces attributs au *non-moi*, c'est par l'effet d'un mirage.

Le lecteur ne me saura pas mauvais gré de lui citer à ce propos les paroles suivantes d'un philosophe qui parle avec l'autorité d'un physiologiste et d'un médecin spécialiste renommé dans son art. Le Dr Szokarski, professeur d'oculistique, s'exprime ainsi dans son beau *Mémoire sur les sensations des couleurs* (Paris, 1839, p. 18) :

« Les savants, dit-il, en décomposant les rayons lumineux, en cherchant les lois de réflexion, de réfraction, de polarisation, etc.., ont totalement perdu de vue qu'ils avaient entre les mains les moyens de produire les couleurs, et non les couleurs elles-mêmes. Nous ne connaissons, nous ne pouvons connaître le monde extérieur que par la manière dont il agit sur nous, mais, accoutumés depuis les premiers moments de notre existence à voir certains objets exercer toujours et invariablement les mêmes modifications, ces changements, ces modifications qui nous appartiennent en propre, et à nous seuls, nous les rattachons aux objets eux-mêmes et nous nous considérons comme des êtres entièrement passifs, tandis que l'activité forme la partie la plus essentielle de notre être. Nous nous dépouillons ainsi volontairement du plus beau de nos droits, de notre plus belle prérogative, pour en revêtir le monde qui nous entoure. Non, c'est l'homme qui souffle continuellement l'âme à cet amas mystérieux qu'il appelle Univers ; c'est l'homme, qui a créé les formes pour son tact, le jour, la nuit et les couleurs pour son œil, les sons pour son oreille, les saveurs et les odeurs pour son goût et son tact [1]. »

Cette multitude de combinaisons si savamment ordonnées, ces rapports gradués et systématiques de ressemblance et de dissemblance que M. Agassiz contemple avec tant d'enthousiasme dans le monde de la matière organisée, sont donc réellement en nous, on ne saurait trop le répéter ; oui, en nous, comme le lumineux est en nous, comme le sonore est en nous, comme le chaud est en nous, etc. Ce qui appartient au monde, ce qui est le propre de l'objectivité, c'est purement et simplement le pouvoir de réveiller, de faire passer de la puissance à l'acte, dans

---

[1]. Voir encore, sur le même sujet, l'opinion de sir Humphry Davy et celle de Stuart Mill, rapportées ci-dessus, p. 168, en note, et p. 174.

l'être subjectif, dans le moi sensitif et intellectif, ces sensations et ces idées que celui-ci porte en soi et où elles préexistent de toute éternité.

Ainsi la merveille de cet ensemble de relations taxinomiques, bien qu'incomplètement accessible à notre entendement borné — borné actuellement par une organisation physique imparfaite —, c'est néanmoins dans l'âme elle-même, c'est dans l'éternelle monade, qu'il la faut admirer; et comme, de l'avis unanime de nos physiciens, il est absurde d'admettre que la force simple, que l'unité dynamique élémentaire, c'est-à-dire la monade, c'est-à-dire l'âme, ait été créée, il faut que M. Agassiz et ses amis renoncent à voir dans ce qui est la propriété de l'âme la preuve d'une création du monde par voie de décret.

M. Agassiz se récrierait, sans aucun doute, si je lui reprochais de croire que deux quantités égales à une troisième ne sont égales entre elles, que la somme des trois angles d'un triangle n'est égale à deux angles droits, uniquement que parce qu'il a plu au Créateur d'en décider ainsi. L'éminent naturaliste m'apprendrait au besoin que de telles vérités existent de soi, que ce sont là des rapports logiques, et partant nécessaires, et placés au-dessus de tout pouvoir arbitraire. Eh bien, deux mots suffiront maintenant pour mettre à nu l'inanité du motif principal sur lequel ce penseur se fonde pour faire de la création des règnes organiques un acte de la libre volonté du Tout-Puissant. Car c'est bien dans le *bon plaisir* d'un suprême arbitre que le créationisme voit la loi qui régit les rapports d'organisation des êtres vivants.

La déclaration suivante, que je suis confondu de rencontrer sous la plume d'un philosophe, est bien de M. Agassiz:

« Quelques naturalistes », écrit-il, « ont néanmoins déjà

poussé le parallèle entre la structure des animaux bien au delà des limites assignées par la nature, et s'efforcent de démontrer que toutes les conformations sont susceptibles d'être ramenées à une norme unique. Ils soutiennent, par exemple, qu'il n'y a pas un os chez un Vertébré quelconque qui n'ait son équivalent dans une autre espèce de ce type. *Supposer une aussi grande conformité, c'est, en définitive, refuser au Créateur, dans l'expression de sa pensée, une liberté dont jouit l'homme lui-même.* » (*De l'Espèce, op. cit.*, p. 28.) [1]

La science profonde, la science merveilleuse dont témoigne le système des rapports biotaxiques, voilà ce qui démontre avec évidence à notre naturaliste philosophe que ce système a eu pour auteur une volonté individuelle, et qu'un tel plan n'a été mis à exécution qu'après avoir été *mûrement délibéré* ! « Le plan de la création tout entière », dit-il en propres termes, « a été mûrement délibéré et ar-

---

1. Bossuet lui-même est, sur ce point, beaucoup moins déiste qu'Agassiz, à en juger par le passage suivant, que j'emprunte à l'intéressante brochure de M. Georges Lechalas, *Du rôle de l'intelligence et de la sensibilité dans l'appréciation du Beau*, Rouen, 1883 ;

« Quand je considère », écrit Bossuet (*Traité de la connaissance de Dieu et de soi-même*), « un triangle rectiligne comme une figure de trois lignes droites, et ayant trois angles égaux à deux droits, ni plus ni moins ; et quand de là je passe à considérer un triangle équilatéral avec ses trois côtés et ses trois angles égaux, d'où s'ensuit que je considère chaque angle de ce triangle comme moindre d'un angle droit ; et quand je viens encore à considérer un rectangle et que je vois clairement dans cette idée, jointe avec les précédentes, que les deux angles de ce triangle sont nécessairement aigus, et que ces deux angles aigus en valent exactement un seul droit, ni plus ni moins, je ne vois rien de contingent ni de muable, et par conséquent les idées qui me représentent ces vérités sont éternelles. Quand il n'y aurait dans la nature aucun triangle équilatéral ou rectangle, ou aucun triangle quel qu'il fût, tout ce que je viens de considérer demeure toujours vrai et indubitable... En quelque temps donné ou en quelque point de l'éternité, pour ainsi parler, qu'on mette un entendement, il verra ces vérités comme manifestes : elles sont donc éternelles. » (Note de la 2e édition.)

» rôté longtemps avant d'être mis à exécution. » (*De l'Espèce, op. cit.*, p. 113.)

Mais, demanderai-je à M. Agassiz, le système des rapports qui constituent les lois du nombre et de l'espace, le plan des lois mathématiques, en un mot, est-il donc moins savant, porte-t-il moins la marque de l'intelligence que le plan des lois zoologiques ou botaniques ? Et si le savoir profond qui, dites-vous, se révèle dans l'économie de ce dernier, atteste qu'il a été *mûrement délibéré* et *librement exécuté* par *une intelligence suprême auteur de toutes choses*, comment n'en serait-il pas de même du premier ? Si les vérités naturelles sur lesquelles la zoologie et la botanique systématiques sont établies, ont été créées et mises au monde, comme vous le prétendez, « par le seul *fiat* du Tout-Puissant » (*De l'Espèce, op. cit.*, p. 20), pourquoi les vérités mécaniques, géométriques, arithmétiques et algébriques ne seraient-elles pas, elles aussi, l'œuvre toute facultative de ce *fiat* libre et omnipotent ?

« La coïncidence croissante entre nos systèmes et celui de la nature prouve d'ailleurs », poursuit M. Agassiz, « que les opérations de l'esprit de l'homme et celles de l'esprit de Dieu sont identiques ; on s'en convaincra davantage si l'on songe à quel point extraordinaire certaines conceptions *a priori* de la nature se sont, en définitive, trouvées conformes à la réalité des choses, quoi qu'en aient pu dire d'abord les observateurs empiriques. »

La vérification de ces conceptions *a priori* de l'ordre naturel ne témoigne pas, j'imagine, que cet ordre naturel soit une création arbitraire ; cette vérification expérimentale d'un plan des lois du monde trouvé par notre intelligence dans elle-même, n'atteste-t-elle pas au contraire, de la manière la plus décisive, *la nécessité logique* de ces lois ? Certes, ce n'est pas en partant de l'idée d'un législateur arbitraire que les auteurs de ces spéculations rationnelles auraient réussi à déterminer par avance des phénomènes cachés ou à venir ! Non, mais c'est en mettant leur confiance entière en la toute puissante, immuable et éternelle logique.

Pour nous consoler des égarements du naturaliste philosophe de Boston, écoutons un moment la parole d'un autre naturaliste philosophe que l'Amérique est également fière de posséder. Nous trouvons les lignes suivantes dans la *Physiologie statique et dynamique de l'Homme*, du Dr John William Draper :

« Les lois de la nature étant fondées sur la raison pure, elles sont absolument invariables. Elles seules ne peuvent changer entre toutes les choses qu'il nous est donné de contempler [1]. »

*
* *

96. M. Paul Janet, qui n'a pas l'autorité de M. Agassiz en Histoire naturelle, mais qui prend sa revanche sur le terrain de la Philosophie, s'exprime ainsi à son tour au sujet de la Création :

« Les naturalistes », dit-il, « se persuadent qu'ils ont écarté les causes finales de la nature lorsqu'ils ont démontré comment certains effets résultent nécessairement de certaines causes données. La découverte des causes efficientes leur paraît un argument décisif contre l'existence des causes finales. Il ne faut pas dire, selon eux, « que l'oiseau a des ailes *pour* voler, mais qu'il vole *parce qu*'il a des ailes ». Mais en quoi, je vous prie, ces deux propositions

---

[1] *Human Physiology, statical and dynamical,* by JOHN WILLIAM DRAPER, M. D LL. D., *professor of Chemistry and Physiology in the University of New-York*. New-York, 1856, 1 vol. in-8°, p. 227.

sont-elles contradictoires? En supposant que l'oiseau ait des ailes pour voler, ne faut-il pas que le vol résulte de la structure des ailes? Et ainsi, de ce que le vol est un résultat, vous n'avez pas le droit de conclure qu'il n'est pas un but. Faudrait-il donc, pour que vous reconnussiez un but et un choix, qu'il y eût dans la nature des effets sans cause, ou des effets disproportionnés à leurs causes? Des causes finales ne sont pas des miracles ; pour atteindre un certain but, il faut que l'auteur des choses ait choisi des causes secondes précisément propres à l'effet voulu. Par conséquent, quoi d'étonnant qu'en étudiant ces causes vous puissiez en déduire mécaniquement les effets? Le contraire serait absurde. » (*Le Matérialisme contemporain*, 1 vol. in-18, Paris, 1864, p. 133.)

M. le D*r* Chauffard, dans le *Correspondant* du 10 juillet 1868, cite ce passage de M. Janet en même temps que les passages d'Agassiz reproduits ci-dessus, comme autant de témoignages contre la doctrine de *l'origine naturelle* des espèces. En vérité, M. Chauffard se fait bien illusion en croyant trouver là un appui pour sa thèse !

M. Janet accorde que « pour atteindre un certain but, il faut que l'auteur des choses (passons sur cette expression) ait choisi des causes secondes précisément propres à l'effet voulu » ; et des causes telles « qu'en étudiant ces causes, nous puissions en déduire mécaniquement les effets ». Qui plus est, admettre que le contraire puisse avoir lieu, est déclaré « absurde » par ce philosophe déiste. M. Janet se prononce donc, par cela même, contre l'hypothèse de la création des espèces par l'action *immédiate* de « l'auteur des choses », autrement dit, de la cause infinie ; et conséquemment ce philosophe fait rentrer la création des animaux et des plantes, aussi bien que la création des minéraux et des espèces géologiques, sous une commune loi de genèse naturelle pouvant être mécaniquement *induite* de ces phénomènes.

Que la Cause Éternelle ait créé couche par couche et molécule par molécule les énormes strates de la formation jurassique, qu'elle ait accumulé, caillou sur caillou, grain de sable sur grain de sable, les masses du diluvium, et qu'elle ait charrié un par un tous les blocs erratiques, de la cime des montagnes, auxquelles ils ont appartenu, jusqu'au fond des plaines où nous les trouvons disséminés, cela n'est pas douteux, et en douter, qui plus est, serait inepte ; mais quand le géologue parle des causes de ces phénomènes, c'est de leurs causes prochaines, c'est de leurs causes efficientes qu'il entend parler, et ce sont seulement ces causes secondes qui font l'objet de la géologie spéculative.

Et pareillement de la zoologie : que la création de l'huître ou celle de l'homme remonte de degré en degré à la cause éternelle, cela ne peut faire question ; mais que cette cause créatrice infinie ait produit l'homme, l'animal, la plante, sans l'intermédiaire de causes secondes, est « impossible et absurde », suivant le jugement de M. Janet ; oui, impossible et absurde, au même titre que la *création immédiate* des montagnes et des vallées, des galets arrondis et polis et des sinueux cours d'eau.

Ce sont ces causes efficientes, que posent en principe et que cherchent à déterminer certains zoologistes contemporains, afin de compléter la Zoologie, science jusqu'ici purement descriptive, en constituant enfin la *Zoogénie*, pour ne pas rester plus longtemps en arrière des géologues, qui, dans ces derniers temps, ont ajouté à la *Géognosie* la *Géogénie*. Et ce sont pourtant de tels efforts, marqués d'un caractère si philosophique, si rigoureusement scientifique, que des naturalistes éminents, comme M. Agassiz, que d'intelligents et doctes médecins, comme M. Chauffard, s'appliquent à décourager ! Plaignons ces hommes distingués, qui servent d'ailleurs la science à d'autres égards, d'avoir tenu à honneur d'être les derniers à la combattre dans les efforts qu'elle ne cesse de faire, depuis quelques milliers d'années, pour rompre les entraves de la superstition.

Que ces éminents créationistes réfléchissent à une chose : Ce que la fausse théologie affirme encore aujourd'hui de la genèse des espèces organiques, déclarant que la formation de ces types est un acte direct du Créateur, elle l'affirmait autrefois, et naguère encore, de la genèse du règne inorganique lui-même. Dieu n'avait-il pas créé les minéraux, tout comme les animaux, par un acte instantané de sa volonté toute puissante ? Et n'ai-je pas entendu de graves docteurs en théologie, mis en présence d'une immense forêt fossile découverte dans l'ouest des États-Unis, soutenir sans hésitation que ces innombrables arbres de pierre, dont l'œil distingue encore les essences, ne furent jamais des arbres vivants, des arbres véritables, et qu'il ne faut y voir que du marbre qu'il a plu à la suprême fantaisie créatrice de sculpter en cèdres ou en sapins ? Ces créationistes absolus, radicaux, irréductibles, ont du moins le mérite d'être conséquents ; les créationistes tempérés de l'école de M. Agassiz et de M. Chauffard ont le double tort de poser un principe faux et d'en tirer des conclusions fausses.

97. Si la théorie pseudo-théologique de la Création est une erreur, la doctrine *athée* qui explique l'origine des choses par un autre miracle, le *Hasard*, me semble tout aussi funeste. Je vais en dire quelques mots.

« La betterave n'est point faite pour nourrir le bœuf ou

pourvoir à l'alimentation des sucreries indigènes », a écrit quelque part M. Cl. Bernard. Et pas davantage, sans doute, l'illustre biologiste n'admettrait-il que les dépôts de houille de la Grande-Bretagne aient mis des centaines ou des milliers de siècles à s'accumuler au fond des vallées de l'âge paléozoïque, et que les flancs de la terre aient tenu en réserve ce précieux dépôt durant un temps bien plus long encore, aux fins de mettre un jour en mouvement les machines à vapeur de l'Angleterre moderne, de faire filer sa cotonnade et de faire voguer ses steamers. Mais quelle raison pourrait-il alléguer, au bout du compte, pour faire rejeter cette opinion comme irrationnelle ?

Tout physiologiste est bien forcé de convenir qu'un œuf et une graine, ainsi que les différentes parties qui les constituent, ont leur raison d'être, leur explication et leur fin naturelles dans les phénomènes embryogéniques, et qu'ils sont *préadaptés* à ces phénomènes. Peut-on ne pas admettre que le jaune d'un œuf de poule, son albumen et sa coque soient destinés à concourir au développement éventuel du germe de poulet qui leur est associé ? Il y a donc, c'est incontestable, un certain rapport, et un rapport bien précis et bien positif, de finalité, entre les divers constituants de l'œuf et les différents besoins de l'évolution embryonnaire auxquels ils sont plus ou moins exactement appropriés.

Cela étant, ne peut-on pas, sans se faire taxer de creuse rêverie, considérer notre planète à l'instar de l'œuf lui-même, et voir dans ce qu'elle nous offre, tant à l'intérieur de ses couches qu'à sa surface, un caractère de préadaptation naturelle, soit immédiate, soit éloignée, relativement à des faits ultérieurs dont elle sera un jour le théâtre ? Cette vue analogique permettrait de ramener la genèse des espèces animales et végétales à un fait commun d'embryogénie et d'organogénie, et de faire leur part au *providentialisme* et au *naturalisme* actuellement aux prises sur cette question. Je vais ébaucher la discussion de mon hypothèse.

*
* *

98. M. le Dʳ Sales-Girons, dans son journal, la *Revue Médicale*, fait une objection fort grave à M. le Dʳ Onimus, l'auteur de certaines expériences par lesquelles ce dernier se flatte d'établir que de la matière non organisée, amorphe, on peut faire naître *sine ovo* des organismes vivants, des cellules, des leucocytes. A quelle espèce d'animal ou de végétal appartiendront ces produits artificiels ? demande fort habilement M. Sales-Girons. Seront-ils de l'espèce Chien, de l'espèce Lapin, de l'espèce Chou ou de quelque espèce nouvelle ? car, ajoute notre savant confrère, ils doivent se rattacher forcément à une certaine espèce animale ou végétale déterminée... Cela posé, *qu'est-ce qui fera* que ces productions organiques appartiendront à une certaine espèce plutôt qu'à toute autre ? A quelle source ces produits vivants, ces organismes animaux ou végétaux artificiels puiseront-ils leurs caractères spécifiques, puisque, par hypothèse, ils n'auront pu les tirer d'aucun parent ?

Cependant, M. Sales-Girons est bien forcé d'admettre, avec son contradicteur de l'école matérialiste et athée, qu'il fut un temps où n'existait encore sur notre globe aucun organisme vivant, aucune matière organisée ; mais cette apparition première de la vie, et celle de chaque espèce d'animaux ou de plantes, s'expliquent suffisamment, pour l'écrivain déiste de la *Revue médicale*, par la toute puissante volonté du Créateur, par le seul *fiat* du Tout-Puissant, suivant la nette expression de M. Agassiz. En un mot, sur cette question de l'origine des espèces, comme sur toute autre, le miracle de la création, telle est l'*ultima ratio* et la souveraine ressource de notre philosophie théiste à bout d'arguments.

Mais, à son tour, que pourrait répondre une philosophie libre de tout préjugé et ne s'inspirant que de la méthode scientifique? Le fait d'un premier commencement de la vie sur le globe est certain, incontestable, incontesté : comment réussir à se rendre compte de ce fait unique sans admettre l'intervention d'un agent surnaturel quelconque? A cette question, répondre que nous n'en savons rien au juste et qu'on n'en saura jamais rien peut-être avec certitude, c'est par là qu'il convient de commencer. Mais faut-il ajouter avec les positivistes, et nommément avec M. A. Sanson, mon savant collègue de la Société d'Anthropologie, que *cela ne nous regarde pas*, et que la science n'a pas à se poser de tels problèmes? Ah! si la science n'eût jamais écouté que de tels préceptes, elle n'aurait pas encore quitté son berceau, elle serait encore enserrée, emprisonnée dans les langes! Pour ne pas remonter plus haut que l'époque actuelle, et pour n'y prendre qu'un seul exemple, n'est-il pas vrai que si Lyell, Murchisson et autres se fussent interdit la curiosité des origines, suivant les conseils impérieux de M. Littré et de M. Sanson, la *géologie dynamique*, cette grande conquête de la science moderne, serait encore à créer? Spéculons donc sur l'origine des corps organisés, et nous n'aurons peut-être pas moins de succès que les géogénistes n'en ont eu en spéculant sur l'origine des formes inorganiques de notre globe! En attendant, je pose mon hypothèse, non pour l'imposer, mais pour la faire mettre à l'ordre du jour de la discussion scientifique; je la rejetterais sans peine et sans hésiter en présence de toute réfutation concluante. Mais je la considère en attendant comme infiniment plus satisfaisante qu'aucune de celles entre lesquelles les savants ont été jusqu'à présent réduits à faire leur choix. Et, cela dit, j'appelle toute l'attention du lecteur sur les considérations qui vont suivre.

*
* *

99. Spiritualistes et matérialistes, théistes et athées, tous reconnaissent que les individus actuels de chaque espèce tirent leurs caractères spécifiques de leurs parents, et que tous ces caractères sont contenus en puissance dans chacun des germes respectifs, la nature spécifique du poulet étant virtuellement entière dans le germe de l'œuf de poule, la nature spécifique du chêne étant virtuellement entière dans le germe du gland, etc., etc.

Voici encore deux vérités biologiques fondamentales hors de conteste :

Premièrement, la transmissibilité des caractères spécifiques par la voie de la génération ;

Secondement, l'existence *potentielle* et latente de tous ces caractères dans un *germe* qui par lui-même n'en possède *actuellement* aucun ; c'est-à-dire le double fait, en apparence contradictoire, de l'*existence potentielle* de ces caractères et de leur *non-existence actuelle* dans une certaine masse de matière appelée œuf, graine, spore, bourgeon, cellule, etc.

Eh bien ! il ne faut pas d'autre postulat pour rendre compte de l'apparition première sur la terre des différentes formes spécifiques de la vie. Toutes ces formes diverses, toutes ces espèces végétales, toutes ces espèces animales, et tous ces organismes élémentaires, peuvent être considérés, d'une manière fort plausible, comme les organes distincts et diversiformes d'un même grand organisme dont le germe aurait été inhérent au noyau du globe terrestre.

Objecterez-vous que ce noyau — une bulle de gaz peut-être — ne présentait aucune analogie de composition avec aucune des innombrables formes vivantes qui ont apparu à la fois ou se sont succédé sur la surface de la terre ?

Qu'importe ? vous répondrai-je ; auriez-vous découvert par hasard dans la constitution d'un germe humain une similitude, une analogie de conformation, de structure et de composition quelconque avec l'homme lui-même, pouvant vous faire comprendre comment celui-ci est contenu virtuellement tout entier dans celui-là ? Rappelons encore à ce propos une réflexion du grand physiologiste et zoologiste Jean Mueller, que nous avons citée ailleurs :

« On ne peut plus mettre en doute aujourd'hui que le germe n'est point une simple miniature des organes futurs, comme le croyaient Bonnet et Haller ; car les rudiments des organes ne deviennent pas visibles par l'effet seul du grossissement ; ils ont un assez grand volume dès leur première apparition ; mais ils sont simples, de sorte que nous voyons les organes complexes naître peu à peu d'un organe primitivement simple. » (*Manuel de Physiologie* de J. Mueller, édit. française de Jourdan et Littré, t. I, p. 21.)

On pourra se retrancher derrière l'objection suivante, qui ne laisse pas que d'être spécieuse :

On me dira que le germe cosmique dont je parle ne pouvait donner, conformément à l'analogie sur laquelle se fonde mon hypothèse, qu'une seule et même espèce vivante, les germes que nous connaissons étant tous exclusivement propres à une seule et même espèce déterminée, respectivement, le germe pigeon à l'espèce Pigeon, le germe prunier à l'espèce Prunier, etc. Je réponds :

Chaque germe spécifique, soit dans le règne animal, soit dans le règne végétal, donne naissance à des formes *simultanées* multiples plus ou moins différentes et quelquefois très différentes entre elles ; et, qui plus est, à des formes *successives* différant quelquefois les unes des autres de toute la différence qui sépare les espèces, les genres, les ordres et les classes elles-mêmes ! C'est ainsi que, d'un seul et même germe d'homme sortent une tête, un tronc, des bras, des jambes, un cerveau, un cœur, des poumons, un foie, un estomac, etc., etc. ; et c'est ainsi encore que du même et unique germe renfermé dans l'œuf d'un papillon il sortira progressivement une chenille, une chrysalide, un lépidoptère, trois organismes entiers qui ont entre eux une dissemblance profonde. Eh bien, je vous le demande, pourquoi l'œuf cosmique de notre globe ne porterait-il pas dans son germe toutes nos espèces animales et végétales, vivantes ou fossiles, comme autant de formes simultanées ou successives d'un grand organisme collectif ?

A cette vue peut-on opposer aucune raison scientifique ? Je ne le crois pas.

Si la perpétuation des espèces par voie de génération ne doit pas être considérée comme un miracle permanent, leur formation originelle peut aussi dès lors se concevoir sans miracle, car il nous est possible de la ramener à un fait d'évolution organique.

*
* *

100. Et maintenant, comment la théorie de cette production des espèces, qui la réduit à une œuvre de germination, peut-elle se concilier avec la thèse du transformisme attribuant la diversification des formes spécifiques à des accidents modificateurs survenus dans le monde ambiant ? Si les différents types de la série animale et végétale se produisent régulièrement et nécessairement comme effets d'une loi de développement prédéterminée, ainsi qu'il en est de tous les embryons, ne faut-il pas cesser de rattacher cette production à des causes déterminantes externes, contingentes, accidentelles ? Nous allons voir.

De même que Montaigne a dit : *Les monstres n'en sont pas à Dieu*, à notre tour nous dirons qu'il n'est pas d'accident et de contingence à Dieu, c'est-à-dire à l'universelle loi. Le contingent, l'accidentel, de même que le monstrueux, ne sont tels, croyons-nous, que d'une manière relative et apparente ; ce sont sans doute des dissonances, mais des dissonances qui concourent à former des accords dans l'harmonie d'une synthèse supérieure où nous n'atteignons pas, dont l'ensemble nous échappe encore. Et puis, n'est-ce pas une illusion de s'imaginer que les phases et les épisodes de l'évolution organogénique, tout prédéterminés soient-ils, se déroulent d'eux-mêmes, et uniquement par eux-mêmes, sans y être sollicités et sans être déterminés actuellement par certaines conditions adéquates du milieu ? M. Ch. Robin s'est donné pour tâche de nous guérir de ce préjugé ; les études qu'il a entreprises dans ce but nous paraissent mériter les plus vifs encouragements. Voici quelques lignes de M. Littré où il résume les résultats généraux de ces recherches d'un ordre tout nouveau inaugurées par son savant ami :

« M. Ch. Robin », écrit M. Littré, « dans un important mémoire que la *Revue* (*La Philosophie Positive*) vient de publier, a montré que l'Embryogénie est une œuvre d'antécédent à conséquent ; c'est-à-dire que la partie préexistante produit, à l'aide de matériaux apportés par la nutrition et ayant aussi leur manière d'être, une nouvelle partie complètement déterminée par ce qui la produit et par ce qu'elle est ; cette nouvelle partie est, de la même façon, cause de la genèse d'une partie suivante, et ainsi successivement jusqu'au complément de l'être organisé. » (*La Philosophie Positive*, numéro du 1ᵉʳ novembre 1869, p. 354.)

Le beau problème que M. Ch. Robin a entrepris de résoudre est étudié en ce moment sous une autre face par M. Camille Dareste ; les solutions partielles obtenues respectivement par ces deux habiles physiologistes sont également importantes, et elles se complètent et se confirment heureusement les unes les autres. Le savant professeur de physiologie de la Faculté des sciences de Lille a institué des expériences à l'aide desquelles il démontre que les milieux, en s'altérant dans leurs conditions normales, causent une altération correspondante dans le développement régulier de l'embryon, à tel point que l'ingénieux expérimentateur peut imprimer à l'organisme d'un oiseau, durant le cours de son évolution embryonnaire, telle ou telle difformité, tel ou tel caractère tératologique, en faisant varier localement la température ambiante en rapport avec les différents points de l'œuf en incubation. Une note sur ce sujet, présentée à l'Académie des sciences par M. Dareste, dans sa séance du 4 avril 1869, ne sera pas déplacée ici :

« J'ai lu devant l'Académie », dit-il, « dans sa séance du 24 août 1868, un travail sur l'inversion des viscères et sur la possibilité de sa production artificielle, travail dont j'énonçais ainsi la conclusion : « Je puis considérer comme » un fait acquis la possibilité de produire l'inversion des » viscères en combinant l'échauffement de l'œuf, par un » point déterminé de sa surface, avec l'action d'une tempé» rature ambiante relativement basse. » Mais je n'avais pu alors déterminer cette température qui concourt à la production de l'inversion.

» Des expériences toutes récentes m'ont permis de déterminer cet élément du problème. J'ai constaté, en effet, l'existence d'un très grand nombre d'embryons inverses dans deux séries d'œufs que j'avais soumis à l'incubation d'après le mode indiqué dans mon mémoire, la température du point de chauffe étant maintenue entre 41 et 42 degrés, et celle de la pièce où se faisait l'incubation subissant une oscillation de 12 à 16 degrés. Ces expériences, ajoute M. Dareste, prouvent que les causes des anomalies qui frappent l'embryon ne sont pas seulement des causes perturbatrices, comme celles que je signalais l'année dernière, mais qu'elles sont aussi des causes déterminantes. »

Les modes, les formes de développement de l'embryon, dans l'animal et le végétal individuel, étant déterminés d'une manière actuelle et efficiente par les influences du milieu (milieu intérieur ou milieu externe), le développement morphogénique de la série des espèces ne ferait, on le voit, que suivre la loi commune de l'embryogénie, si, comme le soutient l'opinion transformiste, les types spécifiques émanent les uns des autres par voie de modification et sous l'empire des influences diverses et mouvantes du monde ambiant.

Ainsi, prédétermination (mais prédétermination logique et éternelle) d'un plan germinal, et réalisation de ce plan par l'action morphogénique des circonstances agissant par voie de transformation, telle serait la grande loi de genèse régissant à la fois la production des individus et la production des espèces, et excluant, de part et d'autre, le miracle d'une création surnaturelle.

*
* *

101. M. Paul Janet, dans une forte et savante étude sur les doctrines transformistes, est passé très près, ce me semble, de la conclusion synthétique qui vient d'être indiquée ; mais les préjugés de la philosophie classique l'auront détourné de cette heureuse solution. Le célèbre écrivain s'est exprimé ainsi :

« Eh quoi ! » dit-il, « il y a dans l'être vivant une puissance telle que si le milieu se modifie, l'être vivant se modifie également pour pouvoir vivre dans ce milieu nouveau ! Il a une puissance de s'accommoder aux circonstances du dehors, d'en tirer parti, de les appliquer à ses besoins ! Et dans une telle puissance vous ne voyez pas une finalité ? » (*Le Matérialisme contemporain, op. cit.*, p. 145.)

Ici l'esprit de M. Janet semble avoir été frappé un instant par cette vive lumière : à savoir, que dans le principe de la vie, dans l'être simple, dans l'AME, ce τὸ ὄν, ce τὸ ἕν, ce τὸ θεῖον de la métaphysique grecque, c'est-à-dire dans l'Être proprement dit, est la fin et le commencement de tout, l'alpha et l'oméga, la raison suprême et l'explication dernière des choses.

Mais comment un préjugé traditionnel, qui a le pouvoir d'enténébrer les plus lucides intelligences, les empêche-t-il de comprendre que ce principe absolu, en qui réside toute causalité première et toute finalité dernière, n'est pas un MOI unique placé en dominateur au-dessus et en dehors de l'Univers ? comment des penseurs indépendants et subtils, tels que M. Janet, se laissent-ils décevoir jusqu'à ce jour par une illusion réaliste qui leur fait prendre l'*unité* en tant que *qualité* commune à tout ce qui est *un* c'est-à-dire *simple*, pour un UN unique, qui serait différent et à part de tous les autres ? Quelle erreur, quelle funeste erreur ! funeste dans les sciences, funeste en politique, funeste en morale ! Non, l'UN est partout, l'UN est tout ; et ceci, dit sans métaphore, signifie que l'Univers entier, que toute la Substance, se résout en UNS, autrement dit en *Monades*, en *centres dynamiques*, en *centres psychiques*, en chacun desquels réside entièrement l'éternelle essence, l'universelle loi, la cause infinie [1] !

1. Cette union de l'unique et du multiple primordiaux semble avoir été saisie ou entrevue par les anciens : « L'unité primitive est une et plusieurs », affirme Platon (*Le Philèbe*, trad. Cousin, p. 35).

DIEU, LES MIRACLES ET LA SCIENCE.

Lettre a m. Ad. Guéroult
Directeur du journal *L'Opinion nationale*

> Il me semble que ce qui retient surtout l'humanité dans les limites devenues trop étroites des dogmes anciens, c'est la crainte de l'abîme effrayant que la philosophie négative a creusé sous ses pas.
> Ad. Guéroult.

Ce petit travail fut écrit à l'occasion d un débat philosophique et religieux que *L'Opinion nationale* ouvrait, au mois d'août 1862, en tête de ses colonnes, et auquel toutes les doctrines étaient libéralement conviées à prendre part. Mais cette discussion, si solennellement inaugurée et qui promettait d'être si intéressante, fut interrompue brusquement dès le début par des motifs que ce journal ne jugea pas à propos de faire connaître à ses lecteurs.

A défaut de la publicité de *L'Opinion nationale*, ma *Lettre* à Guéroult parut en brochure à Bruxelles en 1863, à la Librairie universelle de J. J. Rozez, et sous le pseudonyme de *J. P. Philips*.

Monsieur,

102. En invitant vos lecteurs à méditer sur le sujet du grave et savant débat qui vient de s'engager entre vous et M. Renan, peut-être leur avez-vous accordé d'une façon implicite le droit de vous faire part de leurs réflexions. Dans cet espoir, j'ose, Monsieur, vous soumettre les lignes suivantes, en vous laissant juge de l'accueil qui leur est dû.

Permettez-moi d'abord de me faire l'interprète officieux de votre public en vous remerciant d'avoir assez compté sur son intelligence pour ne point craindre de donner une fois la place d'honneur, dans *L'Opinion nationale*, à une question dont les journaux du parti libéral ont pour règle de ne s'occuper que d'une manière très accessoire, purement superficielle, et, j'ajouterai, fort peu sérieuse. Vous l'avez compris, Monsieur, la question religieuse est étroitement liée à la question politique ; et, disons plus, toutes les questions en dépendent, car elle embrasse et domine tous les intérêts.

I

103. Toutes les fois qu'on veut se rendre fidèlement compte d'une chose, que l'on veut arriver à une détermination sûre et précise de la vérité, dans quelque ordre d'idées que l'on se place, le bon sens nous dit assez, je crois, que c'est le jugement, le discernement, l'intelligence, la raison, en un mot, et non pas le sentiment, c'est-à-dire le cœur, les passions, les désirs, que nous devons prendre pour conseillers et pour guides. L'intervention du sentiment serait donc hors de propos quand il s'agit de résoudre un problème qui réclame, à un plus haut degré qu'aucun autre peut-être, toute l'indépendance de notre esprit, tout son calme, toute sa clarté et toute la rigueur de méthode à laquelle il est susceptible d'être assujetti. Si donc la solution apportée par M. Renan s'appuie sur une juste observation et sur une rigoureuse déduction des faits constatés, saluons avec respect la vérité, quelle qu'elle soit, et si elle nous paraît trop peu consolante, bornons-nous, tout en l'acceptant, à dire d'elle ce qui fut dit de certaine loi :

dura lex, sed lex. Mais la science, la science positive, cette autorité suprême et irrécusable au nom de laquelle se présente M. Renan, lui confère-t-elle en réalité le droit de conclure, sur tous les points, ainsi qu'il l'a fait? Je crois au contraire qu'à plus d'un égard la science se prononce dans un sens entièrement opposé, et je vais essayer de le démontrer, car il siérait mal à ma plume trop peu autorisée d'imiter la forme affirmative, je dirais presque dogmatique, du célèbre professeur.

Après une vigoureuse défense des droits de l'esprit humain de faire la lumière partout où règnent les ténèbres, et après avoir fait bonne et facile justice de cette doctrine odieusement absurde qui, après avoir partagé l'empire de l'univers à sa fantaisie, prétend en abandonner une partie aux lois de la nature, c'est-à-dire à ce qui est rationnel et possible, et attribue l'autre partie, et la meilleure, au surnaturel, c'est-à-dire à une antithèse de l'ordre naturel et de la logique, M. Renan nous affirme « qu'il n'y a pas d'être libre supérieur à l'homme auquel on puisse attribuer une part appréciable dans la conduite morale non plus que dans la conduite matérielle de l'univers ».

Une telle proposition, à vrai dire, ne peut être ni établie ni réfutée d'une manière péremptoire au moyen des données actuelles de la science expérimentale, qui, d'ailleurs, il importe de le noter, n'a jamais dirigé ses investigations de ce côté. Cependant, si les faits scientifiques se trouvent ici insuffisants pour créer une entière certitude, notre jugement peut, et, il le doit, se prononcer, entre l'hypothèse de M. Renan et l'hypothèse contraire, d'après les plus fortes probabilités. Or, est-il raisonnable d'admettre *a priori* que les obscurs et chétifs habitants de notre planète microscopique possèdent le monopole du don le plus glorieux, du plus noble de tous les attributs dont l'être le plus parfait de l'univers puisse être orné, le monopole absolu de la pensée, de l'intelligence, de la volonté, et que les grossières ébauches sorties de leurs mains soient l'unique travail, dans la nature entière, auquel président l'entendement et le vouloir? Je me demande s'il ne serait pas bien plus philosophique de supposer que, le seul agent créateur dont nous puissions pénétrer l'être intime étant la pensée, c'est dans la pensée qu'il faudrait voir la source unique d'où découlerait primitivement toute création...

∴

104. Nous savons de science certaine que des globes sans nombre peuplent l'infinité de l'espace et qu'ils offrent entre eux une incalculable diversité dans leurs dimensions, dans leurs rapports de position et dans l'importance de leur rôle cosmique. Or, quel est le rang de notre Terre dans cette immense armée du Ciel ? Le rang qu'elle y occupe est des plus modestes, et l'on peut dire qu'il est inversement proportionnel aux orgueilleuses prétentions de ses habitants. Dès lors, affirmer *a priori* que, de tous ces corps célestes innombrables, dont la plupart sont à la terre comme une montagne est à une simple taupinière, et qui lui sont non moins supérieurs par l'élévation de leur fonction, par l'étendue de leur influence dans l'ordre sidéral, il n'en est pas un, pas un seul qui partage avec ce globe, relativement infime, le privilège de porter des êtres qui pensent, qui aiment, qui veulent, qui philosophent, qui aspirent à la connaissance de l'infini et à la communion universelle des intelligences, n'est-ce point là, je le demande, un des paradoxes les plus osés qui jamais soient venus se heurter contre la logique ?

En l'absence d'une démonstration expérimentale et d'une démonstration rationnelle déductive, la raison nous prescrit, ce me semble, de nous rattacher, faute de mieux, à l'induction ; nous sommes donc tenus d'admettre, et cela jusqu'à preuve du contraire, que les globes supérieurs par leur importance astronomique à celui que nous habitons *peuvent* être peuplés par une race également supérieure à la nôtre, supérieure en puissance physique, en puissance intellectuelle et en puissance morale. S'il convenait à M. Renan de soutenir le contraire, je ne pourrais voir en vérité aucune différence sérieuse entre lui et ses orthodoxes adversaires pour qui les millions de soleils scintillant au-dessus de nos têtes sont tout bonnement une illumination préparée à l'intention de l'homme terrestre, seulement en son honneur et pour son unique agrément.

Si la science, donnant à M. Renan un démenti auquel il est moins excusable qu'un autre de s'être exposé, nous affirme qu'il *peut* exister « des êtres libres supérieurs à l'homme », pourquoi ces êtres libres, c'est-à-dire qui pensent, qui jugent, qui aiment, qui veulent et qui peuvent, ne répandraient-ils pas sur notre race débile l'influence tutélaire de leurs âmes d'un ordre plus élevé, de même que l'astre solaire éclaire et vivifie notre planète de ses indispensables rayons ?

Mais une intervention pareille constituerait précisément ce qu'il plaît à M. Renan et à ses amis d'appeler *miracle* ; or, M. Littré, dont la haute autorité est invoquée sur ce point par M. Renan, nous assure que « quelque recherche qu'on ait faite, aucun miracle ne s'est jamais produit là où il pouvait être constaté. »

Certes, si par ce mot « miracle » l'on ne doit pas cesser d'entendre une dérogation quelconque aux lois mathématiques de la nature, ce mot implique contradiction, et la possibilité du miracle est dès lors tout aussi inadmissible qu'il est inadmissible que le blanc puisse être noir ; que deux et deux puissent faire exactement trois, c'est-à-dire deux plus un; que des triangles égaux puissent ne pas être semblables. Mais des actions intelligentes et volontaires émanant des corps célestes dont nous sommes entourés ne pourraient-elles point s'exercer d'une manière effective à la modification des phénomènes naturels, physiques ou moraux, qui se passent sur ce globe, sans pour cela porter plus d'atteinte aux lois rationnelles auxquelles ils sont soumis, que ne lui en porte l'action volontaire de l'homme en modifiant ces mêmes phénomènes à tout instant? La pierre détachée du rocher, soit par l'effort des eaux et des vents, soit par l'effort du bras de l'homme, n'a obéi, dans un cas comme dans l'autre, qu'aux lois rationnelles de la mécanique; et, par conséquent, bien que, dans le deuxième cas, l'impulsion ait été volontaire, elle n'a pourtant pas été miraculeuse. Maintenant, de quel droit serait-elle déclarée miraculeuse, cette impulsion, c'est-à-dire contraire aux lois absolues de la nature, c'est-à-dire impossible, parce qu'au lieu d'avoir été imprimée par une volonté humaine, elle serait partie d'une volonté d'origine différente et supérieure?

*
* *

105. En attendant que quelqu'un me réponde, je crois pouvoir conclure ainsi de ce qui précède:

La signification du mot miracle étant restreinte à la première partie de la définition donnée par M. Renan, c'est-à-dire en entendant simplement par miracle *une modification des phénomènes terrestres opérée par l'intervention d'une volonté étrangère à la terre*, le miracle peut être un fait extraordinaire, plus ou moins rare, plus ou moins exceptionnel, et par suite plus ou moins merveilleux; il peut même se faire qu'en réalité il n'existe aucunement;

mais le miracle, ainsi défini, reste, jusqu'à la démonstration de sa non-existence, un fait rationnellement admissible et même probable.

Cependant, comment s'expliquer qu'aucun miracle n'ait jamais été constaté, « quelque recherche qu'on ait faite » ?

Cette objection n'est pas sérieuse et trop peu digne du penseur éminent que je me vois forcé de contredire. Je lui ferai d'abord observer que les vérités les plus simples et les plus palpables, comme les plus obscures et les plus subtiles, peuvent échapper longtemps aux efforts des meilleurs investigateurs. C'est ainsi que les hommes ont mis des milliers d'années à découvrir qu'ils sont sur une sphère, et qu'il y a environ deux cents ans, ils ignoraient encore que le sang circule dans leurs veines ! Mais, s'il est parfois si difficile de découvrir, même quand on cherche, il n'est guère permis de s'étonner qu'on ne puisse rencontrer ce qu'on ne cherche point. Or, j'en appelle à sa bonne foi, M. Littré n'a point cherché. Il parle de recherches sur l'insuccès desquelles serait fondée sa conviction, mais évidemment il ne tient compte que de celles dont les résultats sont conformes à une conviction déjà faite d'avance, et toutes les autres sont entachées à ses yeux de nullité par cela même et par cela seul qu'elles donnent tort à cette opinion systématique et préconçue.

A l'encontre de ces négations *a priori* dictées par l'esprit de système, négations dénuées de preuves et toutes dogmatiques, l'histoire ancienne et moderne, les écrits de savants recommandables et ceux des pères de la science eux-mêmes, et jusqu'aux annales officielles de la science contemporaine, nous présentent en foule des témoignages affirmatifs et circonstanciés qui paraissent revêtus de toute l'authenticité, de toute l'autorité que puisse exiger une critique sévère. MM. Littré et Renan ont cru pouvoir se soustraire à ces démentis, pourtant si formels, si graves, si imposants, en récusant d'une façon sommaire et en bloc les faits innombrables qu'on leur oppose, par la raison, disent-ils, que ces faits ne sont point « scientifiques », ce qui, j'imagine, veut dire qu'il leur manque d'avoir reçu la sanction de l'Académie des sciences de Paris. Mais à pareil compte, je prie mes illustres maîtres d'y réfléchir, un fait peut ne pas être « scientifique » sans qu'il y ait pourtant de sa faute et sans qu'il doive désespérer de le devenir un jour. Nous savons, en effet, que bon nombre de découvertes, après avoir été pendant longtemps répudiées par la savante compagnie comme des « légendes », jouissent aujourd'hui d'une réparation éclatante, et sont mises partout le monde au rang des plus précieuses conquêtes de l'esprit humain. Ne pourrait-il donc pas advenir que les faits prétendus miraculeux relégués par M. Renan et par M. Littré parmi « les fables les plus absurdes » en appelassent un jour, et avec succès, de la science qui condamne sans examen, à une science plus équitable et mieux informée ?....

II

106. Comme vous, Monsieur, j'admire le rare savoir de M. Renan, et, comme tous les amis sincères du vrai et du juste, je lui suis reconnaissant de la haute indépendance de son esprit, de la noble liberté de sa parole ; mais, en raison même de l'autorité qu'il s'est acquise, l'erreur lui est moins permise qu'à d'autres, et la critique doit se montrer d'autant plus exigeante à son égard. Permettez donc, Monsieur, que je continue de m'exprimer avec franchise sur les doctrines de notre éminent professeur.

M. Renan a entrepris de nous faire connaître son Dieu, après avoir prononcé la déchéance du Dieu de ses adversaires, lequel, dit-il, n'est pas scientifique. Cependant, il est peut-être une chose encore moins scientifique, M. Renan souffrira que je l'en fasse apercevoir ; cette chose, c'est d'élever sur un vain mot, comme sur une donnée précise et positive, des théories condamnées à crouler faute de base ; c'est d'admettre comme l'expression d'un fait déterminé un terme dont le sens est essentiellement indéfini, qui se prête aux acceptions les plus capricieuses, les plus variables et les plus contradictoires, et qui, par conséquent, ne peut servir qu'à jeter le trouble et l'obscurité dans le discours, qu'à embarrasser la discussion dans une inextricable logomachie, qu'à égarer les esprits dans un dédale d'énigmes et de confusions. Or, tel est incontestablement le mot *Dieu*, un mot qui sans doute occupe une grande place dans l'histoire et dans le cœur humain, mais qui, bien loin d'être un organe utile dans le mécanisme du langage philosophique, et d'être pour les penseurs un moyen efficace de s'expliquer et de s'entendre, a été de tout temps la source des plus profondes divisions parmi les hommes, une source inépuisable de disputes stériles et de discordes sanglantes.

En faisant servir le mot *Dieu* à la définition de son Dieu, M. Renan nous met donc dans l'impossibilité absolue d'arriver à comprendre ce qu'il veut dire, et l'énergique profession de foi religieuse par laquelle il repousse l'accusation d'athéisme, après avoir fait une exécution sommaire de toutes les théologies existantes, nous semble aussi peu sérieuse que la profession de foi politique de quelqu'un qui se proclamerait monarchiste, fidèle et fervent monarchiste, mais avec cette restriction facétieuse que, pour lui, la monarchie, la seule vraie monarchie, c'est la république.

M. Renan a donc gravement péché contre la méthode. Sa faute, il est vrai, est traditionnelle chez les philosophes; mais, excusable à une époque où la menace de la ciguë, de la croix ou du bûcher, continuellement suspendue sur la tête des libres-penseurs, leur faisait un devoir de prudence d'étendre sur leur pensée les voiles de la métaphore, aujourd'hui elle a droit à moins d'indulgence, et surtout elle est digne d'étonner de la part d'un écrivain courageux qui fait profession de parler sur toutes choses avec la rigoureuse et inaltérable sincérité de la science.

*
* *

107. Il y a deux choses dans le Dieu anthropomorphique ou personnel si vivement stigmatisé par M. Renan, deux choses que ce savant critique a confondues, et qu'il importe de distinguer avec soin pour être juste. J'y trouve d'abord l'idée de l'existence, en dehors et au-dessus de ce globe, de personnalités vivantes douées, comme l'homme, de la sensibilité, de l'intelligence et des affections, et pouvant, de même que l'homme, mais à un degré indéfiniment supérieur, appliquer leurs facultés à la modification des phénomènes physiques et moraux compris dans le rayon de leur influence. Le suffrage de la science positive est acquis à cette hypothèse, je crois l'avoir déjà démontré. Il y a, en second lieu, l'idée de la création, de la conservation et de la direction de l'univers par la volonté d'une individualité antérieure et supérieure à tout ce qui n'est pas elle, par un grand architecte, par un suprême créateur, par un souverain arbitre, par un maître absolu des hommes et des choses.

Cette dernière conception, pour tous ceux du moins qui l'acceptent autrement que dans un sens purement figuré, est bien certes de toutes les conceptions cosmogoniques la plus naïve, celle qui trahit l'état le plus primitif et le plus obscur de l'esprit humain. Mais, tandis que cette croyance, d'une grossièreté toute barbare, constitue encore la foi religieuse officielle commune à tous les peuples civilisés, il faut dire à l'honneur des anciens que pas un de leurs philosophes ne semble l'avoir prise au sérieux ; et, pour mon compte, je partage l'étonnement et la tristesse de M. Renan, quand je considère que, malgré les lumières et la maturité de l'esprit moderne, tant d'intelligences d'élite parmi nous n'ont pu se soustraire au prestige de cette fiction. Est-il, en effet, un seul homme parvenu à un certain degré d'initiation scientifique, qui ne soit révolté, dans sa raison et sa conscience, à s'entendre dire que les vérités évidentes et évidemment nécessaires constituant la loi fondamentale de la logique, de l'arithmétique, de la géométrie, et aussi, d'après quelques physiciens éminents, de la physique tout entière, n'ont pas toujours existé, et qu'il a appartenu à une volonté de décider leur existence ? Et d'ailleurs, ce *Deus ex machina*, si naïvement conçu par l'ignorance et la paresse pour dispenser de toute recherche et tenir lieu de toute solution, n'est-il pas mille fois plus inexplicable lui-même que tous les mystères qu'il a pour but d'expliquer ?

* *

108. L'ensemble des conceptions produites jusqu'à ce jour sur le thème de Dieu se partage en deux classes bien tranchées, deux classes de tentatives de l'esprit humain ayant respectivement pour but de donner satisfaction à l'un ou à l'autre de deux grands besoins qui lui sont innés.

Le premier est un besoin moral, le besoin d'*adorer*, c'est-à-dire de cultiver en soi un idéal de perfection et de puissance surhumaines fournissant un objet et un motif aux plus grands élans dont l'âme soit capable, au déploiement le plus vaste, aux aspirations les plus ardentes, aux transports les plus sublimes de ses sentiments divers ; c'est le besoin de croire qu'il existe, au-dessus de nous et de nos semblables, des êtres possédant plus d'intelligence, plus de science, plus de justice, plus de sagesse, plus de bonté, plus de beauté, plus de puissance, plus d'autorité : autrement dit, des êtres dignes d'une plus grande admiration, d'une plus grande confiance, d'un plus grand amour.

Le second est un besoin intellectuel, le besoin de pénétrer le secret de l'existence de l'homme et de l'univers, de percer le mystère de leur origine et de leur destinée, le besoin de savoir quels sont le principe, la fin et la loi générale des choses.

Sur le premier de ces deux points, l'hypothèse du sentiment se trouve d'accord avec les indications de la science ; mais cette hypothèse, même dans ses formules les moins imparfaites, restait encore incomplètement dégagée et insuffisante pour les exigences morales qu'elle est destinée à satisfaire et vis-à-vis des données positives qui lui offrent leur appui. Qu'y a-t-il à faire pour la corriger et la compléter, pour la *mettre au point* ? Selon moi, le voici : Se représenter le Dieu personnel, non comme une individualité isolée et privilégiée, ou comme des individualités n'ayant entre elles aucun lien naturel, mais bien comme une hiérarchie infinie continuant au-dessus de l'homme terrestre la chaîne progressive des êtres vivants, et offrant, non dans des catégories purement abstraites, mais dans des personnalités palpitantes, tous les degrés et toutes les nuances concevables et inconcevables de la perfection.

Sur le deuxième point, la doctrine des anciens, autant du moins qu'il nous est possible de la juger à travers les voiles de l'exposition exotérique, était bien moins éloignée de la vérité que la plupart des élucubrations de la philosophie moderne ; mais, en revanche, la science moderne était seule capable de donner tout le développement, toute la consistance et toute l'élucidation nécessaires aux vagues aperçus de ces hommes d'intuition. Or, l'analyse expérimentale nous apprend que les phénomènes naturels sont tous engendrés par des actions parties du sein même de la matière, c'est-à-dire par des forces qui lui sont intrinsèques, et non qui résideraient en dehors d'elle. En outre, une étude approfondie de la génération des effets physiques, chimiques et physiologiques, étude dont les résultats nous sont offerts depuis quelque temps dans des écrits très autorisés, paraît aboutir à cette vérité immense, à savoir que toutes les forces manifestées dans la nature ne seraient pas autre chose que des modes d'actions divers d'une même force, ou, pour être plus clair, d'une même et unique espèce de forces, qui devraient être considérées par conséquent comme les composantes similaires et irréductibles de la matière.

Après avoir ramené ainsi, à l'aide de considérations positives, la variété infinie des manifestations de la matière à la conception d'un seul mode élémentaire de force, ne serait-ce point pour l'homme un objet de recherche tout à la fois très important et très légitime que de déterminer la relation qui existe entre lui-même et l'élément dynamique primordial ? Une telle entreprise ne me semble point illusoire et irrationnelle, comme tant de bons esprits sont disposés aujourd'hui à l'affirmer ; car ici il ne s'agit plus, ainsi que la métaphysique avait eu le tort de le tenter, de dégager une inconnue au moyen de données purement fictives ; mais de résoudre une sorte d'équation établie sur des rapports constatés. Au surplus, je vais essayer de donner un aperçu des diverses voies d'argumentation qui me paraissent conduire vers la solution désirée.

III

109. A. — La matière étant conçue comme un composé de certaines forces, il est évident qu'on ne peut supposer à celles-ci, prises individuellement, l'ensemble des qualités essentielles dont la réunion constitue celle-là ; car autrement le facteur serait égal au produit, et le tout serait contenu dans la partie, ce qui est absurde. Donc, puisqu'il nous est permis de concevoir la matière comme constituée par des éléments qui eux-mêmes, par cette raison même, ne peuvent pas être assimilés à la matière, à quoi pouvons-nous les comparer pour arriver, s'il est possible, à nous former une idée de leur nature ? Aucun objet, nous venons de le voir, ne peut nous servir de terme de comparaison, car tout objet est portion intégrante de la matière. Or, avec les objets, une seule chose appartient à la connaissance : c'est le sujet, c'est le moi ; c'est donc au moi seul, c'est donc à la seule force consciente, que nous pouvons assimiler notre inconnue.

110. B. — L'existence, et à plus forte raison les qualités intrinsèques de toute chose autre que le moi conscient, sont radicalement indémontrables. En effet, tous les phénomènes que nous constatons et que nous croyons exister autour et en dehors de nous, se réduisent, en dernière et rigoureuse analyse, à des sensations, et tous les phénomènes objectifs sont ainsi réductibles à des phénomènes subjectifs, c'est-à-dire à des manifestations réfléchies du sensorium, de la conscience. Dès lors, toute la question est de savoir si ces phénomènes sont l'expression spontanée de la conscience — car il n'est pas plus difficile d'admettre que la conscience sent et pense entièrement par elle-même, en vertu de ses énergies intrinsèques, qu'il ne l'est d'admettre son existence —, ou bien s'ils sont provoqués par l'action d'une force extérieure, d'un « non-moi », comme on dit en philosophie. Déterminer l'existence et la nature du « non-moi », c'est donc matière à hypothèse, et rien de plus. Mais si l'on veut conjecturer, il faut, à défaut de preuves, peser les probabilités. Eh bien! comment pourrions-nous nous figurer les propriétés de ce que nous supposons exister en dehors de la seule chose que nous connaissions et que nous puissions jamais arriver à connaître avec certitude, c'est-à-dire de notre conscience, si ce n'est comme étant absolument semblables aux propriétés de cette conscience, c'est-à-dire comme ayant pour essence de sentir, de penser, de vouloir ?

．·．

111. C. — L'expérience démontre que tous les mouvements dits involontaires, c'est-à-dire qui se produisent en dehors de l'action volontaire de l'homme ou des animaux, peuvent tous être ramenés, sans en excepter un seul, à un mode unique et général d'impulsion, c'est-à-dire qu'ils doivent être considérés comme les effets prochains ou éloignés d'un mode d'action originel uniforme, connu sous le nom d'*attraction*, et dont les manifestations immédiates sont désignées par les mots de gravitation, cohésion, adhésion, affinité chimique, magnétisme, électricité, etc. Or, il se trouve que la chaîne des actions successives qui se termine par le mouvement volontaire de nos membres

s'attache aussi au même anneau initial, l'attraction. En effet, l'action nerveuse qui, dans cette série, se place entre la volition et la contraction musculaire, offre une analogie frappante avec l'action motrice électromagnétique.

* *

112. Tous les mouvements de la matière, à quelque catégorie qu'ils appartiennent, procèdent donc uniformément, invariablement, de l'*Attraction*. Mais l'attraction est-elle en réalité le point de départ extrême et absolument initial de l'impulsion qui les fait naître, et n'existe-t-il rien par delà ? Oui, il existe par delà une impulsion plus extrême, plus initiale, plus radicale encore, une action motrice véritablement première et autogène : il existe la *Volition*. Maintenant, observons bien que la volition est un fait dont la présence ne peut être établie directement que par l'analyse subjective. Ce n'est donc que par voie d'induction, par voie d'analogie, que nous pouvons nous former une opinion sur l'existence ou la non-existence de l'acte de volition en dehors de nous-mêmes. Or, la logique inductive nous dit que, la volition étant trouvée invariablement au delà de l'attraction dans tous les cas où l'observation directe a le pouvoir de remonter aussi haut, c'est-à-dire dans la production des mouvements « volontaires », la seule supposition dès lors admissible (dans la nécessité que nous impose la nature du problème de nous contenter de suppositions), c'est que dans la génération des mouvements « involontaires » offerts par les corps vivants ou les corps inertes, l'attraction est également précédée et déterminée par la volition [1].

---

[1]. Voir, pour plus de détails sur ce sujet, un chapitre sur la théorie de l'Instinct, dans mon ouvrage intitulé : *Électro-Dynamisme vital ou les relations physiologiques de l'esprit et de la matière*, etc., Paris, 1855.

On m'objectera sans doute que la constance et l'uniformité qui caractérisent les modes d'action particuliers à la matière dite inerte, démontrent que le moteur de ces actions fatales n'a rien de commun avec le principe libre des actes humains. Sans avoir à me prononcer ici sur la question de la fatalité et du libre arbitre, une question difficile sans doute, mais posée jusqu'à présent dans des termes mal définis qui en augmentent encore la difficulté, je me bornerai à répondre par l'explication suivante :

La variété et la mobilité, quelque excessives qu'elles soient, des actes volontaires, chez l'homme, doivent faire supposer, non pas que notre volonté se détermine de différentes manières sans y être sollicitée par autant de différents motifs, c'est-à-dire sans être soumise à autant de causes déterminantes distinctes, ce que la raison ne saurait admettre, mais que, grâce au développement très complexe et très raffiné de notre organisme, elle est accessible à une infinité d'influences modificatrices, et pourvue en même temps de tous les moyens matériels nécessaires pour réagir à son tour d'une manière correspondante sur le monde extérieur et le modifier.

D'autre part, la simplicité extrême et la fixité relativement immuable des modes d'action de l'activité inorganique ou végétative ne prouvent en aucune façon que cette activité ne soit pas de nature volitive, car cette activité se manifeste absolument comme se manifesterait une volonté quelconque que des organes excessivement simples et rigides mettraient invariablement en rapport avec un nombre restreint et rigoureusement circonscrit d'agents extérieurs. On peut donc s'expliquer entièrement, par la différence de constitution des organismes, depuis le plus développé et le plus varié, celui de l'homme, jusqu'au plus réduit et le plus brut, celui de l'atome minéral, ce contraste, dès lors plus apparent que réel, dont on a voulu se faire un argument contre la doctrine lumineuse et féconde qui ramène à l'unité toutes les espèces dynamiques du monde physique et du monde moral.

* *

113. Une grande école philosophique, mais dont les arrêts ne sont pas néanmoins sans appel, a posé en fait l'existence exclusive de la matière, et a nié l'esprit. Si je ne m'abuse, il résulte, au contraire, des arguments divers dont je viens de donner une simple esquisse, que la seule réalité qui soit démontrable, c'est l'esprit ; que l'existence de quoi que ce soit en dehors de l'esprit est une pure hypothèse, et une hypothèse à jamais impossible à vérifier ; et qu'enfin, si la matière existe, elle ne peut être supposée d'une autre essence que l'esprit, et autrement que comme sa manifestation objective. Il n'y a donc pas lieu de se trop alarmer quand nous entendons M. Renan nous déclarer sur un ton magistral et péremptoire que sentir, comprendre, aimer, vouloir, sont des produits éphémères et contingents de la matière, et que la pensée n'est autre qu'une sécrétion du cerveau ; car, pour peu que le poids de toutes les données de l'expérience, de toutes les inductions de l'analogie et de toutes les probabilités réunies doive l'emporter dans la balance de notre jugement sur une pure affirmation de cet écrivain, il faut reconnaître qu'il est tombé dans la plus grave de toutes les méprises, qu'il a pris la fin pour le principe, le mobile pour le moteur, la résultante pour la composante, l'effet pour la cause !

Mais n'est-il pas une synthèse à constituer des deux résultats théoriques généraux auxquels cette dissertation nous a conduits ? Je le croirais presque, Monsieur, et voici comment je l'indiquerais en quelques traits :

114. A. — Il n'existe qu'une première essence, qu'un principe et qu'un moteur premiers dans l'univers, c'est la force consciente ; c'est une force constituée par les propriétés de sentir, de penser et de vouloir, et, pour employer un terme consacré par l'usage, c'est l'âme, ce sont les âmes ; et tout ce qui se manifeste en est, ou en est formé.

B. — L'âme, élément et moteur universels, est elle-même sa loi, et cette loi, adéquate à la raison, est une loi absolue et inviolable des choses, c'est la loi rationnelle, c'est la mathématique, c'est le logos, « qui était au commencement, qui était en Dieu et qui était Dieu », suivant la remarquable formule de saint Jean :

Ἐν τῇ ἀρχῇ ἦν ὁ λόγος, καὶ ὁ λόγος ἦν πρὸς τὸν Θεόν, καὶ ὁ λόγος ἦν ὁ Θεός.

C. — Toutes les âmes sont *essentiellement* égales ; elles diffèrent seulement dans leurs manifestations actuelles ; et cette différence extrinsèque tient tout entière au mode d'agrégation et à l'importance fonctionnelle des agglomérations organiques ou organismes dont elles sont, respectivement et pour le temps actuel, les centres directeurs.

D. — Les organismes, distribués par ordres progressifs d'après leur développement et leur importance, forment une hiérarchie qui s'étend à l'infini, et dont toute âme est appelée à occuper successivement tous les degrés.

J'ai trop de respect pour la dignité des sciences certaines, que je m'honore de cultiver, pour présenter ces propositions autrement qu'à titre d'hypothèse ; mais j'ai cru devoir appeler les méditations des penseurs sur cette hypothèse, parce qu'elle m'a semblé posséder à un plus haut degré qu'aucune autre l'avantage de s'accorder tout à la fois avec l'universalité des connaissances acquises, avec la raison et avec le sentiment. On peut la résumer avec une heureuse concision dans un bel aphorisme que j'ai déjà eu le plaisir de citer ailleurs :

Tout a même origine et même destinée : qui sort de là, sort de la logique [1].

IV

115. La position de la science dans la question religieuse étant l'un des points principaux de ce débat, permettez, Monsieur, que je termine ma longue lettre par un mot sur ce sujet.

Pour obtenir la satisfaction de ses légitimes besoins, l'animal est tenu de conformer son activité aux rapports naturels établis entre lui et le monde ambiant. Mais, tandis que les espèces inférieures, dirigées par une sorte de savoir inné, se placent spontanément dans ces conditions, l'homme, faiblement éclairé par l'instinct et d'une organisation d'autant plus exigeante qu'elle est plus riche, ne peut atteindre le même résultat que par un long et laborieux apprentissage, que par un immense travail préparatoire. Ainsi, avant de pouvoir adapter sa conduite aux lois de la nature, c'est-à-dire avant de pouvoir réaliser pleinement son état normal, son état de bonheur, il doit découvrir ces lois, les préciser, les formuler, les systématiser ; il faut, en un mot, qu'il constitue la *science pure*. Mais ce n'est pas tout : pour tirer de ces notions préalables les conséquences pratiques qui en sont le fruit, il lui reste

---

(1) Épigraphe d'*Electro-dynamisme vital* (1 vol. in-8°, Paris, 1855), empruntée à mon père.

encore à créer un ensemble de procédés artificiels appropriés à cette fin : il doit faire la *science appliquée*.

Or, dès le principe, l'homme se trouva, à tort ou à raison, profondément imbu de la croyance en son immortalité et en l'existence de volontés surhumaines ayant pouvoir et mission d'influer sur ses destinées, non seulement durant la courte période de « cette vie », mais pendant la durée indéterminée d'une vie future. On comprend dès lors que sa préoccupation la plus vive et la plus constante ait été de connaître et de déterminer sa véritable condition vis-à-vis de ces puissances supérieures et vis-à-vis du mystérieux avenir qui l'attendait, afin de se mettre à même de régler ses actions en conséquence.

Ainsi se présente la question religieuse dans ses termes primitifs et les plus simples, sous le double aspect de l'intérêt spéculatif et de l'intérêt pratique, et tel est le problème capital dans lequel l'importance de la science dut se concentrer presque en entier. Quels prodigieux efforts l'esprit humain n'a-t-il pas faits pour le résoudre ! Mais, ici comme partout, et bien plus qu'ailleurs, l'observation ne fournissait d'abord que des données insuffisantes. Cependant la société humaine avait un besoin urgent à satisfaire : elle ne pouvait se passer d'une foi, car elle ne pouvait se passer d'une règle de conduite, car, en un mot, elle ne pouvait se passer de vivre ; et cette foi, renonçant à obtenir de l'expérience et du raisonnement une base de certitude, se donna pour base l'hypothèse. Une religion conjecturale fut donc constituée, et ses enseignements imprimèrent leur type à tous les autres enseignements, à toutes les opinions, à toutes les mœurs, à toutes les pratiques, à toutes les institutions, à l'organisation sociale tout entière.

Mais, tandis que la science positive, entièrement formée

de vérités démontrables, possède une vie propre et indestructible, au contraire une doctrine qui est un amas d'hypothèses et de prescriptions arbitraires ou empiriques, a une existence purement factice et précaire. Par conséquent, le système religieux, et avec lui le système social dont il est l âme, étant formés de ces éléments sans cohésion et sans consistance, l'intervention d'une force étrangère pouvait seule empêcher leur dissolution. La démonstration refusant son appui, on s'appuya donc sur l'*Autorité*; l'axiome et le théorème faisant défaut, on mit à leur place le dogme. Bientôt la masse des esprits, façonnée à donner son adhésion implicite à tout ce qui lui était affirmé comme certain, apprit à se passer de convictions raisonnées, et dès lors toutes les croyances, aveugles et passives, devinrent des superstitions.

Cependant l'esprit philosophique ou scientifique, c'est-à-dire l'esprit d'examen critique, l'esprit de recherche expérimentale et rationnelle, ne tarda pas à combattre le dogmatisme sur ses domaines ; après une lutte longue et acharnée, la science règne aujourd'hui sans partage et sans conteste sur toutes les provinces de la physique générale, et l'on sait à quel point son heureuse influence les a fécondées. Mais jusqu'ici la philosophie positive a vainement tenté de pousser plus loin ses conquêtes, et son obscur adversaire, fortement retranché dans l'ordre moral, brave tous les assauts et semble devoir rester le maître de ce dernier joyau de sa couronne, qui en est en même temps le plus beau, le plus précieux.

Est-ce à dire que la vérité soit scindée en deux parts, dont l'une, et celle précisément qui nous intéresse et nous importe le plus, serait de sa nature inaccessible à l'intelligence ? Non, l'échec de la philosophie n'atteste aucune incapacité radicale, aucune incompétence naturelle de l'esprit humain ; car, l'esprit étant lui-même le moule de tout ce qui existe, il n'est rien qu'il ne soit capable de contenir, d'embrasser, il n'est aucune question qui ne soit justiciable de son tribunal. Où sont donc les écueils auxquels ont échoué de si nombreuses et de si puissantes tentatives ? Je crois pouvoir signaler les principaux.

*
* *

116. On compare souvent l'ensemble des connaissances humaines à un édifice. C'est effectivement un édifice, et il est formé en outre de plusieurs étages, superposés dans un ordre logique qu'il n'est pas possible d'intervertir. Or, les philosophes avaient à peine jeté les premiers fondements de la science, qu'ils entreprenaient d'en élever les combles. Cependant, s'il nous eût paru absurde qu'on eût voulu construire la mécanique, la physique et la chimie avant d'avoir fondé les mathématiques, et ériger la physiologie avant d'avoir constitué toutes ces connaissances fondamentales, devons-nous juger avec moins de sévérité la prétention d'édifier les sciences morales avant d'avoir solidement établi tous les degrés intermédiaires de la physique inorganique et de la physique des corps vivants ?

Cependant, ce grand travail préliminaire a été fort avancé par les découvertes faites depuis un siècle, et bien qu'il doive se poursuivre encore, il peut offrir déjà de nombreux et solides points d'appui aux connaissances de l'ordre supérieur destinées à former le couronnement de l'œuvre. Une nouvelle situation est donc faite à la philosophie ; mais elle montre trop peu d'empressement à en profiter. D'une part, les philosophes littérateurs continuent de suivre les errements des anciens, comme si la Physique et l'Histoire naturelle n'avaient pas fait un pas depuis Aristote et Platon. S'exagérant la merveilleuse puissance de la Logique, dont il est juste de dire qu'eux seuls ont approfondi les secrets, ils semblent chercher dans cet instrument lui-même les matériaux qu'il est seulement destiné à mettre en œuvre. Ils s'évertuent donc à travailler dans le vide, bâtissant, démolissant et reconstruisant sans cesse les mêmes systèmes de chimères. Que dis-je? la plupart d'entre eux semblent même ne pas se douter qu'une dépendance, qu'une connexion quelconque rattache l'objet de leurs investigations aux connaissances déjà constituées !

D'un autre côté, les adeptes de la philosophie scientifique ou positive ne se montrent guère plus sages ni plus heureux. Sans doute, ceux-ci professent les principes d'une méthode beaucoup plus sûre ; mais, habitués jusqu'ici à n'appliquer les procédés analytiques qu'aux faits de l'ordre matériel, c'est-à-dire à des faits susceptibles d'être appréciés par les sens, ils se trouvent tout déroutés en présence des phénomènes de la nature intangible. Alors, comme s'ils ne pouvaient se résoudre à confesser leur inexpérience en face de ces problèmes nouveaux, ils prennent le parti de les déclarer « extra-scientifiques », c'est-à-dire nuls et non avenus, et ils n'hésitent pas à demander l'ordre du jour pur et simple sur tout un monde de questions qui ont eu jusqu'ici le privilège de passionner les plus fortes intelligences et de tenir en suspens la conscience de l'humanité entière.

Je le répète, par les progrès immenses qu'elle a effectués dans l'exploration de la matière, la science certaine se trouve portée dès à présent sur les confins du monde moral ; l'abîme qui la séparait de cette région mystérieuse est maintenant comblé, et elle n'a plus qu'un pas à faire en avant pour entrer dans ce champ de merveilleuses découvertes dont elle se croyait à jamais exclue. Que les savants se décident donc à attaquer les problèmes qu'ils ont maintenant devant eux ; car ces problèmes, tout étranges et tout inabordables qu'ils semblent au premier abord, ne sont en réalité que la continuation naturelle et non interrompue des derniers problèmes résolus, et leurs solutions, préparées d'avance par toutes les solutions antérieures, sont destinées à former avec celles-ci une grande et unique chaîne de vérités.

Oui, que les savants cessent de s'obstiner à n'ouvrir les yeux que sur une des deux grandes faces de la nature ; que leur programme, jusqu'ici incomplet de moitié, s'étende, pour être rempli, sur le cadre tout entier de la science intégrale; que dans chacun des casiers de celle-ci une vérité positive, une vérité réelle et féconde, prenne la place de l'erreur usurpatrice, et alors le dogmatisme et la superstition, privés de leur dernier refuge, seront bien forcés de disparaître. Mais, tant qu'on se contentera d'attaquer le faux sans produire le vrai, de récuser les questions qu'on ne peut résoudre, de nier les difficultés qu'on ne peut vaincre, de condamner les besoins qu'on ne peut satisfaire, et de se retrancher dans un système de stériles diatribes où éclate l'impuissance, le dogmatisme et la superstition continueront à vivre et à fleurir, car la masse des esprits aimera toujours mieux être trompée par l'illusion que d'être désespérée par le néant.

*
* *

117. Un résultat sans doute bien affligeant ! Cependant, vous l'avouerai-je ? le résultat contraire m'attristerait encore plus.

Ne nous y trompons pas, et surtout ne vous y trompez pas, vous, Monsieur, dont la haute influence entraîne une si grave responsabilité : la superstition n'est pas seulement dans la religion, la superstition est encore à la base de la société civile, comme elle fut toujours et comme elle est encore à la base de nos États civilisés.

En effet, Monsieur, osons-nous demander ce que c'est que la morale courante, la morale reconnue, devant laquelle M. Renan s'est incliné avec le respect qu'il professe d'accorder exclusivement aux choses marquées du sceau de l'autorité scientifique. Oui, nous devons le reconnaître et le confesser ouvertement, cette Morale est encore une superstition, c'est-à-dire une foi qui n'est pas raisonnée, une aveugle routine, aveuglément acceptée, aveuglément transmise. Est-il donc un seul de nos préceptes moraux les plus incontestés qui ne fût contestable ? En est-il un seul que M. Renan fût capable d'étayer d'une démonstration scientifique [1] ?

Or, qu'il y songe, cette superstition morale, qui est le ciment de notre société, tire elle-même toute sa force de la superstition religieuse. M. Renan, il est vrai, nie avec énergie cette filiation et cette dépendance ; vaines négations, vains efforts ! Il en est réduit à nous citer, pour preuve, le serment, consacré, nous dit-il, par les lois civiles indépendantes et purgées de tout dogmatisme religieux. Oui, M. Renan veut que le serment soit honoré par l'État, et cela après avoir mis au rebut, « parmi les fables les plus absurdes », la croyance à l'immortalité et à l'existence dans l'univers « d'une volonté supérieure à celle de l'homme » ! Comment ce critique si sagace n'a-t-il donc pas vu que, s'il pouvait réussir à nous convaincre, le ser-

---

1. Tout est préjugé dans notre morale positive. Supprimez en le préjugé, n'en conservez que ce qui est vérité scientifiquement démontrable par les lumières de la science actuelle, et il ne restera plus rien, pas même le peu d'instinct moral qui existe chez les animaux ; car, ce peu là, la critique l'aura dissous et anéanti comme tout le reste. (N. de la 2ᵉ édition.)

ment cesserait, dès cet instant, d'avoir pour nous aucune valeur, aucune signification, et ne serait plus qu'un contresens ou une dérisoire simagrée ?

118. Je le répète avec la certitude de ne pouvoir être réfuté, l'enseignement moral sur lequel reposent toutes les lois de notre civilisation, n'est fondé ni sur la démonstration, ni sur l'évidence ; il n'a donc jusqu'ici aucune sanction rationnelle ; et, mise à part la sanction factice, précaire, toujours révocable, qu'il puise dans les conventions et les habitudes, il n'a, dans la conscience humaine, d'autre point d'appui que l'autorité de la doctrine théologique dont il dérive. De là je conclus que, si les attaques purement négatives que l'éminent professeur du Collège de France dirige avec tant d'ardeur contre le dogmatisme religieux, parvenaient à ruiner cette puissance dans le cœur des hommes, M. Renan aurait ruiné du même coup le prestige de la morale et rompu le lien des sociétés.

Cependant, à côté de cet écueil, il s'en trouve un autre que je ne me dissimule pas davantage. Si le dogmatisme et la superstition théologiques sont l'appui qui maintient debout la société, ils sont en même temps une barrière qui arrête sa marche en avant, et cette barrière, qui ne veut plus reculer, doit être brisée, sinon tout viendra se briser contre elle. En effet, monsieur, convenez-en, entreprendre d'enraciner dans le cœur des hommes et dans les entrailles de nos institutions terrestres le respect du bon sens, du droit, de la liberté, de la dignité, les principes de la solidarité et de la réciprocité universelles, tant que la conscience populaire continue à livrer le gouvernement des cieux à des principes tout différents... c'est une chimère !

Les esprits qui, dominés par l'instinct de conservation,

ont pris parmi nous la tâche de léguer intactes à l'avenir les choses du passé, et de les défendre contre toute influence modificatrice, ont bien compris qu'une logique inexorable enchaîne toutes les questions qui agitent l'humanité à une question radicale et suprême ; et alors, avec le sens pratique le plus clairvoyant, ils ont fait des murailles de l'Église un rempart à leur société. Partisans du progrès, cessons de faire preuve d'une moindre intelligence pour les intérêts d'une cause meilleure, et, en face de la devise de nos antagonistes, écrivons sur notre drapeau :

HORS DE LA MORALE ET DE LA RELIGION SCIENTIFIQUES, PAS DE SALUT ! [1]

---

1. On admettra, je crois, sans peine que ces conclusions, formulées pour la première fois il y a trente-huit ans, peuvent être rééditées en 1900 sans que la situation présente leur ôte sensiblement de leur à-propos. (N. de la 2ᵉ édition.)

TABLE DES MATIÈRES

	Pages
Préface	V
La métaphysique dans les sciences naturelles et médicales	1
Les deux cellules du centre nerveux	74
Une erreur spiritualiste	83
L'ontologie de M. Taine	90
La psychologie de Fourier	96
Deux lettres apologétiques sur le polyzoïsme	114
M. Claude Bernard psychologue	125
Le libre arbitre et les médecins	140
Psychologie et morale de la subconscience	146
L'âme devant la science	180
Le panthéisme jugé par M. Grandet	272
Création et finalité	283
Dieu, les miracles et la science	306

www.ingramcontent.com/pod-product-compliance
Lightning Source LLC
Chambersburg PA
CBHW050550170426
43201CB00011B/1636